dtv

D1856278

Eine Einladung, ganz entspannt im Liegestuhl die freie Zeit zu genießen, die Gedanken wandern zu lassen. Das Lesebuch bietet eine bunte Mischung von Texten und Textauszügen und soll ein Anstoß sein, den Alltag einmal anders in den Blick zu nehmen, über Gott und die Welt, die Menschen, das Leben mit all seinen Facetten nachzusinnen, den eigenen Horizont ein Stückchen zu erweitern. »Ein Spiel gar schöner Art ist es, Sokrates, daß einer sich unterhalten kann, indem er plaudert über Gerechtigkeit und die anderen Themen, von denen du sprichst. So ist's, mein lieber Phaidros, aber noch viel schöner ist es, im Ernst sich damit zu beschäftigen: indem ein Mann, der eine geeignete Seele gefunden hat, in ihr mit Sachkenntnis Worte pflanzt und sät, die sich selbst und dem, der sie gepflanzt, zu helfen imstande sind und nicht ohne Ertrag bleiben, sondern Früchte bringen, aus denen immer wieder eine neue Saat in neuen Herzen sprießt, die das überlieferte Gut immer unsterblich zu halten vermag und den Besitzer glücklich macht, soweit es für einen Menschen möglich ist, das zu sein.«

Mit Sokrates im Liegestuhl

Ein Lesebuch für Nachdenkliche

Herausgegeben von Brigitte Hellmann

Deutscher Taschenbuch Verlag

Originalausgabe
Mai 2000
2. Auflage September 2000

www.dtv.de

Umschlagkonzept: Balk & Brumshagen
Umschlagbild: ›Soir antique‹ (1908) von Alphonse Osbert
(© Giraudon, Paris)
Satz: IBV Satz- und Datentechnik GmbH, Berlin
Gesetzt aus der Bembo 9,5/11,4 (TEX)
Druck und Bindung: C. H. Beck'sche Buchdruckerei,
Nördlingen
Gedruckt auf säurefreiem, chlorfrei gebleichtem Papier
Printed in Germany · ISBN 3-423-36182-4

Inhalt

Platon
Phaidros

Sokrates: Weißt du denn, wie du in bezug auf die Reden Gott am ehesten gefallen kannst, indem du sie praktisch übst oder indem du darüber sprichst?

Phaidros: Durchaus nicht; aber etwa du?

Sokrates: Ich kann wenigstens eine Sage darüber erzählen, die von den Früheren stammt. Und diese wissen ja die Wahrheit; wenn wir sie aber selbst finden könnten, würden wir uns da wohl noch irgendwie um die menschlichen Meinungen kümmern?

Phaidros: Eine lächerliche Frage! Doch erzähle nun, was du gehört haben willst.

Sokrates: Nun also, ich habe gehört, in der Nähe von Naukratis in Ägypten sei einer von den dortigen alten Göttern gewesen, dem auch der Vogel, den man Ibis nennt, heilig war; der Gott selbst habe Theuth geheißen. Der habe als erster die Zahl und das Rechnen erfunden, auch die Geometrie und die Astronomie, ferner die Brettspiele und Würfelspiele, und schließlich auch die Buchstaben. Im weiteren habe damals König Thamus über ganz Ägypten regiert, und zwar in der großen Stadt des oberen Landes, die die Hellenen das ägyptische Theben nennen; den Gott aber heißen sie Ammon. Zu diesem sei Theuth gekommen und habe ihm seine Künste vorgeführt und gesagt, man sollte diese auch den übrigen Ägyptern mitteilen. Der König fragte, was für einen Nutzen denn jede dieser Künste bringe, und als jener es erklärte, tadelte er das eine und lobte das andere, je nachdem ihm diese Erklärung gut schien oder nicht. Zu jeder dieser Künste also habe Thamus dem Theuth manches dafür und manches dagegen eröffnet; doch würde es zu weit führen, das alles zu erzählen. Als nun aber die Reihe an den Buchstaben war, sagte Theuth: »Diese Kenntnis, o König, wird die Ägypter weiser und ihr Gedächtnis besser machen; denn als ein Heilmittel für das Gedächtnis und für die Weisheit ist sie erfunden worden.« Der König erwiderte: »Kunstvollster Theuth, der eine hat die Fähigkeit, das hervorzubringen, was zu einer Kunst gehört, der andere vermag zu beurteilen, welches Maß von Schaden oder Nutzen sie denen bringt, die sie anwenden wollen. Du, der Vater der Buchstaben, sagtest nun aus Voreingenommenheit gerade das Gegenteil von dem, was sie bewirken. Denn diese Erfindung wird die Lernenden in ihrer Seele vergeßlich machen, weil sie dann das Gedächtnis nicht mehr üben; denn im Vertrauen auf die Schrift suchen sie sich durch fremde Zeichen außerhalb, und nicht durch eigene Kraft in ihrem Innern zu erinnern. Also nicht ein Heilmittel für das Gedächtnis, sondern eine für das Wiedererinnern hast du erfunden. Deinen Schülern verleihst du aber nur den Schein der Weisheit, nicht die Wahrheit selbst. Sie bekommen nun vieles zu hören ohne eigentliche Belehrung und meinen nun, vielwissend geworden zu sein, während sie doch meistens unwissend sind und zudem schwierig zu behandeln, weil sie sich für weise halten, statt weise zu sein.«

PHAIDROS: Sokrates, wie leicht verstehst du doch Geschichten zu erzählen, die aus Ägypten stammen oder sonst irgendwoher, wo du nur willst.

SOKRATES: Es gibt aber auch Leute, mein Freund, die behaupten, die Reden der Eiche im Heiligtum des Zeus zu Dodona seien die ersten Wahrsagungen gewesen. Die damaligen Menschen, weil sie nicht so weise waren wie wir jüngere, brauchten also in ihrer Einfalt bloß auf eine Eiche oder einen Felsen zu hören, wenn diese nur wahrsagten. Dir aber kommt es vielleicht sehr darauf an, wer das ist, der etwas sagt, und woher er stammt; denn du schaust nicht nur darauf, ob sich die Sache so verhält oder nicht.

PHAIDROS: Du hast recht mit deinem Tadel; auch mir scheint es sich mit den Buchstaben so zu verhalten, wie der Thebaner sagt.

SOKRATES: Wer also glaubt, er habe in seinen Schriften eine Kunstanweisung hinterlassen, und auch, wer diese in der Meinung aufnimmt, es werde sich aus den Schriften etwas Genaues und Sicheres ergeben, der ist wohl von großer Einfalt erfüllt und weiß in der Tat nichts von der Voraussage des Ammon; denn er meint, geschriebene Reden seien etwas mehr als eine Gedächtnisstütze für den, der das ohnehin weiß, worüber die Schriften handeln.

PHAIDROS: Sehr richtig.

SOKRATES: Denn dieses Mißliche, Phaidros, hat eben die Schrift an sich und ist darin in Wahrheit der Malerei ähnlich. Auch deren Erzeugnisse stehen ja da wie lebendige Wesen; wenn du sie aber etwas fragst, dann schweigen sie sehr erhaben still. Genau so die Reden: du könntest meinen, sie verständen etwas von dem, was sie sagen. Willst du aber über das Gesagte noch etwas erfahren und stellst ihnen eine Frage, so sagen sie immer nur ein und dasselbe aus. Ist sie aber einmal geschrieben, so treibt sich eine jede Rede überall umher, bei denen, die sie verstehen, ganz ebenso wie bei denen, für die sie sich nicht ziemt, und sie weiß nicht, zu wem sie reden soll und zu wem nicht. Wird sie aber beleidigt und ungerecht geschmäht, so bedarf sie stets der Hilfe ihres Vaters. Denn allein vermag sie sich nicht zu ehren noch sich zu helfen.

PHAIDROS: Ja, auch das hast du ganz richtig gesagt.

SOKRATES: Wollen wir uns denn also nicht nach einer anderen Rede umsehen, einer echtbürtigen Schwester von dieser: wie sie entsteht und wieviel besser und zu größerer Wirkung sie gedeiht als jene?

PHAIDROS: Welche meinst du, und wie soll sie entstehen?

SOKRATES: Es ist jene, die, mit einem Wissen verbunden, in der Seele des Lernenden geschrieben wird, die sich selbst zu wehren vermag und die am richtigen Ort zu reden und zu schweigen weiß.

PHAIDROS: Du meinst die lebendige und beseelte Rede des Wissenden, von der man wohl die geschriebene mit Recht ein Abbild nennen darf?

SOKRATES: Ja, allerdings. So sage mir denn folgendes: Wird ein einsichtiger Bauer den Samen, an dem ihm besonders liegt und aus dem er Früchte ziehen möchte, in allem Ernst des Sommers in die Adonisgärtchen streuen und sich dann freuen, wenn er diese in acht Tagen schön aufgehen sieht? Oder macht er das wohl nur des Spiels und des Festes wegen so, sofern er es überhaupt macht, während er das, woran ihm ernstlich liegt, in Anwendung der Kunst des Landbaus an den passenden Ort säen und dann zufrieden sein wird, wenn das, was er gesät hat, im achten Monat zur völligen Reife kommt?

PHAIDROS: Ja, Sokrates, so etwa wird er es machen: hier im Ernst, dort im anderen Sinne, wie du sagst.

SOKRATES: Wenn aber jemand das Wissen vom Gerechten und Schönen und Guten hat, können wir dann von ihm sagen, er besitze weniger Einsicht als der Bauer, was seinen Samen betrifft?

PHAIDROS: Ganz gewiß nicht.

SOKRATES: Im Ernst wird er also seine Sache nicht ins Wasser schreiben, das heißt mit Tinte durch ein Rohr in Form von Reden aussäen, die doch nicht imstande sind, sich selbst durch das Wort zu helfen, aber auch nicht imstande, auf rechte Art die Wahrheit zu lehren.

PHAIDROS: Wahrscheinlich nicht.

SOKRATES: Nein, sicher nicht. Sondern diese Gärtchen in Form von Buchstaben wird er offenbar nur aus Spielerei besäen und vollschreiben, und zwar so, daß er beim Schreiben einen Schatz von Erinnerungen sammelt, für sich selbst auf die Zeit hin, wo er in das vergeßliche Alter gelangt, und auch für jeden anderen, der seiner Spur folgt. Er wird sich freuen, wenn er sieht, wie sie zart gedeihen. Und wenn sich andere mit anderen Spielen abgeben, an Trinkgelagen sich begießen und was sonst noch dazu gehört, dann wird jener, glaube ich, statt dessen mit den genannten Reden spielen und seine Zeit so verbringen.

PHAIDROS: Ein wunderschönes Spiel stellst du einem nichtswürdigen gegenüber, Sokrates: das des Mannes, der mit Reden spielen kann, indem er Mythen dichtet über die Gerechtigkeit und über anderes, wovon du sprichst.

SOKRATES: So ist es freilich, mein lieber Phaidros. Noch viel schöner aber, glaube ich, wird der ernsthafte Eifer um diese

Dinge, wenn sich jemand eine geeignete Seele auswählt und dann, mit Hilfe der dialektischen Kunst, in ihr Reden pflanzt und sät, die vom Wissen begleitet sind, Reden, die sich selbst und dem Pflanzenden helfen können und nicht unfruchtbar sind, sondern Samen tragen, aus dem je nach den verschiedenen Charakteren auch andere Reden erwachsen, die imstande sind, den Betreffenden für immer unsterblich zu erhalten und ihren Besitzer so glückselig zu machen, als das einem Menschen überhaupt möglich ist.

PHAIDROS: Was du sagst, ist freilich noch viel schöner.

SOKRATES: Nachdem wir uns über diesen Punkt verständigt haben, Phaidros, können wir nun auch über den anderen entscheiden.

PHAIDROS: Worüber denn?

SOKRATES: Eben das, was wir eigentlich haben betrachten wollen und was uns dann hierher geführt hat: daß wir uns mit dem Tadel auseinandersetzen wollten, den man dem Lysias wegen des Redenschreibens gemacht hat, und untersuchen wollten, welche von den Reden selbst mit Kunst und welche ohne Kunst geschrieben würden. Ich habe nun den Eindruck, daß ganz ordentlich klar geworden ist, was kunstvoll sei und was nicht.

PHAIDROS: Ja, diesen Eindruck hatte ich auch. Doch wiederhole mir noch einmal, wie das war.

SOKRATES: Bevor jemand die Wahrheit weiß über alles das, wovon er redet und schreibt; bevor er imstande ist, ein jedes gemäß seiner besonderen Art zu bestimmen, und wenn er es bestimmt hat, es wiederum in seine Arten bis zum Unteilbaren zu teilen; bevor er ferner auch über die Natur der Seele in gleicher Weise durch und durch Bescheid weiß und dadurch die zu jeder Seele passende Art herausfindet und seine Rede entsprechend gestaltet und ausschmückt, indem er einer vielgestaltigen Seele auch vielgestaltige und alle Töne umfassende, einer einfachen aber auch einfache Reden bietet – bevor das der Fall ist, werde es also nicht möglich sein, daß das Geschlecht der Reden kunstgemäß und entsprechend seiner Eigenart behandelt wird, weder zum Zweck der Belehrung noch zu dem der Überredung, wie uns die ganze vorangehende Untersuchung gezeigt hat.

PHAIDROS: Ja, durchaus. Gerade so etwa ist uns die Sache erschienen.

SOKRATES: Wie steht es aber mit der Frage, ob es etwas Schönes oder etwas Häßliches ist, Reden zu halten oder schriftlich abzufassen, und in welchem Fall es berechtigt sei, das als einen Grund zum Tadel zu bezeichnen? Hat uns denn das, was wir eben vorhin sagten, keine Klarheit verschafft...?

PHAIDROS: Was denn?

SOKRATES: Wenn Lysias oder sonst jemand irgendwann etwas geschrieben hat oder schreiben wird, sei es zu privaten oder öffentlichen Zwecken, indem er etwa Gesetze vorschlägt oder eine politische Schrift verfaßt, und wenn er dann glaubt, es sei da eine große Zuverlässigkeit und Klarheit darin, daß in diesem Falle der Schreibende einen Tadel verdient, mag diesen jemand aussprechen oder nicht. Denn im Wachen und im Schlafen keine Einsicht zu haben, was gerecht und was ungerecht oder was gut und was schlecht ist, das kann in der Tat dem verdienten Tadel nicht entgehen, und wenn auch die ganze Menge es lobte.

PHAIDROS: Nein, gewiß nicht.

SOKRATES: Wer sich dagegen bewußt ist, daß in der geschriebenen Rede, und zwar über jeden Gegenstand, notwendig ein gutes Stück Spiel dabei sein muß und daß keine solche Rede, weder in gebundener noch in ungebundener Form, es je verdient, allzu ernst genommen zu werden weder beim Schreiben noch beim mündlichen Vortrag (so wie etwa die Rhapsoden ihre Reden ohne echte Fragestellung und ohne belehrende Absicht, bloß zum Zweck der Überredung vortragen), sondern daß in Wirklichkeit auch die besten unter ihnen bloß als Gedächtnisstütze für die Wissenden entstanden sind, daß dagegen allein nur in jenen gesprochenen Reden etwas Einleuchtendes und Vollkommenes und den Eifer Lohnendes enthalten sei, die belehren wollen und der Unterweisung halber vorgetragen werden und die in Tat und Wahrheit in die Seele hineingeschrieben werden und das Gerechte, das Schöne und das Gute zum Gegenstand haben; solche Reden aber müsse einer gleichsam als seine eigenen und echten Kinder bezeichnen, zuerst wenn eine in ihm steckt, die er selbst erfunden hat, und dann, wenn Abkömmlinge von ihr, die zugleich ihre Brüder sind, in würdiger Gestalt in den Seelen anderer erwachsen sind; alle anderen aber läßt er beiseite – so beschaffen wird etwa der Mann sein, Phaidros, wie wir beide, ich und du, wünschen möchten, daß du und ich so würden.

PHAIDROS: Ja, gerade das möchte und wünsche ich, was du da sagst.

SOKRATES: Und nun haben wir wohl genug gescherzt über die Reden. Geh du jetzt zu Lysias und sag ihm, wir beide seien zu der Quelle und zum Musensitz der Nymphen hinabgestiegen und hätten uns dort Reden angehört, die uns für Lysias einen Auftrag gaben und für jeden, der sonst noch Reden verfaßt, und auch für Homer und jeden anderen, der Verse mit oder ohne Begleitung von Gesang gedichtet hat, und drittens für Solon und jeden, der auf dem Gebiet der politischen Reden Schriften verfaßt hat, die er als »Gesetze« bezeichnete; einem jeden von diesen sollten wir sagen: Wenn er dies verfaßt hat und dabei wußte, wie sich das Wahre verhält, und wenn er, indem er sich auf die Beweisführung über das, was er geschrieben hat, einläßt, demselben Hilfe zu leisten weiß und so zu reden vermag, daß er selbst dadurch zeigt, wie wenig das Geschriebene daneben wert ist – daß man einen solchen Mann nicht wie jemanden bezeichnen muß, der seinen Namen nach diesen Dingen trägt, sondern nach jenen, auf die er im Ernst sein Streben gerichtet hat.

PHAIDROS: Und welche Namen teilst du ihm also zu?

SOKRATES: Ihn einen Weisen zu nennen, Phaidros, scheint mir zwar etwas zu hoch gegriffen und sich allein für einen Gott zu gebühren. Aber einen Freund der Weisheit, einen Philosophen, oder so etwas Ähnliches: das würde eher für ihn passen und ihm besser anstehen.

PHAIDROS: Und würde auch nicht gegen die Sitte verstoßen.

SOKRATES: Wer dagegen nichts Wertvolleres hat als das, was er nach langem Hinundherdrehen und Aneinanderfügen verfaßt und geschrieben hat, den wirst du wohl mit Recht einen Dichter oder Verfasser von Reden oder Gesetzschreiber nennen?

PHAIDROS: Warum auch nicht?

SOKRATES: Das also sage deinem Freunde.

PHAIDROS: Und du? Wie wirst du's halten? Denn auch deinen Freund dürfen wir nicht übergehen.

SOKRATES: Welchen denn?

PHAIDROS: Den schönen Isokrates. Was willst du dem für eine Botschaft bringen? Und was wollen wir sagen, daß er für ein Mensch sei?

SOKRATES: Isokrates ist noch jung, Phaidros; was mir aber von ihm ahnt, will ich dir sagen.

PHAIDROS: Was ist das denn?

SOKRATES: Ich habe den Eindruck, daß seine natürlichen Anlagen zu gut sind, als daß man ihn mit den Reden nach der Art des Lysias vergleichen dürfte, und daß er dazu auch einen edleren Charakter hat. Es wäre also gar kein Wunder, wenn er mit vorrückendem Alter gerade auf dem Gebiet der Reden, an denen er sich gegenwärtig versucht, alle anderen, die sich je mit Reden befaßt haben, weiter hinter sich zurückließe, als wenn sie Kinder wären; und wenn ihn das nicht mehr befriedigte, daß ihn dann ein göttlicher Trieb zu noch Größerem führte. Denn von Natur aus, Phaidros, wohnt dem Denken dieses Mannes eine Art Weisheitsliebe (Philosophie) inne. Das ist es also, was ich, im Namen dieser Götter hier, meinem Liebling Isokrates verkünden will – und du das andere dem deinen, dem Lysias.

PHAIDROS: Das soll geschehen. Aber jetzt wollen wir gehen, nachdem nun auch die Hitze gelinder geworden ist.

SOKRATES: Es gehört sich doch, daß wir zuerst den Göttern hier ein Gebet sprechen, bevor wir gehen?

PHAIDROS: Ja, gewiß.

SOKRATES: »Lieber Pan und ihr anderen Götter, die ihr an diesem Orte wohnt! Verleihet mir, in meinem Inneren schön zu werden, und daß alles, was ich von außen her habe, dem Inneren befreundet sei. Als reich möge mir der Weise gelten, und ich möchte gerade eine solche Menge Geld besitzen, wie sie nur ein Maßvoll-Besonnener tragen und mit sich führen kann.«

Bedürfen wir noch etwas anderes, Phaidros? Für mich ist dieses Gebet angemessen.

PHAIDROS: Schließe auch mich in deine Bitten ein; denn Freunde haben alles gemeinsam.

SOKRATES: Und nun wollen wir gehen.

KARL JASPERS
Die Philosophie in der Welt

1. Was immer auch Philosophie sein mag, sie ist in unserer Welt und muß sich auf sie beziehen.

Sie durchbricht zwar die Weltgehäuse, um ins Unendliche sich zu bewegen. Aber sie kehrt zurück, um im Endlichen den je einzigen geschichtlichen Boden zu finden.

Sie drängt zwar in die weitesten, das Weltsein überschreitenden Horizonte, um das Gegenwärtige im Ewigen zu erfahren. Aber noch die tiefste Meditation gewinnt ihren Sinn in der Rückbeziehung auf die Existenz des Menschen hier und jetzt.

Die Philosophie erblickt die höchsten Maßstäbe, den Sternenhimmel der Möglichkeiten und sucht im Licht des scheinbar Unmöglichen den Weg zum Adel des Menschen in der Erscheinung seines Daseins.

Philosophie wendet sich an die Einzelnen. Sie stiftet die freie Gemeinschaft derer, die im Wahrheitswillen sich aufeinander verlassen. In diese Gemeinschaft möchte der Philosophierende eintreten dürfen. Sie ist jederzeit in der Welt, aber kann in ihr nicht Institution werden, ohne die Freiheit ihrer Wahrheit zu verlieren. Der Philosophierende kann nicht wissen, ob er zu ihr gehört. Keine Instanz entscheidet über seine Aufnahme. Er will denkend so leben, daß solche Aufnahme möglich würde.

2. Wie aber verhält sich die Welt zur Philosophie?

Es gibt die Lehrstühle für Philosophie an den Universitäten. Sie sind dort heute eine Verlegenheit. Die Philosophie wird aus Überlieferung höflich respektiert, im geheimen verachtet. Verbreitete Meinung ist: etwas von Belang habe sie nicht zu sagen. Sie habe auch keine praktische Bedeutung. So wird zwar ihr Name in der Öffentlichkeit genannt; aber ist sie wie nichtexistent? Ihre Existenz bezeugt sich zum mindesten durch die Abwehr gegen sie.

Diese ist fühlbar in Wendungen wie: Die Philosophie ist zu kompliziert. Ich verstehe sie nicht. Mir ist sie zu hoch. Das ist eine Sache für Fachleute. Ich habe dafür keine Begabung. Daher geht sie mich nichts an. – Aber das ist, als ob man sagen wollte: um die Grundfrage des Lebens brauche man sich nicht zu kümmern; man dürfe sich, im ganzen gedankenlos, in irgendeiner besonderen Sache der Praxis oder der Gelehrsamkeit ohne Frage nach deren Sinn mit tüchtiger Arbeit verlieren und im übrigen seine »Meinungen« haben und damit zufrieden sein.

Die Abwehr wird erbittert. Ein sich selbst undurchsichtiger Lebensinstinkt haßt die Philosophie. Sie ist gefährlich. Würde ich sie verstehen, müßte ich mein Leben ändern. Ich würde in eine andere Verfassung gelangen, alle Dinge in einem mir bisher fremden Licht sehen, neu urteilen müssen. Besser nicht philosophisch denken!

Dann kommen die Ankläger, die die überholte Philosophie durch etwas Neues, ganz Anderes ersetzen wollen. Man mißachtet sie als vollends unwahrhaftiges Endprodukt der zerbrochenen Theologie. Man verhöhnt den Unsinn philosophischer Sätze. Man denunziert die Philosophie als willfährige Magd politischer und anderer Mächte.

Vielen Politikern ist ihr heilloser Betrieb leichter, wenn die Philosophie gar nicht da ist. Massen und Funktionäre sind leichter zu manipulieren, wenn sie nicht denken, sondern nur eine dressierte Intelligenz haben. Man muß es verhindern, daß es den Menschen ernst wird. Darum ist es besser, daß die Philosophie langweilig sei. Die philosophischen Lehrstühle mögen verkümmern. Je mehr Unwesentliches gelehrt wird, desto eher werden die Menschen abgehalten, von der Leuchtkraft der Philosophie getroffen zu werden.

So ist die Philosophie von Feinden umgeben, zumeist von

solchen, die es gar nicht recht wissen. Die bürgerliche Selbstzufriedenheit, das Leben in Konventionen, das Genügen am wirtschaftlichen Wohlergehen, die Schätzung der Wissenschaft allein nach ihrer technischen Brauchbarkeit, der bedingungslose Machtwille, die Kameraderie von Politikern, der Fanatismus von Ideologien, der literarische Geltungswille begabter Schreiber, alle behaupten sich selbst in der Unphilosophie. Sie merken es nicht, weil sie es nicht begreifen. Es wird ihnen nicht bewußt, daß ihre Unphilosophie selber Philosophie, aber verkehrte ist, und daß diese Unphilosophie, zur Klarheit gebracht, sich selber auflösen würde.

3. Das Entscheidende ist: Philosophie will die ganze Wahrheit, die Welt aber will sie nicht. Philosophie ist der Störenfried.

Was aber Wahrheit sei, das wird selber zur Frage. Philosophie vergewissert sich der Wahrheit in dem mehrfachen Sinn des Wahrseins in den Weisen des Umgreifenden. Sie sucht, aber hat nicht den Sinn und Gehalt der einen Wahrheit. Denn die Wahrheit ist für uns nicht unbewegtes Sosein, sondern unabschließbare, unendliche Bewegung.

Wahrheit in der Welt ist im Kampf. Philosophie treibt diesen Kampf aufs Äußerste, aber nimmt ihm jede Gewalt. Im Umgang mit allem, was ist, zeigt sich dem Philosophierenden die Wahrheit auf dem Wege der Kommunikation der Denkenden und des Durchsichtigwerdens seiner selbst.

Wer philosophiert, schaut nach den Menschen aus, den Einzelnen, hört, was diese sagen, und sieht, was sie tun, und läßt es sich angehen im Willen zur Schicksalsgemeinschaft des Menschseins.

Daher wird Philosophie kein Bekenntnis. Sie vollzieht einen ständigen Kampf in sich selber.

4. Wahrheit zu erblicken, ist die Würde des Menschen. Durch Wahrheit allein werden wir frei, und nur Freiheit macht uns für Wahrheit bedingungslos bereit.

Ist Wahrheit der letzte Sinn für den Menschen in der Welt? Ist Wahrhaftigkeit die letzte Forderung? Wir glauben es, weil die Wahrhaftigkeit, die rückhaltlos offen ist und nicht in Meinungen verlorengeht, zusammenfällt mit Liebe.

Im Ergreifen der Leitfäden, die die Wahrheit uns zuwirft, liegt unsere Kraft. Aber Wahrheit ist nur die ganze Wahrheit. Die vielfache Wahrheit muß zusammengehalten werden im Einen. Nie haben wir diese ganze Wahrheit. Sie wird verfehlt, wenn ich im Behaupten mich erschöpfe, mein Gewußtes zum Absoluten mache. Und sie wird verfehlt durch ein System der Wahrheit im Ganzen, weil es diese für Menschen nicht geben kann und diese Täuschung ihn lähmt.

Wer philosophiert, will für Wahrheit leben. Wohin er kommt, was er selber erfährt, welchen Menschen er begegnet, überall und vor allem vor dem, was er selber denkt, fühlt und tut, fragt er. Die Dinge und Menschen und er selbst sollen hell werden. Er entzieht sich ihnen nicht. Er setzt sich ihnen aus. Er will lieber an der Wahrheit scheitern als glücklich im Wahn sein.

Es soll sich zeigen, was ist.

Ein Vertrauen ist möglich, aber nicht die Gewißheit: In der äußersten Wahrheit, mag sie uns auch niederschlagen, offenbart sich, wenn sie nur wirklich Wahrheit ist, was uns birgt. Dann ist das Wundersame der Philosophie: Wenn wir nur jede Täuschung meiden, jede Verschleierung durchstoßen, jede Unwahrhaftigkeit durchdringen, und wenn wir nur hartnäckig mit hellem Auge vorgehen, noch unsere Kritik selber der Kritik unterwerfen, so ist am Ende solche Kritik nicht zerstörend. Vielmehr zeigt sich gleichsam wie von selber der Grund, der uns entgegenleuchtet wie dem Restaurator das Gemälde Rembrandts, das er von der Übermalung befreit, die es unsichtbar machte.

Aber wenn es sich nicht zeigt? Wenn am Ende der Mensch das Antlitz der Gorgo erblickt und erstarrt? Daß dies geschehen kann, dürfen wir nicht vergessen. Philosophie steht vor Abgründen, die sie weder dem Blick abschirmen soll noch fortschaffen kann.

Was für den Menschen von Anfang an die Frage war, das ist klarer als je. Das Ja zum Dasein ist das große und schöne Wagnis, weil es die Stätte der Verwirklichung von Wahrheit, Liebe, Vernunft ist. Das Nein aber zum Dasein im Selbstmord ist die Wirklichkeit von Menschen, vor deren Geheimnis wir still werden. Wir dürfen diese Grenze nicht vergessen.

5. Ist die Philosophie für Menschen als Menschen da oder für

eine Elite, abgesondert, unter sich? Nur wenige sind, nach Platos Lehre, zu ihr fähig, und diese nur nach langer Schulung. Zweierlei Leben, sagt Plotin, gibt es auf Erden, eines für die Weisen und eines für die Menge der Menschen. Auch Spinoza erwartet nur von seltenen Menschen Philosophie. Erst Kant denkt, der von ihm gebahnte Fußsteig könne zur Heeresstraße werden: Die Philosophie ist für alle; es wäre schlimm, wenn es anders wäre; die Philosophen verwalten und schaffen nur gleichsam das Depositum der Akten, in denen alles auf das sorgfältigste begründet sein soll.

Gegen Plato und Plotin und fast die gesamte Überlieferung folgen wir Kant. Es handelt sich um eine selber philosophische Entscheidung von großer Tragweite für die innere Verfassung der Philosophierenden. Sie schlägt der Realität ins Gesicht. Sie sagt: so war es bisher, so ist es heute. Aber so darf es nicht bleiben, so soll es nicht bleiben. Die Forderung des Menschen als Menschen, oft verborgen und getrübt, beiseite geschoben und vernachlässigt, will gehört werden. Die Entscheidung liegt in jedem Einzelnen.

Machen wir etwa aus der Not des Ausbleibens genialer Philosophie in unserer Zeit eine Tugend? Nein, die Erfahrung der eigenen Durchschnittlichkeit, des Menschen als Menschen, der doch die Großen der Vergangenheit versteht, aneignet, sich ihnen voll Ehrfurcht, aber ohne Vergötterung naht, diese Erfahrung ermutigt: Was uns möglich ist, ist fast allen möglich, wenn sie wollen.

Es gibt eine große Ausnahme in der Geschichte. Die christlichen Kirchenväter, mit dem Bewußtsein der Aufgabe der Heilsverkündigung und der Liebespflicht, wandten sich an alle. Daß die griechischen Philosophen nur an die Auserlesenen sich gewandt hätten, war ihnen ein Argument gegen die Wahrheit dieser Philosophen. Der Sinn der Kirche wurde: Niemand, der glauben will, ist ausgeschlossen. Der einfachste Glaube enthält, was im sublimen Denken der Erlesenen sich zur hellsten Fülle entfaltet.

Aber diese Fürsorge für die Menge hat die Zweideutigkeit, daß sie zugleich über sie herrschen will und daß sie, der Herrschaft wegen, Unwahrheit und Aberglauben duldet und daß sie Politik treibt. Dies große historische Beispiel kann uns kein Vorbild sein.

Der andere Feind des eigenständigen Philosophierens und damit der Freiheit des Menschen ist das vermeintlich demokratische Denken. Man sagt zwar mit Recht: Was nicht der Menge gemäß ist, muß auf die Dauer verschwinden. Was überhaupt keinen Widerhall hat, ist von vornherein ohne Wirklichkeit. Aber man meint mit Unrecht: Wir wissen, was diese Wirklichkeit ist. Was jetzt ist, wird immer sein. Was jetzt nicht wirkt, wird nie wirken. Der Mensch wandelt sich nicht. Dagegen gilt vielmehr: Was noch vereinzelt ist, kann sich ausbreiten. Was noch ohne Widerhall ist, kann ihn gewinnen. Vor allem aber: Was in kleinsten Kreisen wirklich ist, kann die höchste Wirklichkeit einer Zeit sein und sich als solche in der Folge bewähren. Was die Menge noch nicht erreicht, kann sie in Zukunft durchdringen.

Der Weg zur Menge, in den lärmenden Wirrwarr der Öffentlichkeit, ist unumgänglich für die Freiheit der Wahrheit. Die Alternative dazu ist die Herrschaft über die Menge, die Zensur, die nivellierte Erziehung. Die Menschen werden Material für Gewaltherrscher.

In der Ungewißheit bleibt nur eines: An die Möglichkeit der Freiheit des Menschen zu glauben und darin in bezug auf Transzendenz zu stehen, ohne die jener Glaube im Ernst nicht standhält.

6. Noch ist es richtig: Philosophie kommt in der Welt zum Bewußtsein ihrer Ohnmacht: geringer Widerhall, keine Macht zur Weltgestaltung, kein Faktor der Geschichte! So scheint es bisher.

Keineswegs aber ist sie ohnmächtig in dem, was sie dem einzelnen Menschen sein kann. Hier ist sie vielmehr die große einzige Macht, durch die der Mensch seinen Weg in Freiheit findet. Sie allein ermöglicht die innere Unabhängigkeit.

Diese Unabhängigkeit steht an dem Ort, wo die einzige vollkommene Abhängigkeit darin liegt, daß ich mir in meiner Freiheit, meiner Liebe, meiner Vernunft geschenkt werde. Ich kann sie nicht hervorbringen, sondern nur aus ihnen hervorbringen.

Gelange ich dorthin, wo ich mir geschenkt werde, so gewinne

ich die Distanzierung zu allen Dingen und mir selbst. Gleichsam von einem Standpunkt außerhalb, den ich doch faktisch nie einnehmen kann, blicke ich auf das, was geschieht und was ich selbst tue. Es ist, als ob ich erst von dort her mich einsenke in die geschichtliche Wirklichkeit. Von dort her kommt das Licht, das meine innere Freiheit zum Wachsen bringt. Ich werde unabhängig in dem Maße, als ich die Dinge in jenem Licht sehe.

Diese Unabhängigkeit ist still, ohne Gewaltsamkeit, ohne Trotz. Sie ist um so weniger anspruchsvoll, je mehr sie sich ihrer gewiß wird. Sie bewährt sich, indem sie in der Verborgenheit standhält.

In der Unabhängigkeit bleibt die Freiheit nicht leer. Sich auf sich beschränken, wäre keine Unabhängigkeit. Diese will vielmehr in der Welt dabeisein. Sie greift zu. Sie folgt, wenn die Gelegenheit, die Chance ruft. Sie versagt sich nicht den Forderungen des Tages. Sie wagt es, wenn das Schicksal zu führen scheint, sich auf für sie selbst gefährliche Situationen einzulassen in der Hoffnung, sie zu meistern.

Immer aber steht sie unter den Bedingungen der Maßstäbe, die sie nicht verraten kann, weil sie von dort kommen, wo ihr eigener Ursprung ist. Der Verrat wäre Selbstvernichtung.

7. Die Unabhängigkeit des Philosophen im Menschen wird falsch, wenn ein Stolz darin liegt. Denn das Bewußtsein seiner Eigenständigkeit bleibt im wahrhaftigen Menschen stets begleitet vom Bewußtsein seiner Ohnmacht, der Enthusiasmus des Könnens von der Entsagung des Nichtkönnens, die Hoffnung vom Blick auf das Ende. Philosophieren bringt die Abhängigkeiten zu vollem Bewußtsein, aber so, daß wir in der Ohnmacht doch von jener Unabhängigkeit her, statt uns zu unterwerfen, eine Wendung zur Wiederherstellung finden. Zwei Beispiele dafür, wie das im Denken geschieht:

a) Das Quantitative hat die Übermacht über das Qualitative. Das Weltall, in dem die Erde mit all ihren Menschen weniger als ein Stäubchen ist, hat den Vorrang vor ihr. Diese Art von Vorrang hat in der Stufenfolge: Materie, Leben, Seele, Geist die je vorhergehende Stufe über die folgende. Schließlich haben die Massen den Vorrang. Ihnen gegenüber kommt der Einzelne gar nicht in Betracht. Auf das Weltall, die Materie, die Massen, das quantitativ Übermächtige kommt es an.

Aber wir kehren die Wertschätzung um: Das Kostbarste ist im Weltall die Menschheit, in der Stufenfolge der Realitäten der Geist, in den Massen der einzelne Mensch als er selbst, in den Gebilden der Natur das von Menschen geschaffene Werk der Kunst und Dichtung. Wenn wir anders urteilen, erliegen wir der Suggestion des Quantitativen, verzichten auf den Sinn des Menschseins.

b) Das Ganze der Geschichte, das niemand kennen kann, das nicht einmal ein Ganzes im Sinne der Denkbarkeit zu sein braucht, ist übermächtig. Der Einzelne fühlt sich wehrlos. Alles, was er ist, wird durch dieses Ganze bestimmt. Er muß sich fügen.

Aber, was mit der Menschheit geschieht, das geschieht doch auch durch jede winzige Kraft der Milliarden Einzelner. Jeder trägt eine Mitverantwortung durch das, was er tut und wie er lebt. Mutet die Geschichte an als Sinnlosigkeit, so ist doch auch Vernunft in ihr. Das liegt an uns.

Dann aber: Unmittelbar wirklich für uns ist unsere kleine Umwelt. Ihr zu genügen, ist unsere erste Aufgabe. Wenn wir, weil wir den Gang der Dinge nicht in unsere Hand bekommen können, an der Zukunft verzweifeln oder wenn wir in leeren Demonstrationen uns ergehen, als ob wir das Ganze geradezu bewegen könnten, dann versäumen wir das Nächstliegende. Unsere Selbstbehauptung liegt in der Wirklichkeit dieser kleinsten Umwelt. Durch sie auch wirken wir mit am Ganzen.

8. Unsere Ohnmacht wird durch unser Zeitalter auf neue Weise bewußt. Wir wissen es alle:

Die Demokratie ist in der Realität korrumpiert, aber bleibt der einzige mögliche Weg für die Freiheit. Sie ist noch fragwürdiger in Völkern, in denen sie nicht eigenen geschichtlichen Ursprung hat.

Die Zufriedenheit mit dem Wirtschaftswunder schläfert die freie Welt ein. Die übrige begehrt nach diesem Wunder, ist aber nicht bereit, dessen Bedingungen zu übernehmen, sondern bürdet die Schuld für das eigene Unheil der freien Welt auf.

Die Wirtschaft hat in der westlichen Welt den Vorrang vor

der Politik. Dadurch schaufelt diese Welt sich ihr eigenes Grab. Ihre politische Freiheit wird immer geringer. Diese wird oft nicht mehr verstanden. Freiheitsbewußtsein und Opfermut verschwinden.

Wir sehen in der ganzen Welt die Tendenzen zu Militärdiktaturen und zur totalen Herrschaft, weil die Freiheit versagt. Die Völker werden die Beute der Gewaltmenschen.

Die Bevölkerungsvermehrung, wenn sie anhält, muß zu einer Menschenmassen vernichtenden Explosion führen.

Das Bewußtsein der farbigen Rassen (mehr als zwei Drittel der Menschen) wendet sich mit wachsender Empfindlichkeit und Wildheit gegen die Weißen.

Die Atombombe steht über allem. Für eine kurze Weile verhindert sie noch den großen Krieg, der doch, man weiß nicht, wann, seinen totalen Zerstörungsprozeß beginnen wird, wenn Menschen so bleiben, wie sie heute sind.

Bisher traten, wenn Staaten, Völker und Kulturen zugrunde gingen, andere auf den Plan. Die Menschheit war das Dauernde. Heute ist die Frage, ob die Menschheit insgesamt sich vernichten wird.

Wir dürfen in dem uns vergönnten Zwischenaugenblick das Glück des Daseins genießen. Aber es ist eine Galgenfrist. Sie ist uns gegeben, sei es zur Überwindung der tödlichen Gefahr, sei es zur Vorbereitung auf die Katastrophe.

Die Ruhe des Abendlandes, als ob das sich genießende Dasein so bleiben könne, scheint frevelhaft. Die Folgen des Sichbeschwindelns vor 1914 und immer wieder haben doch gezeigt, wohin diese sittlich-politische Verantwortungslosigkeit führt.

Der Augenblick heute steht auf des Messers Schneide. Wir haben zu wählen: entweder in den Abgrund zu stürzen der Verlorenheit des Menschen und seiner Welt und als Folge das Aufhören seines Daseins überhaupt – oder den Sprung zu tun durch Selbstverwandlung zum eigentlichen Menschen und seinen unabsehbaren Chancen.

9. Was soll da Philosophie?

Sie lehrt wenigstens, sich nicht täuschen zu lassen. Keine Tatsache und keine Möglichkeit läßt sie beiseite schieben. Sie lehrt, dem wahrscheinlichen Unheil ins Angesicht zu blicken. Sie stört die Ruhe in der Welt. Aber sie verwehrt auch die Unbesonnenheit, das Unheil für unausweichlich zu halten. Denn noch liegt es auch an uns, was wird.

Die Philosophie könnte, wenn sie in ihrem Denken kräftig, für Menschen überzeugend und durch Menschen, aus denen sie spricht, glaubwürdig würde, ein Faktor der Rettung sein. Sie allein ist es, die die Denkungsart wandeln kann.

Dann aber, angesichts des möglichen totalen Scheiterns, würde Philosophie die Würde des Menschen noch im Untergang bewahren. In der auf Wahrheit gegründeten Gemeinschaft der Schicksalsgefährten sieht der Mensch dem entgegen, was kommen mag.

Denn im Untergang ist nicht Nichts. Das Letzte ist der im Scheitern liebende, ein unbegreifliches Vertrauen in den Grund der Dinge bewahrende Mensch.

Sprechen wir in Chiffern: Der Ursprung, aus dem der Kosmos, die Erde, das Leben, der Mensch und die Geschichte hervorgegangen sind, hat uns unzugängliche Möglichkeiten. Die Erfahrung des sehenden Scheiterns kann ihrer gewiß sein.

Es war ein Versuch, unendlich andere werden folgen. Aber Liebe und Wahrheit, in solchem Versuch eine Zeitlang gegenwärtig, bezeugen, daß es sich um mehr als einen Versuch handelte. Ein Wort der Ewigkeit wurde gesprochen.

Kein erfüllbarer Gedanke, kein Wissen, kein leibhaftig Faßliches, keine jener eben ausgesprochenen Chiffern reicht dorthin.

Jenseits aller Chiffern erreicht der Gedanke das vom unergründlichen Grunde erfüllte Schweigen.

John O'Donohue
Unsere Sehnsucht nach Erkenntnis

Als wir aus der Erde hervorkamen, erhielten wir nicht nur eine einzigartige innere Quelle, sondern auch einen Spiegel unseres Geistes. Dieser Spiegel ist zerbrochen, doch er gestattet uns, über alles nachzudenken. Unsere Gedanken können sich sammeln und sich Fragen stellen und Geheimnissen auf den Grund gehen, bis etwas Licht zutage gefördert wird. Da wir Menschen sind, haben wir – als Auszeichnung und Bürde zugleich – die Aufgabe der Erkenntnis. Unser Wissensdurst ist die tiefste Sehnsucht der Seele; er ist ein Aufruf zu Intimität und Zugehörigkeit. Wir befinden uns jederzeit, selbst wenn es uns nicht bewußt ist, in einem Zustand der Erkenntnis. Trotz all ihrer Bemühungen ist es selbst den scharfsinnigsten Denkern der abendländischen Geistesgeschichte bis heute nicht gelungen zu erklären, was *geschieht*, wenn wir etwas erkennen. Wenn wir etwas erkennen, treten wir in Beziehung zu ihm. All unser Erkennen ist ein Versuch, das Unbekannte zu *transfigurieren* – die Wanderung von Anonymität zu Intimität zu ihrem Abschluß zu bringen. Da jeder von uns hinter der Intimität eines Gesichts lebt, sehnen wir uns danach, auch unseren Erfahrungen ein persönliches Antlitz zu verleihen. Wenn wir wissen, was uns widerfahren ist, kommen wir uns selbst näher und erfahren mehr über uns. Doch die Welt ist nicht unser Spiegelbild. Erkenntnis, einschließlich der Kenntnis, die wir voneinander gewinnen, hebt die Fremdheit nicht auf. Wahre Erkenntnis macht uns der wunderbaren Göttlichkeit gewahr und erweckt das Verlangen.

Aristoteles beginnt seine ›Metaphysik‹ mit den Worten: »Allgemein in der menschlichen Natur liegt der Trieb nach Erkenntnis.« Dies ist die geheime Magie und Gefahr des Denkvermögens. Während unser Körper stets an *einen* Ort gebunden ist, schweift unser Geist unermüdlich umher. Ihn zeichnet eine herrliche schöpferische Rastlosigkeit aus, die ihn fortwährend auf immer neue Reisen schickt. Selbst im vernünftigsten und beherrschtesten Leben macht sich oft eine Unterströmung von Sehnsucht bemerkbar, die es an ferne Ufer treiben möchte. In jedem von uns ist etwas, das sich nicht damit begnügen mag, in einem einzigen Bezugsrahmen eingesperrt zu bleiben. Gegen unsere Sehnsucht können wir uns nicht immunisieren. Wir lieben es, ins Unbekannte hinauszugreifen, etwas Neues zu entdecken. Das Erkennen ruft uns aus uns heraus. Entdeckungen entzücken das Herz. Dies ist die natürliche Freude der Kindheit und die erworbene Freude des Künstlers. Das Kind und der Künstler sind Pilger auf Entdeckungs-Wallfahrt. Wenn wir unser Leben auf einen einzigen Denk-Rahmen beschränken, sperren wir das Geheimnis aus. Wenn wir die Wünsche unseres Herzens zwischen starre Mauern des Glaubens, der Moral und der Konvention verbannen, mißachten wir den Aufruf zur Entdeckung. Wir schaffen graue Felder »stiller Verzweiflung«. Entdeckung ist die Natur der Seele. In uns ist eine göttliche Wildheit, die uns dazu aufruft, alles auszuleben. Der irische Dichter Patrick Kavanagh sagte: »Tot sein heißt, nicht mehr an die Meisterwerke glauben / Die wir morgen in Angriff nehmen werden.«

Platon
Das Höhlengleichnis

Sokrates: Nächstdem mache dir nun an folgendem Gleichnis den Unterschied des Zustandes klar, in dem sich unsere Natur befindet, wenn sie im Besitze der vollen Bildung ist, und anderseits, wenn sie derselben ermangelt. Stelle dir Menschen vor in einer unterirdischen Wohnstätte mit lang nach aufwärts gestrecktem Eingang, entsprechend der Ausdehnung der Höhle; von Kind auf sind sie in dieser Höhle festgebannt mit Fesseln an

Schenkeln und Hals; sie bleiben also immer an der nämlichen Stelle und sehen nur geradeaus vor sich hin, durch die Fesseln gehindert, ihren Kopf herumzubewegen; von oben her aber aus der Ferne von rückwärts leuchtet ihnen ein Feuerschein; zwischen dem Feuer aber und den Gefesselten läuft oben ein Weg hin, längs dessen eine niedrige Mauer errichtet ist ähnlich der Schranke, die die Gaukelkünstler vor den Zuschauern errichten, um über sie weg ihre Kunststücke zu zeigen.

GLAUKON: Das steht mir alles vor Augen.

SOKRATES: Längs dieser Mauer – so mußt du dir nun es weiter vorstellen – tragen Menschen allerlei Gerätschaften vorbei, die über die Mauer hinausragen und Bildsäulen und andere steinerne und hölzerne Bilder und Menschenwerk verschiedenster Art, wobei, wie begreiflich, die Vorübertragenden teils reden, teils schweigen.

GLAUKON: Ein sonderbares Bild, das du da vorführst, und sonderbare Gestalten!

SOKRATES: Nichts weiter als unseresgleichen. Denn können denn ernstlich solche Gefesselten von sich selbst sowohl wie gegenseitig voneinander etwas anderes gesehen haben als die Schatten, die durch die Wirkung des Feuers auf die ihnen gegenüberliegende Wand der Höhle geworfen werden?

GLAUKON: Wie wäre das möglich, wenn sie ihr Leben lang den Kopf unbeweglich halten müssen?

SOKRATES: Und ferner: gilt von den vorübergetragenen Gegenständen nicht dasselbe?

GLAUKON: Auch von ihnen haben sie nur Schatten gesehen.

SOKRATES: Wenn sie nun miteinander reden könnten, glaubst du nicht, daß sie der Meinung wären, die Benennungen, die sie dabei verwenden, kämen den Dingen zu, die sie unmittelbar vor sich sehen?

GLAUKON: Notwendig.

SOKRATES: Ferner: wenn der Kerker auch einen Widerhall von der gegenüberliegenden Wand her ermöglichte, meinst du da, daß, wenn einer der Vorübergehenden gerade etwas sagte, sie dann die gehörten Worte einem anderen zulegen würden als dem jeweilig vorüberziehenden Schatten?

Glaukon: Nein, beim Zeus.

Sokrates: Durchweg also würden diese Gefangenen nichts anderes für wahr gelten lassen als die Schatten der künstlichen Gegenstände.

Glaukon: Notwendig.

Sokrates: Nun betrachte den Hergang ihrer Lösung von den Banden und ihrer Heilung von dem Unverstand, wie er sich natürlicherweise gestalten würde, wenn sich folgendes mit ihnen zutrüge: wenn einer von ihnen entfesselt und genötigt würde plötzlich aufzustehen, den Hals umzuwenden, sich in Bewegung zu setzen und nach dem Lichte empor zu blicken, und alles dies nur unter Schmerzen verrichten könnte und geblendet von dem Glanze nicht imstande wäre, jene Dinge zu erkennen, deren Schatten er vorher sah, was, glaubst du wohl, würde er sagen, wenn man ihn versichert, er hätte damals lauter Nichtigkeiten gesehen, jetzt aber, dem Seienden nahegerückt und auf Dinge hingewandt, denen ein stärkeres Sein zukäme, sehe er richtiger? Und wenn man zudem noch ihn auf jedes der vorübergetragenen Menschenwerke hinwiese und ihn nötigte, auf die vorgelegte Frage zu antworten, was es sei, meinst du da nicht, er werde weder aus noch ein wissen und glauben, das vordem Geschaute sei wirklicher als das, was man ihm jetzt zeige?

Glaukon: Weitaus.

Sokrates: Und wenn man ihn nun zwänge, seinen Blick auf das Licht selbst zu richten, so würden ihn doch seine Augen schmerzen und er würde sich abwenden und wieder jenen Dingen zustreben, deren Anblick ihm geläufig ist, und diese würde er doch für tatsächlich gewisser halten als die, die man ihm vorzeigte?

Glaukon: Ja.

Sokrates: Wenn man ihn nun aber von da gewaltsam durch den holperigen und steilen Aufgang aufwärts schleppte und nicht eher ruhte, als bis man ihn an das Licht der Sonne gebracht hätte, würde er diese Gewaltsamkeit nicht schmerzlich empfinden und sich dagegen sträuben, und wenn er an das Licht käme, würde er dann nicht, völlig geblendet von dem Glanze, von alledem, was ihm jetzt als das Wahre angegeben wird, nichts, aber auch gar nichts zu erkennen vermögen?

GLAUKON: Nein, wenigstens für den Augenblick nicht.

SOKRATES: Er würde sich also erst daran gewöhnen müssen, wenn es ihm gelingen soll, die Dinge da oben zu schauen, und zuerst würde er wohl am leichtesten die Schatten erkennen, darauf die Abbilder der Menschen und der übrigen Dinge im Wasser, später dann die wirklichen Gegenstände selbst; in der Folge würde er dann zunächst bei nächtlicher Weile die Erscheinungen am Himmel und den Himmel selbst betrachten, das Licht der Sterne und des Mondes schauend, was ihm leichter werden würde, als bei Tage die Sonne und das Sonnenlicht zu schauen.

GLAUKON: Gewiß.

SOKRATES: Zuletzt dann, denke ich, würde er die Sonne, nicht etwa bloß Abspiegelungen derselben im Wasser oder an einer Stelle, die nicht ihr eigener Standort ist, sondern sie selbst in voller Wirklichkeit an ihrer eigenen Stelle zu schauen und ihre Beschaffenheit zu betrachten imstande sein.

GLAUKON: Notwendig.

SOKRATES: Und dann würde er sich durch richtige Folgerungen klarmachen, daß sie es ist, der wir die Jahreszeiten und die Jahresumläufe verdanken und die über allem waltet, was in dem sichtbaren Raum sich befindet, und in gewissem Sinne auch die Urheberin jener Erscheinungen ist, die sie vordem in der Höhle schauten.

GLAUKON: Offenbar würde er in solcher Stufenfolge zu dieser Einsicht gelangen.

SOKRATES: Wie nun? Meinst du nicht, er würde in der Erinnerung an seine erste Wohnstätte und an seine dortige Weisheit und an seine dortigen Mitgefangenen sich nun glücklich preisen ob dieser Veränderung, jene dagegen bemitleiden?

GLAUKON: Sicherlich.

SOKRATES: Wenn es damals aber unter ihnen gewisse Ehrungen und Lobpreisungen und Auszeichnungen gab für den, der die vorübergehenden Gegenstände am schärfsten wahrnahm und sich am besten zu erinnern wußte, welche von ihnen eher und welche später und welche gleichzeitig vorüberwandelten, und auf Grund dessen am sichersten das künftig Eintretende zu erraten verstand, glaubst du etwa, daß er sich danach zurücksehnen werde und die bei ihnen durch Ehren und Macht Ausgezeichneten beneiden werde? Oder nicht vielmehr, daß er, nach Homer, das harte Los wählen, nämlich viel lieber »einem anderen, einem unbegüterten Manne um Lohn dienen wolle« und lieber alles andere über sich ergehen lassen würde, als im Banne jener Trugmeinungen zu stehen und ein Leben jener Art zu führen?

GLAUKON: Ja, ich denke, er würde lieber alles andere über sich ergehen lassen als auf jene Weise leben.

SOKRATES: Und nun bedenke auch noch folgendes: wenn ein solcher wieder hinabstiege in die Höhle und dort wieder seinen alten Platz einnähme, würden dann seine Augen nicht förmlich eingetaucht werden in Finsternis, wenn er plötzlich aus der Sonne dort anlangte?

GLAUKON: Gewiß.

SOKRATES: Wenn er nun wieder, bei noch anhaltender Trübung des Blicks, mit jenen ewig Gefesselten wetteifern müßte in der Deutung jener Schattenbilder, ehe noch seine Augen sich der jetzigen Lage wieder völlig angepaßt haben – und die Gewöhnung daran dürfte eine ziemlich erhebliche Zeit fordern –, würde er sich da nicht lächerlich machen und würde es nicht von ihm heißen, sein Aufstieg nach oben sei schuld daran, daß er mit verdorbenen Augen wiedergekehrt sei, und schon bald, der bloße Versuch, nach oben zu gelangen, sei verwerflich? Und wenn sie den, der es etwa versuchte sie zu entfesseln und hinaufzuführen, irgendwie in ihre Hand bekommen und umbringen könnten, so würden sie ihn doch auch umbringen?

GLAUKON: Sicherlich.

SOKRATES: Dieses Gleichnis, mein lieber Glaukon, mußt du seinem vollen Umfang nach mit den vorhergehenden Erörterungen in Verbindung bringen: die durch das Gesicht uns erscheinende Raumwelt setze der Wohnstätte der Gefesselten gleich, den Lichtschein des Feuers aber in ihr der Kraft der Sonne; den

Aufstieg nach oben aber und die Betrachtung der oberen Welt mußt du der Erhebung der Seele in das Reich des nur Denkbaren vergleichen, wenn du eine richtige Vorstellung von meiner Meinung bekommen willst, da du sie ja zu hören begehrst. Gott mag wissen, ob sie richtig ist. Was sich mir also als richtig darstellt, ist dies: in dem Gebiete des Denkbaren zeigt sich zuletzt und schwer erkennbar die Idee des Guten; hat sie sich aber einmal gezeigt, so muß sich bei einiger Überlegung ergeben, daß sie für alle die Urheberin alles Rechten und Guten ist, indem sie im Sichtbaren das Licht und den Quell und Herrn desselben [die Sonne] erzeugt, in dem Denkbaren aber selbst als Herrscherin waltend uns zu Wahrheit und Vernunft verhilft, so daß also diese Idee erkannt haben muß, wer einsichtig handeln will, sei es in persönlichen oder in öffentlichen Angelegenheiten.

GLAUKON: Diese Meinung teile auch ich, soweit mir ein Urteil darüber zusteht.

SOKRATES: So teile denn auch die folgende Ansicht mit mir, und wundere dich nicht, daß diejenigen, die zu dieser Höhe gelangt sind, keine Neigung verspüren, sich den menschlichen Alltagsgeschäften zu widmen; sondern ihre Seelen fühlen sich immer getrieben, dort oben zu verweilen. Und so ist es doch wohl auch ganz in der Ordnung, wenn anders es dem vorhin vorgeführten Bilde entsprechen soll.

GLAUKON: Ja, ganz in der Ordnung.

SOKRATES: Wie nun? Scheint es dir verwunderlich, wenn einer, der von den göttlichen Anschauungen her in das menschliche Elend herabkommt, haltungslos ist und sich recht lächerlich ausnimmt, wenn er, noch getrübten Blickes und noch nicht wieder genügend an die hiesige Finsternis gewöhnt, sich genötigt sieht, in Gerichtshöfen oder anderswo um die Schatten der Gerechtigkeit zu streiten oder um die Kunstgebilde, deren Schatten sie sind, und sich in einen Wettkampf einzulassen mit der Auffassungweise dieser Dinge von seiten solcher Leute, die niemals die Gerechtigkeit an sich geschaut haben?

GLAUKON: Nicht im geringsten verwunderlich.

SOKRATES: Nein, wer bei Vernunft ist, der würde sich sagen, daß die Störungen der Sehkraft zwiefacher Art sind und zweifacher Ursache entstammen, nämlich erstens, wenn man aus dem Licht in die Finsternis, und zweitens, wenn man aus der Finsternis in das Licht versetzt wird. Und wenn er sich nun davon überzeugt hat, daß die nämlichen Vorgänge auch bei der Seele vorliegen, so wird er, wenn er eine Seele in Verwirrung und unfähig sieht, etwas zu erkennen, nicht unbedacht lachen, sondern prüfen, ob sie aus einem erleuchteteren Leben hierhergekommen ist und infolge der Ungewohntheit mit Finsternis geschlagen ist oder ob sie aus einem Zustand größerer Unwissenheit in helleren Glanz kommt und von dieser größeren Helligkeit geblendet ist; und so wird er denn die eine glücklich preisen ob ihres Zustandes und ihrer Lebensgestaltung, die andere dagegen bemitleiden; und wenn er über sie lachen wollte, so würde sein Lachen hier weniger lächerlich sein als das über die, welche von oben her aus dem Licht herabkommt.

Glaukon: Das ist gewiß zutreffend.

Sokrates: Wir müssen also, wenn dies wahr ist, zu folgender Überzeugung über die Sache gelangen: die Bildung ist nicht das, wofür sie gewisse Leute verheißungsvoll ausgeben. Ihre Verheißung nämlich lautet etwa dahin, sie pflanzten der Seele, in der es ursprünglich kein Wissen gebe, dies Wissen ein, etwa wie wenn sie blinden Augen die Sehkraft einsetzten.

Glaukon: Ja, so lautet sie.

Sokrates: Unsere vorliegende Untersuchung dagegen zeigt, daß man diese der Seele eines jeden innewohnende Wissenskraft und das Organ, durch welches ein jeder zu Kenntnissen kommt, ganz ähnlich wie wenn man das Auge nicht anders aus dem Dunklen nach dem Hellen umwenden könnte als mitsamt dem ganzen Leibe, so sie mitsamt der ganzen Seele aus dem Bereiche des Werdenden nach der anderen Seite umkehren muß, bis sie fähig geworden ist, die Betrachtung des Seienden und des Hellsten unter dem Seienden auszuhalten; dies aber ist, wie wir behaupten, das Gute. Nicht wahr?

Glaukon: Ja.

Sokrates: Es wäre demnach die Bildung eine Kunst der Umkehrung dieses Organs, die Art und Weise nämlich, wie es am leichtesten und wirkungsvollsten umgewendet wird, nicht aber eine Kunst, die darin bestände, ihm diese Sehkraft erst einzupflanzen; diese hat es vielmehr schon; es ist nur nicht nach der richtigen Seite hingewendet und blickt nicht dahin, wohin es sollte, und daß dies geschehe, das ist eben, was unsere Kunst der Erziehung bewirken will.

GLAUKON: So scheint es.

SOKRATES: Es scheinen also die anderen Tugenden, die man gewöhnlich als der Seele zugehörig bezeichnet, einige Verwandtschaft mit den körperlichen Vorzügen zu haben; denn in der Tat wohnten diese, wie es scheint, ihr früher nicht inne und wurden erst weiterhin durch gute Gewöhnung und Übung ihr beigebracht; die Tugend der vernünftigen Einsicht dagegen ist allem Anschein nach eines unvergleichlich göttlicheren Ursprungs: sie verliert niemals ihre Kraft, wird aber brauchbar und nützlich durch die Umdrehung, wie anderseits durch das Mißlingen derselben unbrauchbar und schädlich. Oder hast du noch nicht auf Leute geachtet, die man bös, aber klug nennt, wie verschmitzt und scharf ihre schäbige Seele das erkennt, worauf sie es abgelegt hat, zum Zeichen, daß sie keine schlechte Sehkraft besitzt, aber an das Böse gekettet ist, so daß sie, je schärfer sie sieht, um so mehr Böses verübt?

GLAUKON: Gewiß.

SOKRATES: Wenn aber eben dies Vermögen einer solchen Natur, gleich von Kindheit auf, der mit dem Werden verwandten Bestandteile, die ihr wie Bleikugeln anhängen und die durch Eßbegier und dergleichen Lüste und Schleckereien sich fest in ihr einnisten und die Sehkraft der Seele nach unten hin wenden, durch kräftiges Beschneiden entledigt worden wäre und so befreit davon sich dem Wahren zugewendet hätte, so würde es [dies Vermögen] bei ganz dem nämlichen Menschen jene höhere Welt auf das schärfste erkennen, ebenso scharf wie jetzt das, worauf es hingewandt ist.

Aristoteles
Über die Seele

Die Vorstellung

Es sind vor allem zwei verschiedene Merkmale, die als für die Seele bezeichnend gelten: die Ortsbewegung einerseits, andererseits das Denken, das Unterscheiden und Wahrnehmen. Auch das Denken und das Verstehen hält man für eine Art des Wahrnehmens; denn in beiden Tätigkeiten unterscheidet und erkennt die Seele ein Seiendes. In der Tat behaupten die alten Denker, Denken und Wahrnehmen sei ganz dasselbe. So sagt schon *Empedokles*: »Je nach des Leibes Bestand nimmt zu bei den Menschen die Einsicht« und an anderer Stelle: »So fließen beständig ihnen auch andere Gedanken zu.« Das homerische Wort: »denn solcher Art ist ihr Sinnen«, bedeutet dasselbe. Alle diese Männer betrachten das Denken als etwas Leibliches gleich dem Wahrnehmen und meinen, daß man vermittelst des Gleichen das Gleiche wahrnehme und auch verstehe, wie wir es in unseren Ausführungen gleich zu Anfang genauer dargelegt haben. Und doch wäre es geboten gewesen, auch die Täuschung ins Auge zu fassen; denn diese ist bei den lebenden Wesen des Geläufigere, und die Seele bringt den größeren Teil der Zeit im Zustande der Täuschung zu. Daher müssen entweder, wie manche meinen, alle Sinneserscheinungen wahr sein, oder was die Täuschung ergibt, muß das Zusammentreffen mit dem Ungleichen sein; denn das wäre der Gegensatz zu dem Satze von der Erkenntnis des Gleichen durch das Gleiche. Es ist aber allgemeine Annahme, daß ebensowohl die Täuschung wie die Erkenntnis eine und dieselbe sei für beide Glieder des Gegensatzes.

Offenbar also ist Wahrnehmen und Verstehen nicht dasselbe. An jenem haben alle lebenden Wesen teil, an diesem nur wenige. Aber auch das Denken, wobei die Möglichkeit besteht, ebensowohl richtig wie nicht richtig zu denken – richtig zu denken als

Verständnis, Erkenntnis und zutreffende Meinung, nicht richtig zu denken als das Gegenteil davon –, auch dies Denken ist nicht dasselbe wie das Wahrnehmen. Denn die Wahrnehmung, sofern sie jedesmal auf dem eigenen Gebiete des Sinnes bleibt, ist immer wahr, und so kommt sie allen lebenden Wesen zu; das Nachdenken dagegen kann auch falsch sein und kommt keinem Wesen zu, das nicht auch Vernunft besitzt.

So ist auch Vorstellung etwas anderes als Wahrnehmung und als Nachdenken. Sie entsteht allerdings nicht ohne Wahrnehmung, und ohne sie gibt es kein Meinen. Daß aber Denken und Meinen nicht dasselbe ist, ist augenscheinlich. Jenes Verhalten liegt in unserer Macht, sobald wir wollen – denn man kann sich etwas vor Augen stellen, wie es die machen, die einen Gegenstand zum Behalten im Gedächtnis in ein Fach einreihen und ihn sich als Bild einprägen –, dagegen uns eine Ansicht zu bilden ist nicht in unserer Macht. Denn dabei gerät man notwendig entweder in den Irrtum oder erfaßt die Wahrheit. Dazu kommt, daß, wenn wir meinen, es mit etwas Gewaltigem oder Furchtbarem zu tun zu haben, sogleich das Gefühl erregt wird, und ebenso etwas Beruhigendem gegenüber. Beim Vorstellen dagegen verhalten wir uns genauso, wie wenn wir das Schreckliche oder Verwegene in einem Gemälde erblicken. Es gibt aber auch Unterschiede bei der Bildung einer Ansicht selber: Erkenntnis, Vermutung, Einsicht und ihre Gegensätze, über deren Verschiedenheit in anderem Zusammenhange zu handeln ist.

Wir sprechen also vom Denken. Da denken etwas anderes ist als sinnlich wahrnehmen, dem Denken aber einerseits die Vorstellung, andererseits die Meinung zugewiesen wird, so werden wir erst über die Vorstellung zu sprechen haben und dann an die Erörterung des zweiten herantreten. Wenn es denn die Vorstellung ist, durch die wir sagen, daß sich in uns ein inneres Bild gestaltet, und wir das Wort nicht in übertragenem Sinne gebrauchen, so ist es ein Vermögen oder eine Fertigkeit unter den anderen, vermöge deren wir uns ein Urteil bilden und Wahres oder Falsches finden. Dahin gehören sinnliche Wahrnehmung, Meinung, Erkenntnis, reines Denken. Daß es sinnliche Wahrnehmung nicht ist, ergibt sich aus folgendem. Die Wahrnehmung ist entweder potentiell oder aktuell, so das Sehvermögen im Unterschied vom Sehen. Erscheinungen haben wir aber auch dann, wenn keines von diesen beiden im Spiele ist – so die Bilder, die wir im Traume sehen. Ferner ist die sinnliche Wahrnehmung immer bei der Hand, die Vorstellung nicht. Wären sie aber der wirklichen Betätigung nach dasselbe, so müßte die Möglichkeit gegeben sein, daß alle Tiere Vorstellungsvermögen besäßen. Das aber nimmt man doch nicht an, z. B. bei den Ameisen, der Biene oder dem Regenwurm. Sodann sind die Wahrnehmungen immer richtig; von den Vorstellungen dagegen, wie sie uns kommen, sind die meisten falsch. Und weiter sagen wir auch nicht, wenn wir bei Gegenständen der Wahrnehmung ganz scharf zusehen, daß dieser Gegenstand uns als ein Mensch erscheint; das sagen wir viel eher, wenn wir ihn nicht mit voller Deutlichkeit wahrnehmen. Und dazu kommt noch, was wir schon oben gesagt haben, daß uns auch bei geschlossenen Augen Vorstellungsbilder erscheinen.

Aber auch zu den Vermögen, die immer die Wahrheit ergreifen, wie Erkenntnis oder reines Denken, gehört die Vorstellung nicht, denn es gibt ja auch falsche Vorstellung. Es bleibt also nur noch übrig, zuzusehen, ob sie mit der Meinung dasselbe ist. Von der Meinung gilt es ja allerdings, daß sie richtig, aber auch falsch sein kann. Aber an die Meinung knüpft sich der Glaube; denn eine Meinung haben und an das was man meint nicht glauben, das ist unmöglich. Bei keinem Tiere aber findet sich ein Glauben, während doch viele Tiere Vorstellungsvermögen haben. Ferner jede Meinung ist begleitet vom Glauben, der Glaube vom Überzeugtsein und die Überzeugung von begrifflichem Denken. Unter den Tieren nun haben manche wohl Vorstellungsvermögen, aber sie bilden keine Begriffe. Augenscheinlich also, daß auch nicht das Urteil in Verbindung mit sinnlicher Wahrnehmung oder auf Grund der Wahrnehmung und auch nicht ein Gewebe aus Urteil und Wahrnehmung Vorstellung sein kann; das ergibt sich aus dem Gesagten und auch daraus, daß die Meinung kein anderes Objekt hat als das, was auch Gegenstand der Wahrnehmung ist. Das soll heißen: was aus der Meinung, daß dies weiß ist, und der Wahrnehmung gleichen

Inhalts sich ergibt als ein Geflecht aus beiden, das ist die Vorstellung; nicht aber kommt sie aus der Meinung, daß dies gut ist, und aus der Wahrnehmung, daß dies weiß ist. Daß uns etwas erscheint, das ist also der Vorgang, sich eine Meinung, und nicht bloß eine zufällige, zu bilden über das, was man wahrnimmt. Es erscheint einem ja auch Falsches über solches, worüber man zu gleicher Zeit eine richtige Ansicht hat; so z. B. erscheint uns die Sonne, als hätte sie einen Durchmesser von einem Fuß, während man doch des festen Glaubens ist, daß sie größer ist als die bewohnte Erde. Daraus folgt also, daß man entweder die eigene richtige Ansicht, die man hatte, während der Gegenstand als derselbe erhalten blieb, abgelegt hat, ohne jene Ansicht vergessen zu haben oder vom Gegenteil überzeugt worden zu sein, wenn man die Ansicht noch hat, so muß eine und dieselbe Ansicht zugleich wahr und falsch sein. Aber falsch konnte sie nur werden, wenn der Gegenstand sich unvermerkt verändert hätte. Demnach ist die Vorstellung weder eines von diesen, Meinung oder Wahrnehmung, noch eine Verbindung von ihnen.

Nun kann ja, wenn ein Gegenstand sich bewegt, ein anderer durch ihn in Bewegung gesetzt werden. Von der Vorstellung aber meint man, daß sie eine Bewegung sei und nicht ohne sinnliche Wahrnehmung entstehe, sondern nur bei solchen, die Wahrnehmung besitzen, und nur für Gegenstände der sinnlichen Wahrnehmung. Bewegung aber kann entstehen durch die wirklich eingetretene Wahrnehmung, und diese Bewegung muß der Wahrnehmung gleichartig sein. Danach wäre also diese Bewegung weder ohne sinnliche Wahrnehmung möglich, noch könnte sie bei solchen Wesen vorkommen, die keine Wahrnehmung besitzen; das vorstellende Wesen aber erleide und tue auf Grund derselben mancherlei; die Vorstellung selber aber sei sowohl wahr als falsch. Dies letztere nun ergibt sich aus folgenden Gründen. Die Wahrnehmung als Wahrnehmung dessen, was dem Gebiete des jedesmaligen Sinnes angehört, ist richtig oder enthält doch Unrichtiges im geringsten Maße. Das zweite aber ist die Auffassung, daß dieses Wahrgenommene Bestimmung an diesem Gegenstande ist; und da nun setzt die Möglichkeit eines Irrtums ein. Daß etwas weiß ist, was man wahrgenommen hat, darüber täuscht man sich nicht; aber ob das Weiße, das man wahrnimmt, dieser oder ein anderer Gegenstand sei, darüber kann man sich täuschen. Das dritte ist dann die Mitaufnahme der allgemeinen Eigenschaften, die die Bestimmungen der Dinge begleiten, an denen die dem einzelnen Sinn zugehörigen Beschaffenheiten auftreten. Damit ist solches gemeint wie Bewegung und Ausdehnung als Bestimmungen der Wahrnehmungsgegenstände; über diese sich im Anschluß an die Wahrnehmung zu täuschen ist am ehesten möglich. Die Bewegung aber, die von der aktuellen Wahrnehmung erfaßt wird, wird verschieden sein, je nachdem sie aus der einen oder der anderen dieser drei Stufen des Wahrnehmungsprozesses herstammt. Und zwar ist die Wahrnehmung im Sinne der ersten Stufe, wo also die Empfindung gegenwärtig ist, richtig; die anderen beiden können sowohl wenn die Empfindung eine gegenwärtige wie wenn sie eine nicht gegenwärtige ist, Unrichtiges ergeben, und am meisten dann, wenn der Gegenstand der Empfindung weit in die Ferne entrückt ist. Hat nun die Vorstellung keine weiteren Züge als das Bezeichnete und ist sie eben das, was wir dargelegt haben, so würde *Vorstellung* sein *die durch aktuelle sinnliche Wahrnehmung hervorgerufene Bewegung*. Und da das Gesichtsvermögen der Sinn in der prägnantesten Bedeutung ist, so hat die Vorstellung sogar ihren Namen vom Lichte empfangen, weil es ohne Licht kein Sehen gibt. Und weil die Vorstellungen im Innern haften bleiben und den Empfindungen ähnlich sind, so lassen sich die lebenden Wesen in ihrer Tätigkeit vielfach durch sie bestimmen, die einen, weil sie Vernunft nicht besitzen, wie die Tiere, die anderen, weil die Vernunft zuweilen durch Affekt, Krankheit oder Schlaf verhüllt ist; so die Menschen.

Drukpa Rinpoche
Tibetische Weisheiten

Lerne, mit den Augen des Geistes das Innere der Dinge zu sehen. Gib dich nicht mit der oberflächlichen Realität der Dinge zufrieden. Diese Mauer ist keine Mauer ..., sondern eine Ansammlung von Molekülen, die mit wahnsinniger Geschwindigkeit umherwirbeln; sie ist ein Mosaik von Schwingungen, die sich verschieben, drehen, sich ohne Unterlaß wandeln.

Das unendlich Kleine ist ebenso riesig wie das unendlich Große. Überdies gibt es keine Grenze zwischen den beiden. Die einzige Grenze sind wir selbst, unsere Art zu empfinden, aufzunehmen.

Die Materie lebt. Es existieren Mikro-Welten. Überall in der Dichte der Materie gibt es Taschen anderer Realitäten. Lerne, die anderen Welten zu sehen.

Ovid
Vom Chaos zum Kosmos

Von den Gestalten zu künden, die einst sich verwandelt in neue
Körper, so treibt mich der Geist. Ihr Götter, da ihr sie gewandelt,
Fördert mein Werk und lasset mein Lied in dauerndem Flusse
Von dem Beginne der Welt bis auf meine Zeiten gelangen!

Ehe das Meer und die Erde bestand und der Himmel, der alles
Deckt, da besaß die Natur im All nur ein einziges Antlitz,
Chaos genannt, eine rohe und ungegliederte Masse,
Nichts als träges Gewicht, und geballt am nämlichen Orte
Disharmonierende Samen nur lose vereinigter Dinge.
Titan gab es noch nicht, die Welt mit Licht zu erhellen,
Phoebe bewirkte noch nicht, daß die Sichel des Mondes sich dehnte,
Noch nicht schwebte die Erde in Lüften, die rings sich ergossen,
Hängend im eigenen gleichen Gewichte; nicht streckte die Arme
Amphitrite am weit sich dehnenden Saume der Länder.
Zwar war Erde daselbst vorhanden und Meer und auch Lufthauch,
Aber die Erde gewährte nicht Stand, das Wasser kein Schwimmen,
Lichtlos waren die Lüfte. Es schwankten die Formen der Dinge,
Eines hemmte das andre, in ein und dem nämlichen Körper
Kämpften das Kalte und Warme, es rangen das Trockne und Feuchte,
Weiches stritt mit dem Harten, was ohne Gewicht, mit dem Schweren.
Aber es gab eine Schlichtung des Streites: ein Gott, eine beßre
Kraft der Natur schied Himmel und Erde und Erde und Wasser,
Und er trennte den heiteren Himmel vom dickeren Luftdunst.
Als er nun alles entwirrt, aus der finsteren Masse entnommen,

Band er das örtlich Getrennte zusammen in friedlicher Eintracht;
Und so schnellte die leichte, die feurige Kraft des gewölbten
Himmels empor und gewann sich den Platz in der obersten Höhe.
Ihr zunächst ist die Luft an Leichtigkeit wie auch im Raume;
Dichter als sie ist die Erde, die größere Stoffe herbeizog,
Durch ihre Schwere zusammengepreßt; die umfließende Feuchte
Nahm den Rand in Besitz und umschloß den festeren Erdkreis.
Als so der Gott, wer immer es war, die Materie geordnet,
So sie zerteilt und die Teile zu wirklichen Gliedern gestaltet,
Ballte er gleich zu Beginn die Erde, damit sie auf jeder
Seite sich gänzlich gleiche, zur Form einer riesigen Kugel.
Alsdann ließ er die Meere sich breiten; in reißenden Stürmen
Sollten sie schwellen und rings die Gestade der Erde umgürten.
Quellen gesellte er bei, unermeßliche Teiche und Seen;
Mit sich krümmenden Ufern umzog er die Flüsse, die hierhin
Abwärts rinnen und dorthin; die einen verschwinden im Boden,
Andre gelangen ins Meer: in freierem Laufe durchströmen
Sie die Ebne, statt Ufer umzieht sie Küstengelände.
Felder ließ er sich dehnen und Täler hernieder sich senken,
Wälder sich decken mit Laub und steinige Berge sich heben.
Und wie den Himmel zwei Zonen zur Rechten und ebensoviele
Links durchschneiden – die fünfte jedoch ist heißer als alle –,
So zerteilte der sorgliche Gott die umschlossene Kugel
Nach den nämlichen Zahlen: es decken fünf Zonen die Erde.
Wo sich die mittlere dehnt, da verwehrt es die Hitze zu wohnen;
Zwei deckt tiefer Schnee; zwei hat er dazwischengeschoben
Und ihnen Milde verliehn: mit Kälte vermischte er Wärme.
Luft ist darüber gebreitet; so viel ist sie schwerer als Feuer,
Als des Wassers Gewicht nachsteht dem Gewichte der Erde.
Nebel ließ er daselbst, dort ließ er Wolken sich sammeln,
Auch die Donner, bestimmt, auf menschliche Herzen zu wirken,
Und die Winde, die Wetterleuchten erzeugen und Blitze.
Doch auch den Winden verwehrte der Weltenschöpfer zu hausen,
Wo in den Lüften sie wollen; noch jetzt ist es schwer, sie zu zähmen,

Wenn sie auch, jeder für sich, in den eigenen Zonen sich tummeln,
Daß sie die Welt nicht zerreißen: so groß ist die Zwietracht der Brüder.
Eurus wich zu Aurora zurück, nach dem Reich Nabataea
Und nach Persien, hinweg zu den Höhn, die im Morgenglanz leuchten;
Doch die Gestade, die milde durchsonnt sind von Strahlen des Abends,
Liegen dem Zephyr am nächsten; ins Land der Scythen, gen Norden,
Brauste der schaurige Boreas; aber das Land gegenüber
Wird vom Auster mit Regen und dauernden Wolken befeuchtet.
Über das alles legt' er den flüssigen Äther, der jeder
Schwere ermangelt und frei ist von jeglichem irdischen Unrat.

Kaum hat er alles durch feste Begrenzung umhagt und geschieden,
Als die Gestirne, die lang in der Masse gepreßt und verborgen
Waren, allüberall jetzt am Himmel zu leuchten begannen.
Auf daß keine der Zonen der lebenden Wesen ermangle,
Sollten die Sterne, Gestalten von Göttern, den Himmel bevölkern.
Glänzenden Fischen gewährten die Wasser die Wohnung, die Erde
Bot den Tieren das Heim, die beweglichen Lüfte den Vögeln.

Aber ein reineres Wesen, Gefäß eines höheren Geistes,
Über die andern zu herrschen befähigt, es fehlte noch immer.
Und es entstand der Mensch, sei's, daß ihn aus göttlichem Samen
Jener Meister erschuf, der Gestalter der besseren Weltform,
Sei's daß die Erde, die jugendfrische, erst kürzlich vom hohen
Äther geschieden, die Samen, die himmelsverwandten, bewahrte.
Denn sie mischte des Iapetus Sohn mit dem Wasser des Regens,
Formte sie dann nach dem Bild der alles regierenden Götter.
Während die anderen Wesen gebückt zur Erde sich neigen,
Ließ er den Menschen das Haupt hochtragen: er sollte den Himmel

Sehen und aufgerichtet den Blick nach den Sternen erheben.
Also war nun die Erde verwandelt: soeben noch formlos
Roh, ward sie jetzo geschmückt mit den Menschengestalten,
den neuen.

Tanikawa Shuntarō
Die Einsamkeit von zwei Milliarden Lichtjahren

Nijûoku kônen no kodoku

Die Menschheit auf ihrer kleinen Kugel
geht schlafen, erhebt sich und arbeitet
und manchmal wünscht sie sich Gefährten auf dem Mars

Die Marsmenschen auf ihrer kleinen Kugel
was tun sie? ich weiß nicht
(ob sie etwa schlafafen, rebeben und rabeiten?)
aber manchmal wünschen sie sich Gefährten auf der Erde
das steht völlig außer Zweifel

Die allgemeine Gravitation
das ist die Kraft der sich anziehenden Einsamkeiten

Das Weltall ist gekrümmt
darum streben alle zueinander

Das Weltall dehnt sich rasend schnell aus
darum sind alle ruhelos

In der Einsamkeit von zwei Milliarden Lichtjahren
mußte ich unversehens niesen

Helmut Hornung
An den Grenzen von Raum und Zeit

Woher kommen wir? Wohin gehen wir? Wie hat alles begonnen? Wie wird alles enden? Mythen, wie sie das ›Gilgamesch-Epos‹, die ›Edda‹ oder die ›Bibel‹ erzählen, zeugen von dem uralten Bestreben, das Universum zu begreifen, Kopernikus verbannte den Menschen aus der Mitte des Alls. Kepler und Newton packten die Bewegungen der Himmelskörper in Formeln. Galileo löste die Milchstraße in Sterne auf. Kant degradierte die Galaxis zu einer unter unzähligen anderen Welteninseln. Mit jedem Schritt wurde unsere Heimat unbedeutender. Sie ist ein kleiner, zerbrechlicher Planet, der einen Zwergstern umkreist, der zusammen mit mindestens hundert Milliarden anderen Sternen in einer mittelgroßen Spiralgalaxie eingebettet ist, die mit Milliarden anderen Galaxien durch die Tiefen des Alls treibt... Im 20. Jahrhundert haben Astronomen die gewaltigen Dimensionen der Welt erschlossen. Das war vielleicht eine der bemerkenswertesten wissenschaftlichen Leistungen der Neuzeit. An der Schwelle zum 21. Jahrhundert beginnt sich der Nebel, der die Entwicklung des Universums bisher einhüllte, sogar ein wenig zu lichten. Die Kosmologie ist zwar noch weit davon entfernt. Fragen nach dem »Woher« oder dem »Wohin« eindeutig zu beantworten. Aber die Ansätze zur Lösung des Welträtsels klingen vielversprechend. Im Laufe des Jahres 1998 schienen sich die Puzzlesteinchen immer besser zusammenzufügen – jedenfalls aus Sicht derer, die den Kosmos mit einer feurigen Geburt beginnen lassen. Diese Urknall-Theorie hat die meisten Anhänger, aber auch einige erbitterte Gegner.

Für den Engländer Fred Hoyle zum Beispiel ist das Universum nicht mit einem einzigen *Big Bang* entstanden. Vielmehr soll es im ewigen Fluß des Kosmos unendlich viele und bis in alle Ewigkeit periodisch wiederkehrende »Stromschnellen« geben. Hoyle nennt sie *Mini Bangs*. Unser All wäre demnach nur eine Raumblase, die einer der *Mini Bangs* vor 15 oder zwanzig Milliarden Jahren erschaffen hat. Der amerikanische Kosmologe Halton Arp wiederum glaubt nicht an die Expansion des Alls und die dadurch verursachte Rotverschiebung; so sieht er die Quasare als relativ nahe Objekte an. Für ihn sind alle Galaxien, die wir beobachten, Teil eines rund hundert Millionen Lichtjahre großen »Lokalen Superhaufens«. Dieser soll nur einer von unzähligen anderen Haufen mit Milliarden Galaxien sein, die in der unermeßlichen Weite des Weltalls ruhen.

Hoyle und Arp finden in Fachkreisen wenig Anerkennung. Das mag damit zusammenhängen, daß Wissenschaftler grundsätzlich auf Theorien abseits des *Mainstream* nicht oder nur sehr träge reagieren. Aber auch damit, daß das Szenario vom *Big Bang* viele Entdeckungen hervorragend beschreibt. Die erste und erstaunlichste gelang dem amerikanischen Himmelsforscher Vesto Slipher (1875 - 1969) um 1917. Er hatte das Licht der Galaxien in Spektren zerlegt und bei den meisten eine Verschiebung der Linien zum Roten hin gefunden. Damals war der nach dem österreichischen Physiker Christian Doppler benannte Effekt längst bekannt. Die rotverschobenen Lichtwellen konnten daher nur bedeuten, daß sich die Quellen von der Erde wegbewegten. Die Astronomen drücken diese kosmische Rotverschiebung durch den Buchstaben z aus. (z = 0 bedeutet keine Rotverschiebung, z = 0,1 eine um zehn, z = 1 eine um hundert Prozent der Wellenlänge.) Die zugehörigen Fluchtgeschwindigkeiten der Galaxien sind hoch. Slipher selbst fand Spiralnebel, die sich pro Stunde um sechseinhalb Millionen Kilometer von der Erde entfernen. Im Jahr 1929 vermeldete Edwin P. Hubble nach Beobachtungen mit dem 2,5-Meter-Teleskop auf dem Mount Wilson nördlich von Los Angeles, daß die Galaxien mit zunehmender Distanz immer schneller davonrasen. Für die Flucht gilt: doppelter Abstand, doppeltes Tempo, dreifacher Abstand, dreifaches Tempo. Die Geschwindigkeit der Galaxien wächst also proportional zu ihrer Entfernung. Hubble hatte ein starkes Indiz für den Anfang der Welt aufgespürt. Lassen wir in Gedanken die Galaxien rückwärts laufen, rücken sie immer mehr zusammen – bis sie irgendwann in einem Punkt verschwinden. Man könnte nun meinen, dieser Punkt läge in der Milchstraße, da doch alle weit entfernten Sternsysteme vor ihr davoneilen. Diese Annahme ist jedoch falsch.

Jahre vor Hubbles Entdeckung hatten Kosmologen unabhängig voneinander an Modellen des Universums gebastelt. Ihre Arbeiten beruhten auf den Gleichungen der Allgemeinen Relativitätstheorie von 1915. Albert Einstein selbst hatte damit einen Kosmos konstruiert, der partout nicht statisch bleiben, sondern sich bewegen wollte. Ebenso erging es seinen Kollegen Willem de Sitter (1872 - 1935), Alexander Friedmann (1988 - 1925) und Georges Lemaître (1894 - 1966). Um dem offensichtlichen Dilemma zu entgehen und das dynamische in ein statisches All zu verwandeln, brachte Einstein zunächst die Kosmologische Konstante Lambda ins Spiel. Dann sah Hubble den Weltraum in ähnlicher Weise expandieren, wie es die Theoretiker vorausgesagt hatten. Einstein strich Lambda ersatzlos. Später bezeichnete er die Einführung der Kosmologischen Konstanten als »die größte Eselei meines Lebens«. Wir werden noch sehen, daß die Geschichte um Lambda damit noch nicht endet.

Für die relativistischen Weltmodelle ist die Galaxienflucht ein direktes Anzeichen für die Ausdehnung des gesamten Raums. Stellen wir uns vor, die Milchstraßen befänden sich auf der Oberfläche eines gigantischen Luftballons. Wird der Ballon aufgeblasen, treibt die expandierende Hülle alle Sternsysteme voneinander fort. Nehmen wir weiter an, in jedem dieser Systeme gäbe es belebte Planeten. Die winzigen Wesen darauf wären aber nur in der Lage, in zwei Dimensionen zu denken. Alle »Flachländler« würden glauben, ihre Galaxie sei der Mittelpunkt des Universums. Uns amüsiert dieses Erkenntnis. Wir können dreidimensional denken und wissen, daß die Ballonoberfläche keinen Mittelpunkt hat. Versuchen Sie einmal, einem »Flachmann« das Wesen eines Ballons zu erklären. Vielleicht sagen Sie: »Er ist eine Kugel. Und die ist wie ein Kreis, nur eine Dimension mehr.« Das Wesen wird ziemlich verständnislos gucken – so wie Sie, wenn Ihnen jemand sagt: »Der Kosmos ist wie eine Kugel, nur eine Dimension mehr.« Diese vierte Dimension ist die Zeit.

Analog zu unserem Gedankenexperiment gibt es im Universum keinen Mittelpunkt. Der Punkt, von dem aus die Galaxien auseinanderliefen, war nicht von einem Raum umgeben wie ein Sandkörnchen auf der Erde. Der Punkt war der Raum. Und außerhalb von ihm existierte auch keine Zeit. Der Kosmos ist ein vierdimensionales Gebilde, drei Dimensionen stecken im Raum, eine in der Zeit. Hier versagt die menschliche Vorstellungskraft. Immerhin können wir die Geometrie des Alls berechnen und durch mancherlei Beobachtung die Voraussagen der kosmologischen Modelle überprüfen.

Wenn das All tatsächlich expandiert, könnte es einen Anfang gehabt haben. Der belgische Priester und Mathematiker Georges Lemaître veröffentlichte 1931 in dem Wissenschaftsmagazin ›Nature‹ seine Idee vom »Uratom«. In ihm soll die gesamte Masse des Universums konzentriert gewesen und mit einer Explosion freigesetzt worden sein. (Den etwas saloppen Namen *Big Bang* hat Fred Hoyle erfunden, bekanntermaßen ein Gegner der Theorie.) Einige Jahre später beschäftigte die feurige Schöpfung auch den sowjetisch-amerikanischen Physiker George Gamow (1904 - 1968). »Ylem« nannte Gamow seinen unvorstellbar dichten, unvorstellbar heißen Neutronenklumpen. Raum und Zeit waren in ihm gleichsam eingebacken. Heute betrachten die Forscher diese Keimzelle des Kosmos als »Singularität« – als unendlich kleinen Raum, in dem die Materie mit unendlich hoher Dichte konzentriert ist.

Einstein haßte Singularitäten, die auch in Schwarzen Löchern auftreten. Die Allgemeine Relativitätstheorie sagt sie zwar voraus, funktioniert bei ihnen jedoch nicht. Viel eher greift dort die Quantenmechanik. Sie beschreibt die Welt im sehr Kleinen, die Relativitätstheorie dagegen im sehr Großen. Um die Entwicklung des Universums mit dem Urknall-Modell vollständig zu erklären, bemühen sich Physiker wie Stephen Hawking darum, beide Theorien zu einer einzigen zu vereinen – bisher vergeblich.

Wie kam das All auf die Welt? Wie sieht das Drehbuch der heutigen Kosmologie aus? Seine Geburt selbst wird ewig ein Mysterium bleiben. Erst nach Ablauf der Planck-Zeit macht es Sinn, über den Anfang nachzudenken. Die Planck-Zeit dauerte 10^{-43}

Sekunden (ausgeschrieben kommt nach 42 Nullen nach dem Komma eine Eins). Das Universum ist also noch nicht besonders alt und viel kleiner als ein Atomkern. Bei einer Temperatur von ungefähr 10^{41} Grad schwappt die Energie umher. In dieser Ursuppe bilden sich Elementarteilchen. Nach 10^{-35} Sekunden geschieht Ungeheures: Das Universum bläht sich quasi »in Null Komma nichts« auf. Der Raum wächst um das 10^{50}fache auf die Größe einer Orange. Inflation (»Sichaufblasen«) nennen die Forscher dieses Anfang der achtziger Jahre von dem Russen Andrej Linde und dem Amerikaner Alan Guth erdachte Szenario.

Aus der Urenergie entstehen unterdessen Teilchen und ihre Antiteilchen. Zwischen ihnen funkt es, sie vernichten sich augenblicklich. Doch jedes milliardste Teilchen findet keinen Antimaterie-Partner. Das führt zu einem winzigen Überschuß von Materie. Weshalb die Schöpfung asymmetrisch verlief, wissen wir nicht, nur soviel steht fest: Wäre es anders gewesen, gäbe es uns nicht. Das All hätte sich gleich nach seiner Geburt in eine Photonensuppe verwandelt. So jedoch formen sich eine hunderttausendstel Sekunde nach dem Urknall Protonen und Neutronen. Etwa eine Sekunde später vereinigen sich diese Materiebausteine bei einer Temperatur von einer Billion Grad zu Wasserstoffkernen, die schließlich Heliumkerne bilden. Die kosmische Expansion läßt die Temperatur um einige hundert Millionen Grad sinken. Daher kommt die Kernsynthese nach wenigen Minuten zum Stillstand. Das Universum besteht schließlich im wesentlichen aus 75 Prozent Wasserstoff, 24 Prozent Helium-4 sowie einem verschwindend geringen Anteil von Deuterium, Helium-3 und Lithium-7.

Nach 300000 Jahren kühlt sich das All auf 3000 Grad ab. Jetzt erst gelingt es den Atomkernen, die umherschwirrenden Elektronen einzufangen und richtige Atome zu formen. Damit lichtet sich allmählich der zuvor undurchdringliche Elektronennebel. Der Kosmos wird für Licht durchsichtig, die Photonen tragen die Botschaft vom Urknall in die Welt hinaus.

Ob der Urknall der Realität entspricht, vermag niemand zu sagen. Aber dieses Gedankengebäude ruht auf mehreren, durch Beobachtungen wohlfundierten Säulen. Das sind: erstens die galaktische Rotverschiebung als Zeichen für die Expansion des Universums; zweitens die Evolution der Galaxien, deren Raumdichte in der Vergangenheit höher war als heute; drittens das Verhältnis der Elemente (insbesondere der hohe Anteil des Heliums im Vergleich zu den schwereren Elementen); und viertens die kosmische Hintergrundstrahlung. Letztere gilt als stärkstes Indiz für den *Big Bang*. Bereits 1948 haben George Gamow und drei seiner Kollegen das Echo des Urknalls vorausgesagt. Es stammt aus der Zeit, als das All durchsichtig wurde und die Photonen auf die Reise gingen. Seither sind Milliarden Jahre verstrichen, der Raum hat sich um das Tausendfache vergrößert. Gemäß der Relativitätstheorie verursacht die Expansion eine Dehnung der Wellenlänge. Der gleißende Lichtblitz zeigt sich im Radioteleskop bei einer Wellenlänge von 0,8 Millimetern. Im Sommer 1964 entdeckten die Amerikaner Robert Wilson und Arno Penzias zufällig diese fossile Strahlung. Ihre Temperatur von -270,42 Grad Celsius (knapp 3 Kelvin) entspricht ziemlich genau dem von Gamow prophezeiten Wert.

Der US-Satellit »Cobe« nahm 1992 die 3-K-Hintergrundstrahlung unter die Lupe. Sie kommt nahezu gleichmäßig aus allen Richtungen. Das Universum muß außergewöhnlich isotrop sein. Das beweist auch das Muster der galaktischen Superhaufen. In den achtziger Jahren haben die Astronomen herausgefunden, daß sie sich entlang der Oberflächen von »Blasen« anordnen, die das All wie ein Schaumbad durchziehen. Dazwischen gibt es Milliarden Lichtjahre messende Leerräume. Der inflationäre Urknall erklärt, weshalb sich der Weltraum als Ganzes sehr gleichmäßig entwickelt hat, obwohl seine Teile Milliarden Lichtjahre voneinander getrennt sind. Bevor die Inflation einsetzte, muß es im Urbrei schon kleine Fluktuationen gegeben haben, die alle »im selben Takt« schwangen und dies nach dem spontanen Aufblähen weiterhin taten – aber jede an einer anderen Stelle des Universums.

In der kosmischen Hintergrundstrahlung entdeckte »Cobe« tatsächlich Intensitätsschwankungen von einem tausendstel Prozent. Doch diese Fluktuationen sind am Firmament größer als sieben Grad. Das entspricht im All einer Strecke von einer Milliarde Lichtjahren. Damit sind diese Kräuselungen viel zu groß, als daß sich aus ihnen einzelne Galaxien hätten formen können. Irgend etwas muß die anfänglichen Saatkörnchen um das Tausendfache verstärkt haben. Hier kommt erneut die Dunkle Materie ins Spiel, deren Schwerkraftfallen die Atome förmlich hätten anziehen können. Mindestens neunzig Prozent des Weltalls sollen aus dem unsichtbaren Stoff bestehen – genug für einen kräftigen »Geburtshelfer«.

Die Dunkle Materie ist auch entscheidend für die künftige Entwicklung des Kosmos. Stoppt die Expansion eines fernen Tages und kehrt sich in eine Kontraktion um, oder dehnt sich der Raum in alle Ewigkeit aus? Und wie alt ist das All überhaupt? Die Antworten auf diese Fragen hängen insbesondere von dem Dichteparameter Omega, der Kosmologischen Konstanten Lambda und dem Hubble-Parameter ab. Die präzise Bestimmung der drei Werte gehört heute zu den größten Herausforderungen der beobachtenden Astronomie.

Die wichtigste Aufgabe des Weltraumteleskops sollte es ursprünglich sein, den Hubble-Parameter zu bestimmen. Kennen die Forscher den Abstand einer fernen Galaxie, können sie ihn aus der zugehörigen Rotverschiebung (der Expansionsrate des Universums) ableiten. Der Hubble-Parameter ergibt letztlich das Weltalter. Mitte der neunziger Jahre fand »Hubble« in einem Sternsystem zwanzig Cepheiden. Diese Sterne verändern ihre Helligkeit auf charakteristische Weise, wobei die Periode eng mit ihrer Leuchtkraft zusammenhängt. Aus den Lichtkurven lesen die Experten die absolute Helligkeit ab. Ein Vergleich mit der scheinbaren Helligkeit am Himmel lieferte die Entfernung der Cepheiden. Mit dieser Methode bestimmten die Astronomen die Distanz der Welteninsel im Virgo-Haufen zu 56 Millionen Lichtjahren und den Hubble-Parameter zu achtzig Kilometer pro Sekunde pro Megaparsec (3,26 Millionen Lichtjahre). Das entsprach einem Weltalter von acht bis zwölf Milliarden Jahren. Die Kosmologen saßen in der Klemme: Das Universum war zu jung. Denn die Astrophysiker beharrten darauf, daß die ältesten Sterne in Kugelhaufen seit mindestens 14 Milliarden Jahren leben. Wie aber konnte der Körper jünger sein als seine Glieder!

Statt den jahrzehntelang schwelenden Streit um den Hubble-Parameter zu entscheiden – in der Diskussion waren Werte zwischen 50 und 100 –, entfachte ihn »Hubble« neu. Auf das Weltalter beziehen sich aber auch sämtliche kosmologischen Distanzen: Beträgt das Alter beispielsweise acht Milliarden Jahre, können die fernsten sichtbaren Galaxien nicht neun oder zehn Milliarden Lichtjahre entfernt sein. Daher vermeiden die Wissenschaftler absolute Alters- und Entfernungsangaben und nennen lediglich die Rotverschiebung z. Eine Galaxie bei z = 1 bedeutet eine »Rückblickzeit« von vierzig Prozent des Weltalters. Wir beobachten das Sternsystem in jenem Zustand, den es hatte, als das All vierzig Prozent seines heutigen Alters aufwies. Wieviel Jahre das sind, spielt keine Rolle.

In diesem Buch haben wir dennoch absolute Zahlen genannt. Das hat seinen guten Grund: In jüngster Zeit wurde ein Weltalter von 15 Milliarden Jahren immer wahrscheinlicher, und mit diesem Wert haben wir die Rotverschiebung geeicht. Anfang 1998 fanden Astronomen mit dem Zehn-Meter-Keck-Teleskop auf Hawaii die Galaxie RD 1 und ermittelten für sie z = 5,34. Wir blicken damit neunzig Prozent in die Vergangenheit zurück; das sind neunzig Prozent von den oben genannten 15 Milliarden Jahren, also 13,5 Milliarden Jahre. Dieses System ist demnach 13,5 Milliarden Lichtjahre von der Erde entfernt.

Im Jahr 1998 veröffentlichten Astronomen ihre Beobachtungen von Typ-I-Supernovae in weit entfernten Galaxien. Bei der Explosion bringen es diese Sterne auf maximale Leuchtkräfte, die in klarem Zusammenhang mit dem Verlauf ihrer Lichtkurven stehen. Wie bei den Cepheiden schließen die Experten bei einer Typ-I-Supernova aus der angenommenen absoluten und der beobachteten scheinbaren Helligkeit auf die Distanz. Die Forscher verglichen die Helligkeiten der fernen Supernovae mit denen ihrer näher gelegenen Geschwister. Erstere müssen aufgrund ihres größeren Abstandes schwächer strahlen. Dieser Effekt reicht aber nicht aus, um die Unterschiede in der Helligkeit zu erklären. Offenbar sind die Supernovae (und damit die Galaxien) weiter entfernt, als sie bei konstanter Expansionsgeschwindigkeit sein müßten. Der Kosmos dehnt sich also heute schneller aus als in der Vergangenheit. Eine Art »dunkle Energie« scheint ihn zu beschleunigen und auseinanderzutreiben. Das kann nur die Kosmologische Konstante Lambda sein – Einsteins »größte Eselei« entpuppt sich anscheinend als Geniestreich.

Ist das All früher langsamer auseinandergeflogen, so muß zwischen dem Beginn der Expansion mit dem Urknall und der heute beobachteten Größe mehr Zeit verstrichen sein als bisher angenommen. Am besten paßt zu den Beobachtungen ein Weltalter von 15 Milliarden Jahren. Selbst ein relativ hoher Hubble-Parameter von achtzig läßt sich damit in Einklang bringen. Ebenfalls 1998 haben Astrophysiker ihre Modelle überarbeitet und das Alter der Kugelhaufen auf Werte zwischen neun und elf Milliarden Jahre nach unten korrigiert. Das wiederum schmeckt den Kosmologen, weil nun die Sterne und Galaxien genügend Zeit hatten, sich zu entwickeln.

Wie sieht die Zukunft aus? Die Astronomen sind überzeugt, daß es im Weltraum bei weitem nicht genügend Masse gibt, um die Expansion jemals anzuhalten oder gar umzukehren. Der Dichteparameter Omega liegt neuesten Messungen zufolge bei 0,3 – zu wenig, um die Expansion jemals aufzuhalten. Dafür spricht auch der Lambda-Wert von 0,7. Die Summe aus Omega und Lambda ergibt 1. Genau diesen Wert fordert der inflationäre Urknall. Diese Hypothese scheint sich also zu bestätigen, ebenso wie die Tatsache, daß wir in einem Universum ohne Wiederkehr leben.

Zu Beginn des 21. Jahrhunderts ergibt das Mosaik des Kosmos ein recht gutes Bild. Zumindest so lange, bis die Forscher mit weiterentwickelten Teleskopen, Satelliten und theoretischen Weltgebäuden zu neuen Horizonten vorstoßen und die Schöpfungstheorie wieder umschreiben müssen.

Die Bushoong
Bumba

Im Anfang war nur Finsternis, und es gab auf der Erde nichts als Wasser. Herrscher dieses Chaos war Bumba. Bumba war von Menschengestalt, aber weiß und riesig. Eines Tages hatte er große Bauchschmerzen und begann zu erbrechen. Erst erbrach er die Sonne, dann den Mond und schließlich die Sterne; so entstand das Licht. Dann fing das Wasser an in der Sonne zu verdunsten, und die Sandbänke zeigten sich; aber die Sandbänke und das Wasser enthielten keine Pflanzen und Tiere. Bumba begann erneut zu erbrechen und brachte nacheinander hervor: den Leoparden Koy Bumba, den Adler Pongo Bumba, das Krokodil Ganda Bumba, einen kleinen Fisch Yo Bumba, eine Schildkröte Kono Bumba, den Blitz Tsetse Bumba (der dem Leoparden ähnelte, aber schwarz war), den weißen Reiher Nyanyi Bumba, einen Mistkäfer und die Ziege Budi Bumba. Dann erbrach er die Menschen, eine ganze Menge von ihnen, aber nur einer davon war wie er weiß: Loko Yima.

Die Tiere, die er so geschaffen hatte, machten sich daran, die Welt zu bevölkern. Der weiße Reiher erbrach alle Vögel außer dem Milan, das Krokodil alle Schlangen und den Leguan Lebeme Gandu; die Ziege erbrach alle Tiere mit Hörnern, der Fisch Yo alle Fische und der Mistkäfer alle Insekten. Die Schlangen erbrachen die Heuschrecken und der Leguan alle Tiere ohne Hörner. Danach erbrach einer der Söhne Bumbas, Nyonye Ngana, die weißen Ameisen; aber die Anstrengung war zu groß für ihn, und er starb daran. Die weißen Ameisen holten, zum Dank für ihre Erschaffung, aus dem Innern der Welt schwarze Erde und bedeckten damit die trockenen Sandbänke, um ihren Schöpfer zu beerdigen. Ein anderer Sohn, Chonganda, erbrach eine Pflanze, aus der alle Gewächse hervorgingen; ein weiterer Sohn, Chedi Bumba, versuchte sich am Erbrechen neuer Kreaturen und brachte den Milan hervor, aber sonst nichts.

Boethius
Mannigfaltig über die Erde hin

Mannigfaltig über die Erde hin wandern Tiergeschlechter,
Diese schleppen gestreckten Leibes sich hin in niederem Staube,
Ständig mit kräftigen Sehnen ziehen sie dauernd ihre Furche.
Schweifend leichtgefiederte gibt es, die mit dem Winde flattern,
Schwebend schwimmen sicheren Fluges sie weit durch Ätherräume.
Andre freut's, wenn mit festen Tritten sie auf dem Boden schreiten,
Bald durcheilen sie grüne Gefilde, bald schlüpfen sie in Wälder.
Doch wie mannigfach und wie wechselnd auch die Gestalten scheinen,
Erdwärts senkt sich ihr Angesicht, dumpf die Sinne beschwerend.
Einzig können der Menschen Geschlechter höher den Scheitel heben,
Recken leichte Glieder und blicken so auf die Erde nieder.
Hat nicht irdischer Sinn dich verwirrt, dann mahnt dich diese Gestaltung:
Der erhobnen Hauptes zum Himmel du mit der Stirne aufschaust,
Trag die Seele auf zum Erhabenen, daß nicht niedre Schwere
Tiefer als den aufrechten Körper dir deine Seele ziehe.

Josef H. Reichholf
Die verschlungenen Pfade der Menschwerdung

Zweimal hatten Vorläufer des Menschen versucht, sich über die Welt auszubreiten. Der »aufrechte Mensch« (Homo erectus) war vor rund einer Million von Jahren während der ersten Phase des Eiszeitalters bis Nordostchina und bis Java gekommen. Dort fand man seine Überreste und nannte sie Peking-Mensch und Java-Mensch. Die Klimaverschlechterung in den Zwischeneiszeiten drängte ihn zurück. Diese Art Mensch starb außerhalb von Afrika aus, ohne Nachfahren zu hinterlassen. Er wurde gleichsam erdrückt von den sich ausbreitenden Wäldern, vielleicht schon in der ersten großen Zwischeneiszeit. Das wärmer gewordene, wechselhafte Klima wurde ihm zum Schicksal.

Ganz ähnlich erging es der zweiten Menschenform, die Afrika vor etwa 200 000 Jahren verlassen hatte, dem Neandertaler. Er kam anscheinend nicht einmal so weit wie sein Vorläufer Jahrhunderttausende vorher. Seine Verbreitung hatte sich nach dem Großwild auszurichten, das seine Lebensgrundlage darstellte. Größer, kräftiger und insbesondere mit einem weitaus leistungsfähigeren Gehirn als Homo erectus ausgestattet, überstand der Neandertaler etwa 180 000 Jahre lang zwei große Eiszeiten und Zwischeneiszeiten. Mag sein, das weiß man noch nicht genau genug, daß er deswegen die Zwischeneiszeiten überstand, weil der klimatische Rückschlag nicht ganz so kraß ausgefallen ist als nach dem Ende der letzten Eiszeit. Doch viele Anzeichen sprechen dafür, daß er sich letztendlich durch seine höhere Effizienz als Jäger ausrottete, weil er die Hauptbeute vernichtete und sich selbst daher die Lebensgrundlage entzog.

Erst der dritte Anlauf, der vor 70 000 Jahren begann, war erfolgreich: Er führte einen im Vergleich zum Neandertaler schwachen, wenig spezialisierten Menschentyp aus Afrika, der sich nicht auf die Jagd verlegt hatte, sondern eine viel breitere

Nahrungsbasis zu nutzen verstand. Sein entscheidender Vorteil war die Fähigkeit, sprechen zu können. Damit übertraf er die wohl nur zu gutturalen Lauten oder einem primitiven Stammeln befähigten Neandertaler in vergleichbarer Weise wie die Honigbienen mit ihrer Symbolsprache (»Schwänzeltanz«) ihre übrigen Verwandten aus der Welt der Bienen, denen sie als Einzelinsekt unterlegen wären. Die Kommunikation eröffnete einen ungleich wirkungsvolleren Zusammenhalt und ein Zusammenwirken, wie es – im Falle des Menschen – vorher noch nie dagewesen war. Sie legte damit auch das Fundament für Kultur und Tradition.

Versuchen wir, die Gesamtheit der Bausteine zu überblicken, die zur Menschwerdung zusammengetragen worden sind, so machen sie durchaus Sinn. Sie lassen sich zusammenfügen, aber auch, für sich genommen, kritischer Überprüfung unterziehen. Weitere Forschungen werden zeigen müssen, wo Schwachpunkte bestehen und wo Ergänzungen oder neue Arrangements der Bausteine notwendig sind. Das Bild, das sich abzuzeichnen beginnt, ist noch recht grob. Doch es wird zu weiteren Fragen anregen und neue Antworten zu den Fragen nach unserem Ursprung beibringen.

Was bleibt zu tun? Für die Forschung stellen sich neue Herausforderungen, ergeben sich neue Gesichtspunkte und werden immer wieder neue Fragen auftauchen. Wir können nur bescheiden zurückblicken und vielleicht noch ein paar Probleme aufgreifen, die etwas am Rande geblieben sind, und fragen, wie sie mit diesem Bild der Menschwerdung zusammenpassen.

Eine Frage mag sich immer wieder einmal aufgedrängt haben. Es ist dies die Frage nach dem Zufall, die seit der Entdeckung der zufälligen Erbänderungen als Rohmaterial für den evolutionären Fortschritt immer wieder aufgeworfen und heiß diskutiert worden ist. War die Menschwerdung eine Kette von Zufällen?

Lassen wir die einzelnen Etappen Revue passieren, so wird man wohl kaum mit dem Zufall als Erklärung einverstanden sein. Eine solch unglaubliche Verkettung von Zufällen wäre in der Tat »unglaublich«. Doch die Alternative ist keineswegs die Vorbestimmung. Auch das geht aus dem Prozeß der Menschwerdung klar hervor. Er durchlief zu viele Umwege, landete mehrmals in blinden Seitenlinien, die ausgestorben sind, daß eine Vorbestimmung des Weges zum Menschen genauso »unglaublich« wäre wie eine Verkettung von Zufällen.

Deshalb haben wir so weit ausgeholt! Nur durch den Rückgriff in die weit im Tertiär zurückliegenden Vorgänge, die schon den Weg der Primaten immer wieder beeinflußten, lange bevor es die Gattung Mensch überhaupt gab, wird die körperliche Entwicklung des Menschen verständlich. Sie verlief, wie die Fossilfunde beweisen, nicht geradlinig. Auch ging sie nicht so vonstatten, daß sich alle typisch menschlichen Merkmale nach und nach gemeinsam herausgebildet hätten. Es war kein Fortschritt auf breiter Front, sondern Entwicklungen im einen Bereich zogen Veränderungen an anderen Körperstellen und Organen nach sich. Die Menschenlinie kam sicher nicht »von den Bäumen« in dem Sinne, daß die hangelnden Schimpansen oder Gorillas als unsere nächsten Verwandten einen stammesgeschichtlich primitiveren Zustand repräsentierten. Sie sind vielmehr Parallelentwicklungen, die, von einem gemeinsamen Ahnen ausgehend, ihren Anpassungsweg in den Wald genommen haben, während die Menschenlinie in der Savanne blieb und sich verstärkt diesen Lebensbedingungen anpaßte.

Der weite Rückgriff erklärt auch, weshalb trotz ähnlicher Lebensweise als Kadaververwerter nicht etwa die Hyänen den großen Fortschritt in der Stammesgeschichte gebracht hatten. Es fehlten ihnen so vergleichsweise simple Vorbedingungen, die die Primaten einfach mitgebracht hatten und nicht erst hätten entwickeln müssen, wie die Greifhände. Damit – wir drücken es unbewußt umgangssprachlich sehr treffend aus – läßt sich die Umgebung und die Welt »be-greifen«. Das geht nicht mit Hyänenpfoten.

Es ist auch zu berücksichtigen, daß beim Raubtiertyp unter den Säugetieren die Geruchssphäre eine vorherrschende Rolle einnimmt, während die Verwertung optischer Eindrücke vergleichsweise zurückgeblieben ist. Das gilt für die Schakale wie für die Hyänen oder Löwen. Als sich der werdende Mensch aufgerichtet hatte und »Überblick« gewann, stand ihm kein empfindliches Geruchsvermögen als Sicherung gegen unliebsame Überraschungen und kein hochempfindliches Gehör zur Verfügung. Er mußte fast alles Überlebenswichtige über die Eindrücke und Einblicke entnehmen, die ihm die Augen vermittelten. Der Mensch war und blieb ein »Augenwesen«, das den weitaus größten Teil seines späteren Kulturschaffens über Gezeichnetes, Gemaltes und Geschriebenes weitergab. Die Geruchswelt der Hundenasen werden wir nie »verstehen«. Das »Hörbild« der Fledermäuse hingegen können wir uns viel besser vorstellen, weil wir es gleichsam zu einem Bild zusammenfassen. Solche Grundeigenschaften der biologischen Ausstattung lassen sich weder umgehen noch wegdiskutieren. Sie hatten bei der Evolution des Menschen lange vor der Entwicklung des Gehirns die Weichen gestellt.

Freie Sicht war und ist daher eine der Grundvoraussetzungen für die menschliche Orientierung in der Umwelt. Die Herkunft aus der Savanne drückt sich darin gleichfalls aus. Aber warum war es ausgerechnet die ostafrikanische Savanne und nicht etwa der entsprechende Lebensraum in Südamerika oder im randtropischen Ostasien? Dort hätten doch entsprechende Umweltbedingungen geherrscht? Oder doch nicht? Ostafrika ist in seiner Art einmalig, weil es als einziger Großraum auf den Kontinenten einen Teil des weltumspannenden Rißsystems trägt, aus dem in geologischen Zeiträumen laufend frische Mineralstoffe aus der Erdkruste an die Oberfläche kommen. Die Vulkane im Bereich des Grabenbruches haben riesige Mengen höchst fruchtbarer Asche ausgeworfen, und gewaltige Lavaströme bedeckten Teile des Landes, verwitterten und lieferten dabei wiederum die Nährstoffe, an denen es in den anderen Tropenzonen mangelt.

Nach neuesten Untersuchungen ist für Primaten im südamerikanischen Regenwald so wenig an Nährstoffen zu holen, daß sie nur etwa 6 Kilogramm schwer werden können. Wären sie schwerer, reichten die Fangerfolge bei der Jagd nach Insekten nicht mehr aus, um den Eiweißbedarf zu decken. Nur die pflanzenessenden Brüllaffen werden etwas größer, aber sie bleiben weit unter den Größen afrikanischer Primaten. Die größten von allen sind die Gorillas in den Bergwäldern am Rande des afrikanischen Grabenbruches, wo nicht nur üppige Vegetation wächst, sondern auch der Nährwert, insbesondere der Phosphorgehalt der Pflanzen, relativ hoch ist. Sogar die Tieflandwälder im Kongobecken weisen einen erheblich besseren Versorgungsgrad mit Pflanzennährstoffen auf als die entsprechenden Wälder in Südamerika.

Enge Zusammenhänge mit der Nährstoffversorgung sind für die Primaten und ihre Entwicklung zweifellos gegeben. Doch muß das auch für den Menschen zutreffen? Könnte es nicht sein, daß der Mensch aufgrund seines hohen Grades an Unabhängigkeit von den Lebensbedingungen der Natur den Mangel, der vielerorts herrscht, einfach durch seine besonderen Fähigkeiten und seine Intelligenz ausgeglichen hat? Ein Blick auf die heutige Verbreitung der Menschen und ihre Siedlungsdichte beweist das Gegenteil. Die Menschen drängen sich dort, wo entweder Gebirge und Vulkane nährstoffreiche Böden bedingen oder wo die Eiszeit große Mengen von Lößeinwehungen hinterlassen hat. Auch die Flußtäler sind – als Fortsetzungen der Gebirge – zu Schwerpunkten der menschlichen Besiedlung geworden und sind dies bis heute geblieben. Fortsetzungen der Gebirge sind sie deshalb, weil ihr Schwemmland die jungen Auswitterungen aus den Bergen enthält. Die weiten Ebenen sind viel dünner besiedelt als die Flußtäler, die bis in historische Zeit die ersten Siedlungsräume der Menschen überhaupt darstellten.

Betrachten wir die Verbreitungsgeschichte der Menschheit aus diesem Blickwinkel, so wird klar, weshalb es die kalten, unwirtlichen Hochflächen der südamerikanischen Anden und in Mittelamerika gewesen sind, die Hochkulturen und eine dichte menschliche Besiedlung hervorbrachten, und nicht die warmen, bestens mit Wasser versorgten Niederungen in Amazonien. Die Anden wurden durch die Westwärtsdrift von Südamerika aufgefaltet und dabei von zahlreichen Vulkanen durchsetzt, die mineralstoffreiches Gestein bildeten. Der allergrößte Teil des Amazonas-Tieflandes weist dagegen sehr nährstoffarme Böden auf, die zu den schlechtesten der Welt gehören.

Noch ausgeprägter zeigt sich dieser Unterschied in der Mineralstoffversorgung, wenn wir das dünn besiedelte Borneo oder

Sumatra der indonesischen Inselwelt dem extrem dichtbesiedelten Java gegenüberstellen. Java ist eine Vulkaninsel mit mineralstoffreichen Böden, während Borneo und Sumatra über den größten Teil ihrer Fläche nährstoffarme Böden aufweisen.

Das neben China mit seinen Lößböden und fruchtbaren Stromtälern nächst bevölkerungsreiche Gebiet der Erde ist Indien. Trotz unsicherem Monsunklima trägt dieser Subkontinent eine gewaltige Menschenmenge seit Jahrtausenden. Die Fruchtbarkeit des Schwemmlandes der Himalaja-Flüsse einerseits und die durch Verwitterung freigewordenen Nährstoffe der vulkanischen Decken im Hochland von Dekkan in Zentralindien liefern die Nährstoffgrundlage für die anhaltend hohe Besiedlungsdichte. Auch das eiszeitlich geprägte, durch »junge« Böden gekennzeichnete Europa und die Eisrandgebiete in Nordamerika, etwa um die Großen Seen, bilden solche Zentren der menschlichen Siedlungsdichte. So zeigt selbst das heutige Verbreitungsbild der Menschen die engen Verbindungen zum Boden und seinen Nährstoffen. Die Einführung der künstlichen Düngung war die größte »Revolution« seit der Erfindung des Ackerbaues. Es ist bezeichnend, daß wir für den Landbau als Prozeß das gleiche Wort verwenden wie für die Schaffung dauerhafter Leistungen des Menschen, nämlich »Kultur«.

Die Kultur wurde zur neuen Triebkraft der Evolution des Menschen, daran kann kein Zweifel sein. Sie ging aus der Beherrschung der Produktionsverhältnisse hervor, und sie hängt so grundsätzlich mit der biologischen Ausstattung des Menschen zusammen, daß es nur hoffnungsloser Überheblichkeit entspringen kann, die Wurzeln verleugnen zu wollen und in der Kultur etwas gänzlich Eigenständiges und Neues zu erblicken. Die Rückbesinnung auf den Ursprung stellt daher keine Abwertung der kulturellen Leistungen des Menschen dar, sondern eine notwendige Klärung der Basis, auf der das Kulturgebäude aufbaut. Der Mensch ist nicht nur ein Kulturwesen, sondern auch ein Ergebnis der natürlichen Evolution. Sie war es, die mit einer Vielzahl von Rahmenbedingungen im Laufe der Jahrmillionen den werdenden Menschen zum Menschen gemacht hat.

Diesem Prozeß der Evolution liegt weder eine Verkettung

von Zufällen und Zufälligkeiten zugrunde noch eine Vorbestimmung. Der alte Streit um die Abstammung des Menschen tobte an falsch gewählten Fronten. Je mehr wir Einblick gewinnen in die Abläufe unserer Stammesgeschichte, desto besser werden wir unsere Eigenarten und Probleme verstehen. Und um so deutlicher müßte uns bewußt werden, welch enge Bande uns mit der Natur verknüpfen, aus der wir stammen und deren Teil wir geblieben sind. Daß wir diesen unseren Ursprung heute besser denn je verstehen können, zwingt uns zu verantwortungsvollem Handeln nicht nur allen Menschen gegenüber, sondern auch gegenüber der Natur. Vielleicht sind wir deshalb so tief in die Umweltkrise hineingeraten, weil zu viele Menschen ihre Herkunft mißachteten und sich über der Natur stehend dünkten. Wir werden nicht besser, wenn wir unsere Herkunft verleugnen – und nicht schlechter, wenn wir sie kennen. Aber vielleicht verstehen wir uns selbst eher, wenn wir die Rahmenbedingungen berücksichtigen, unter denen wir Menschen entstanden sind.

Rainer Maria Rilke
Die achte Elegie
Rudolf Kaßner zugeeignet

Mit allen Augen sieht die Kreatur
das Offene. Nur unsre Augen sind
wie umgekehrt und ganz um sie gestellt
als Fallen, rings um ihren freien Ausgang.
Was draußen ist, wir wissens aus des Tiers
Antlitz allein; denn schon das frühe Kind
wenden wir um und zwingens, daß es rückwärts
Gestaltung sehe, nicht das Offne, das

im Tiergesicht so tief ist. Frei von Tod.
Ihn sehen wir allein; das freie Tier
hat seinen Untergang stets hinter sich
und vor sich Gott, und wenn es geht, so gehts
in Ewigkeit, so wie die Brunnen gehen.
Wir haben nie, nicht einen einzigen Tag,
den reinen Raum vor uns, in den die Blumen
unendlich aufgehn. Immer ist es Welt
und niemals Nirgends ohne Nicht:
das Reine, Unüberwachte, das man atmet und
unendlich weiß und nicht begehrt. Als Kind
verliert sich eins im stilln an dies und wird
gerüttelt. Oder jener stirbt und ists.
Denn nah am Tod sieht man den Tod nicht mehr
und starrt hinaus, vielleicht mit großem Tierblick.
Liebende, wäre nicht der andre, der
die Sicht verstellt, sind nah daran und staunen …
Wie aus Versehn ist ihnen aufgetan
hinter dem andern … Aber über ihn
kommt keiner fort, und wieder wird ihm Welt.
Der Schöpfung immer zugewendet, sehn
wir nur auf ihr die Spiegelung des Frei'n,
von uns verdunkelt. Oder daß ein Tier,
ein stummes, aufschaut, ruhig durch uns durch.
Dieses heißt Schicksal: gegenüber sein
und nichts als das und immer gegenüber.

Wäre Bewußtsein unsrer Art in dem
sicheren Tier, das uns entgegenzieht
in anderer Richtung –, riß es uns herum
mit seinem Wandel. Doch sein Sein ist ihm
unendlich, ungefaßt und ohne Blick
auf seinen Zustand, rein, so wie sein Ausblick.
Und wo wir Zukunft sehn, dort sieht es alles
und sich in allem und geheilt für immer.
Und doch ist in dem wachsam warmen Tier
Gewicht und Sorge einer großen Schwermut.

Denn ihm auch haftet immer an, was uns
oft überwältigt, – die Erinnerung,
als sei schon einmal das, wonach man drängt,
näher gewesen, treuer und sein Anschluß
unendlich zärtlich. Hier ist alles Abstand,
und dort wars Atem. Nach der ersten Heimat
ist ihm die zweite zwitterig und windig.
O Seligkeit der *kleinen* Kreatur,
die immer *bleibt* im Schooße, der sie austrug;
o Glück der Mücke, die noch *innen* hüpft,
selbst wenn sie Hochzeit hat: denn Schooß ist alles.
Und sieh die halbe Sicherheit des Vogels,
der beinah beides weiß aus seinem Ursprung,
als wär er eine Seele der Etrusker,
aus einem Toten, den ein Raum empfing,
doch mit der ruhenden Figur als Deckel.
Und wie bestürzt ist eins, das fliegen muß
und stammt aus einem Schooß. Wie vor sich selbst
erschreckt, durchzuckts die Luft, wie wenn ein Sprung
durch eine Tasse geht. So reißt die Spur
der Fledermaus durchs Porzellan des Abends.
Und wir: Zuschauer, immer, überall,
dem allen zugewandt und nie hinaus!
Uns überfüllts. Wir ordnens. Es zerfällt.
Wir ordnens wieder und zerfallen selbst.
Wer hat uns also umgedreht, daß wir,
was wir auch tun, in jener Haltung sind
von einem, welcher fortgeht? Wie er auf
dem letzten Hügel, der ihm ganz sein Tal
noch einmal zeigt, sich wendet, anhält, weilt –,
so leben wir und nehmen immer Abschied.

Friedrich Nietzsche
Zarathustras Vorrede

Als Zarathustra in die nächste Stadt kam, die an den Wäldern liegt, fand er daselbst viel Volk versammelt auf dem Markte: denn es war verheissen worden, daß man einen Seiltänzer sehen solle. Und Zarathustra sprach also zum Volke:

Ich lehre euch den Übermenschen. Der Mensch ist Etwas, das überwunden werden soll. Was habt ihr gethan, ihn zu überwinden?

Alle Wesen bisher schufen Etwas über sich hinaus: und ihr wollt die Ebbe dieser grossen Fluth sein und lieber noch zum Thiere zurückgehn, als den Menschen überwinden?

Was ist der Affe für den Menschen? Ein Gelächter oder eine schmerzliche Scham. Und ebendas soll der Mensch für den Übermenschen sein: ein Gelächter oder eine schmerzliche Scham.

Ihr habt den Weg vom Wurme zum Menschen gemacht, und Vieles ist in euch noch Wurm. Einst wart ihr Affen, und auch jetzt noch ist der Mensch mehr Affe, als irgend ein Affe.

Wer aber der Weiseste von euch ist, der ist auch nur ein Zwiespalt und Zwitter von Pflanze und von Gespenst. Aber heisse ich euch zu Gespenstern oder Pflanzen werden?

Seht, ich lehre euch den Übermenschen!

Der Übermensch ist der Sinn der Erde. Euer Wille sage: der Übermensch *sei* der Sinn der Erde!

Ich beschwöre euch, meine Brüder, *bleibt der Erde treu* und glaubt Denen nicht, welche euch von überirdischen Hoffnungen reden! Giftmischer sind es, ob sie es wissen oder nicht.

Verächter des Lebens sind es, Absterbende und selber Vergiftete, deren die Erde müde ist: so mögen sie dahinfahren!

Einst war der Frevel an Gott der grösste Frevel, aber Gott starb, und damit starben auch diese Frevelhaften. An der Erde zu freveln ist jetzt das Furchtbarste und die Eingeweide des Unerforschlichen höher zu achten, als den Sinn der Erde!

Einst blickte die Seele verächtlich auf den Leib: und damals war diese Verachtung das Höchste: – sie wollte ihn mager, grässlich, verhungert. So dachte sie ihm und der Erde zu entschlüpfen.

Oh diese Seele war selber noch mager, grässlich und verhungert: und Grausamkeit war die Wollust dieser Seele!

Aber auch ihr noch, meine Brüder, sprecht mir: was kündet euer Leib von eurer Seele? Ist eure Seele nicht Armuth und Schmutz und ein erbärmliches Behagen?

Wahrlich, ein schmutziger Strom ist der Mensch. Man muss schon ein Meer sein, um einen schmutzigen Strom aufnehmen zu können, ohne unrein zu werden.

Seht, ich lehre euch den Übermenschen: der ist diess Meer, in ihm kann eure grosse Verachtung untergehn.

Was ist das Grösste, das ihr erleben könnt? Das ist die Stunde der grossen Verachtung. Die Stunde, in der euch auch euer Glück zum Ekel wird und ebenso eure Vernunft und eure Tugend.

Die Stunde, wo ihr sagt: »Was liegt an meiner Vernunft! Begehrt sie nach Wissen wie der Löwe nach seiner Nahrung? Sie ist Armuth und Schmutz und ein erbärmliches Behagen!«

Die Stunde, wo ihr sagt: »Was liegt an meiner Tugend! Noch hat sie mich nicht rasen gemacht. Wie müde bin ich meines Guten und meines Bösen! Alles das ist Armuth und Schmutz und ein erbärmliches Behagen!«

Die Stunde, wo ihr sagt: »Was liegt an meiner Gerechtigkeit! Ich sehe nicht, daß ich Gluth und Kohle wäre. Aber der Gerechte ist Gluth und Kohle!«

Die Stunde, wo ihr sagt: »Was liegt an meinem Mitleiden! Ist nicht Mitleid das Kreuz, an das Der genagelt wird, der die Menschen liebt? Aber mein Mitleiden ist keine Kreuzigung.«

Spracht ihr schon so? Schriet ihr schon so? Ach, daß ich euch schon so schreien gehört hätte!

Nicht eure Sünde – eure Genügsamkeit schreit gen Himmel, euer Geiz selbst in eurer Sünde schreit gen Himmel!

Wo ist doch der Blitz, der euch mit seiner Zunge lecke? Wo ist der Wahnsinn, mit dem ihr geimpft werden müsstet?

Seht, ich lehre euch den Übermenschen: der ist dieser Blitz, der ist dieser Wahnsinn! –

Als Zarathustra so gesprochen hatte, schrie Einer aus dem Volke: »Wir hörten nun genug von dem Seiltänzer; nun lasst uns ihn auch sehen!« Und alles Volk lachte über Zarathustra. Der Seiltänzer aber, welcher glaubte, daß das Wort ihm gälte, machte sich an sein Werk.

Zarathustra aber sah das Volk an und wunderte sich. Dann sprach er also:

Der Mensch ist ein Seil, geknüpft zwischen Thier und Übermensch, – ein Seil über einem Abgrunde.

Ein gefährliches Hinüber, ein gefährliches Auf-dem-Wege, ein gefährliches Zurückblicken, ein gefährliches Schaudern und Stehenbleiben.

Was gross ist am Menschen, das ist, daß er eine Brücke und kein Zweck ist: was geliebt werden kann am Menschen, das ist, daß er ein *Übergang* und ein *Untergang* ist.

Ich liebe Die, welche nicht zu leben wissen, es sei denn als Untergehende, denn es sind die Hinübergehenden.

Ich liebe die grossen Verachtenden, weil sie die grossen Verehrenden sind und Pfeile der Sehnsucht nach dem andern Ufer.

Ich liebe Die, welche nicht erst hinter den Sternen einen Grund suchen, unterzugehen und Opfer zu sein: sondern die sich der Erde opfern, daß die Erde einst des Übermenschen werde.

Ich liebe Den, welcher lebt, damit er erkenne, und welcher erkennen will, damit einst der Übermensch lebe. Und so will er seinen Untergang.

Ich liebe Den, welcher arbeitet und erfindet, daß er dem Übermenschen das Haus baue und zu ihm Erde, Thier und Pflanze vorbereite: denn so will er seinen Untergang.

Ich liebe Den, welcher seine Tugend liebt: denn Tugend ist Wille zum Untergang und ein Pfeil der Sehnsucht.

Ich liebe Den, welcher nicht einen Tropfen Geist für sich zurückbehält, sondern ganz der Geist seiner Tugend sein will: so schreitet er als Geist über die Brücke.

Ich liebe Den, welcher aus seiner Tugend seinen Hang und

sein Verhängniss macht: so will er um seiner Tugend willen noch leben und nicht mehr leben.

Ich liebe Den, welcher nicht zu viele Tugenden haben will. Eine Tugend ist mehr Tugend, als zwei, weil sie mehr Knoten ist, an der sich das Verhängniss hängt.

Ich liebe Den, dessen Seele sich verschwendet, der nicht Dank haben will und nicht zurückgiebt: denn er schenkt immer und will sich nicht bewahren.

Ich liebe Den, welcher sich schämt, wenn der Würfel zu seinem Glücke fällt und der dann fragt: bin ich denn ein falscher Spieler? – denn er will zu Grunde gehen.

Ich liebe Den, welcher goldne Worte seinen Thaten voraus wirft und immer noch mehr hält, als er verspricht: denn er will seinen Untergang.

Ich liebe Den, welcher die Zukünftigen rechtfertigt und die Vergangenen erlöst: denn er will an den Gegenwärtigen zu Grunde gehen.

Ich liebe Den, welcher seinen Gott züchtigt, weil er seinen Gott liebt: denn er muss am Zorne seines Gottes zu Grunde gehen.

Ich liebe Den, dessen Seele tief ist auch in der Verwundung, und der an einem kleinen Erlebnisse zu Grunde gehen kann: so geht er gerne über die Brücke.

Ich liebe Den, dessen Seele übervoll ist, so daß er sich selber vergisst, und alle Dinge in ihm sind: so werden alle Dinge sein Untergang.

Ich liebe Den, der freien Geistes und freien Herzens ist: so ist sein Kopf nur das Eingeweide seines Herzens, sein Herz aber treibt ihn zum Untergang.

Ich liebe alle Die, welche wie schwere Tropfen sind, einzeln fallend aus der dunklen Wolke, die über den Menschen hängt: sie verkündigen, daß der Blitz kommt, und gehen als Verkündiger zu Grunde.

Seht, ich bin ein Verkündiger des Blitzes und ein schwerer Tropfen aus der Wolke: dieser Blitz aber heisst Übermensch. –

Als Zarathustra diese Worte gesprochen hatte, sah er wieder das Volk an und schwieg. »Da stehen sie«, sprach er zu seinem Herzen, »da lachen sie: sie verstehen mich nicht, ich bin nicht der Mund für diese Ohren.

Muss man ihnen erst die Ohren zerschlagen, daß sie lernen, mit den Augen zu hören? Muss man rasseln gleich Pauken und Busspredigern? Oder glauben sie nur dem Stammelnden?

Sie haben Etwas, worauf sie stolz sind. Wie nennen sie es doch, was sie stolz macht? Bildung nennen sie's, es zeichnet sie aus vor den Ziegenhirten. Drum hören sie ungern von sich das Wort »Verachtung«. So will ich denn zu ihrem Stolze reden.

So will ich ihnen vom Verächtlichsten sprechen: das aber ist *der letzte Mensch.*

Und also sprach Zarathustra zum Volke:

Es ist an der Zeit, daß der Mensch sich sein Ziel stecke. Es ist an der Zeit, daß der Mensch den Keim seiner höchsten Hoffnung pflanze.

Noch ist sein Boden dazu reich genug. Aber dieser Boden wird einst arm und zahm sein, und kein hoher Baum wird mehr aus ihm wachsen können.

Wehe! Es kommt die Zeit, wo der Mensch nicht mehr den Pfeil seiner Sehnsucht über den Menschen hinaus wirft, und die Sehne seines Bogens verlernt hat, zu schwirren!

Ich sage euch: man muss noch Chaos in sich haben, um einen tanzenden Stern gebären zu können. Ich sage euch: ihr habt noch Chaos in euch.

Wehe! Es kommt die Zeit, wo der Mensch keinen Stern mehr gebären wird. Wehe! Es kommt die Zeit des verächtlichsten Menschen, der sich selber nicht mehr verachten kann.

Seht! Ich zeige euch *den letzten Menschen.*

»Was ist Liebe? Was ist Schöpfung? Was ist Sehnsucht? Was ist Stern?« – so fragt der letzte Mensch und blinzelt.

Die Erde ist dann klein geworden, und auf ihr hüpft der letzte Mensch, der Alles klein macht. Sein Geschlecht ist unaustilgbar, wie der Erdfloh; der letzte Mensch lebt am längsten.

»Wir haben das Glück erfunden« – sagen die letzten Menschen und blinzeln.

Sie haben die Gegenden verlassen, wo es hart war zu leben: denn man braucht Wärme. Man liebt noch den Nachbarn und reibt sich an ihm: denn man braucht Wärme.

Krankwerden und Misstrauen-haben gilt ihnen sündhaft: man geht achtsam einher. Ein Thor, der noch über Steine oder Menschen stolpert!

Ein wenig Gift ab und zu: das macht angenehme Träume. Und viel Gift zuletzt, zu einem angenehmen Sterben.

Man arbeitet noch, denn Arbeit ist eine Unterhaltung. Aber man sorgt, daß die Unterhaltung nicht angreife.

Man wird nicht mehr arm und reich: Beides ist zu beschwerlich. Wer will noch regieren? Wer noch gehorchen? Beides ist zu beschwerlich.

Kein Hirt und Eine Heerde! Jeder will das Gleiche, Jeder ist gleich: wer anders fühlt, geht freiwillig in's Irrenhaus.

»Ehemals war alle Welt irre« – sagen die Feinsten und blinzeln.

Man ist klug und weiß Alles, was geschehn ist: so hat man kein Ende zu spotten. Man zankt sich noch, aber man versöhnt sich bald – sonst verdirbt es den Magen.

Man hat sein Lüstchen für den Tag und sein Lüstchen für die Nacht: aber man ehrt die Gesundheit.

»Wir haben das Glück erfunden« – sagen die letzten Menschen und blinzeln.

Kurt Tucholsky
Der Mensch

Der Mensch hat zwei Beine und zwei Überzeugungen: eine, wenns ihm gut geht, und eine, wenns ihm schlecht geht. Die letztere heißt Religion.

Der Mensch ist ein Wirbeltier und hat eine unsterbliche

Seele, sowie auch ein Vaterland, damit er nicht zu übermütig wird.

Der Mensch wird auf natürlichem Wege hergestellt, doch empfindet er dies als unnatürlich und spricht nicht gern davon. Er wird gemacht, hingegen nicht gefragt, ob er auch gemacht werden wolle.

Der Mensch ist ein nützliches Lebewesen, weil er dazu dient, durch den Soldatentod Petroleumaktien in die Höhe zu treiben, durch den Bergmannstod den Profit der Grubenherren zu erhöhen, sowie auch Kultur, Kunst und Wissenschaft.

Der Mensch hat neben dem Trieb der Fortpflanzung und dem, zu essen und zu trinken, zwei Leidenschaften: Krach zu machen und nicht zuzuhören. Man könnte den Menschen gradezu als ein Wesen definieren, das nie zuhört. Wenn er weise ist, tut er damit recht: denn Gescheites bekommt er nur selten zu hören. Sehr gern hören Menschen: Versprechungen, Schmeicheleien, Anerkennungen und Komplimente. Bei Schmeicheleien empfiehlt es sich, immer drei Nummern gröber zu verfahren als man es grade noch für möglich hält.

Der Mensch gönnt seiner Gattung nichts, daher hat er die Gesetze erfunden. Er darf nicht, also sollen die andern auch nicht.

Um sich auf einen Menschen zu verlassen, tut man gut, sich auf ihn zu setzen; man ist dann wenigstens für diese Zeit sicher, daß er nicht davonläuft. Manche verlassen sich auch auf den Charakter.

Der Mensch zerfällt in zwei Teile:

In einen männlichen, der nicht denken will, und in einen weiblichen, der nicht denken kann. Beide haben sogenannte Gefühle: man ruft diese am sichersten dadurch hervor, daß man gewisse Nervenpunkte des Organismus in Funktion setzt. In diesen Fällen sondern manche Menschen Lyrik ab.

Der Mensch ist ein pflanzen- und fleischfressendes Wesen; auf Nordpolfahrten frißt er hier und da auch Exemplare seiner eigenen Gattung; doch wird das durch den Faschismus wieder ausgeglichen.

Der Mensch ist ein politisches Geschöpf, das am liebsten zu

Klumpen geballt sein Leben verbringt. Jeder Klumpen haßt die andern Klumpen, weil sie die andern sind, und haßt die eignen, weil sie die eignen sind. Den letzteren Haß nennt man Patriotismus.

Jeder Mensch hat eine Leber, eine Milz, eine Lunge und eine Fahne; sämtliche vier Organe sind lebenswichtig. Es soll Menschen ohne Leber, ohne Milz und mit halber Lunge geben; Menschen ohne Fahne gibt es nicht.

Schwache Fortpflanzungstätigkeit facht der Mensch gern an, und dazu hat er mancherlei Mittel: den Stierkampf, das Verbrechen, den Sport und die Gerichtspflege.

Menschen miteinander gibt es nicht. Es gibt nur Menschen, die herrschen, und solche, die beherrscht werden. Doch hat noch niemand sich selber beherrscht; weil der opponierende Sklave immer mächtiger ist als der regierungssüchtige Herr. Jeder Mensch ist sich selber unterlegen.

Wenn der Mensch fühlt, daß er nicht mehr hinten hoch kann, wird er fromm und weise; er verzichtet dann auf die sauern Trauben der Welt. Dieses nennt man innere Einkehr. Die verschiedenen Altersstufen des Menschen halten einander für verschiedne Rassen: Alte haben gewöhnlich vergessen, daß sie jung gewesen sind, oder sie vergessen, daß sie alt sind, und Junge begreifen nie, daß sie alt werden können.

Der Mensch möchte nicht gern sterben, weil er nicht weiß, was dann kommt. Bildet er sich ein, es zu wissen, dann möchte er es auch nicht gern; weil er das Alte noch ein wenig mitmachen will. Ein wenig heißt hier: ewig.

Im übrigen ist der Mensch ein Lebewesen, das klopft, schlechte Musik macht und seinen Hund bellen läßt. Manchmal gibt er auch Ruhe, aber dann ist er tot.

Neben den Menschen gibt es noch Sachsen und Amerikaner, aber die haben wir noch nicht gehabt und bekommen Zoologie erst in der nächsten Klasse.

Marie de Jars de Gournay
Gleichheit von Männern und Frauen

Die Mehrzahl derer, die für die Sache der Frauen und gegen die anmaßende Vorrangstellung eintreten, welche die Männer beanspruchen, drehen den Spieß einfach um und verleihen statt dessen den Frauen höheren Rang. Da ich für meinen Teil alle Extreme vermeide, begnüge ich mich damit, sie den Männern gleichzustellen, denn die Überlegenheit ist in dieser Hinsicht ebenso wie die Unterlegenheit wider die Natur.

Aber was sage ich, es reicht manchen Leuten nicht, dem männlichen Geschlecht den Vorzug gegenüber den Frauen einzuräumen, sie verbannen letztere überdies mit unumstößlichem und unabdingbarem Urteilsspruch an den Spinnrocken [...]. Doch es mag die Frauen über diese Geringschätzung hinwegtrösten, daß sie nur von denjenigen Männern zum Ausdruck gebracht wird, denen sie am wenigsten gleichen wollen: von Männern nämlich, die genau jenen Vorwürfen Glaubhaftigkeit verleihen würden, mit denen man das weibliche Geschlecht überhäufen könnte, wenn sie ihm denn selbst angehören würden. Sie fühlen in ihrem Innersten, daß sie sich nur durch das Ansehen des männlichen Geschlechts empfehlen können. Da sie außerdem in den Gassen haben herumposaunen hören, daß es den Frauen an Würde mangele, auch an Tüchtigkeit, ja sogar an der dafür notwendigen Konstitution und den Organen, triumphiert ihre Beredsamkeit darin, diese Weisheiten zu predigen, und zwar um so ausschweifender, als Würde, Tüchtigkeit, Organe und Konstitution so schöne Worte sind. Denn sie haben andererseits nicht gelernt, daß man einen ungehobelten Menschen zuallererst daran erkennt, daß er sich für Dinge aufgrund von Volksglauben oder Hörensagen verbürgt.

Seht nur, wie solche Geister die beiden Geschlechter vergleichen: Das Höchste, was Frauen nach ihrer Ansicht zu erreichen imstande sind, ist, dem gemeinen Mann ähnlich zu werden. Die

Vorstellung, daß eine große Frau sich einen großen Mann, nur mit vertauschtem Geschlecht, nennen könnte, ist ihnen ebenso abwegig wie einem Mann zuzugestehen, daß er sich auf die Stufe eines Gottes erheben könnte. Diese Leute sind in der Tat tapferer als Herkules, der ja nur zwölf Ungeheuer in zwölf Kämpfen besiegt hat, während sie mit einem einzigen Wort die halbe Welt bezwingen.

Wer wird indessen glauben, daß diejenigen, die sich durch die Schwäche anderer größer und stärker machen wollen, dies auch aus eigener Kraft könnten? Und der Gipfel ist, daß sie meinen, mit ihrer Frechheit, das ganze weibliche Geschlecht zu schmähen, ungestraft davonzukommen. Zugleich loben und vergolden sie sich selbst – mal im besonderen, mal im allgemeinen – mit derselben Dreistigkeit, ganz gleich wie sehr sie im Unrecht sein mögen; als ob ihre Aufschneiderei allein durch ihre Unverschämtheit Wahrheit, Gewicht und Wert erhielte. Und ich kenne sie, weiß Gott, diese fröhlichen Prahlhänse, deren Angebereien bald zu den übelsten Sprichwörtern zur Schmach der Frauen geworden sind. Aber nun, wenn sie beanspruchen, vornehme und vortreffliche Männer zu sein, wozu sie sich wie durch ein Edikt erklären, warum machen sie nicht durch ein entsprechendes anderes Edikt die Frauen blöde?

Auch wenn ich recht habe mit meinem Urteil über die Würde wie auch über die Fähigkeiten der Damen, so beabsichtige ich an dieser Stelle doch nicht, es durch Begründungen zu untermauern, weil die Halsstarrigen sie niederreden könnten, und auch nicht durch Beispiele, zumal sie allzu bekannt sind. Vielmehr will ich es nur durch die Autorität Gottes selbst beweisen, durch die Stützen seiner Kirche und die großen Philosophen, die das Universum erleuchtet haben. Stellen wir diese ruhmreichen Zeugen an den Anfang und bewahren Gott und die Heiligen Väter seiner Kirche als größten Schatz für den Schluß.

Platon, dem niemand den Titel des »Göttlichen« je streitig gemacht hat, und folglich auch Sokrates, dessen Deuter und Protokollant er ist [...], schreiben den Frauen in ihren Republiken und überall sonst die gleichen Rechte, Fähigkeiten und Aufgaben zu. Sie heben darüber hinaus hervor, daß jene manches Mal alle Männer ihres Vaterlandes übertroffen haben. So haben sie tatsächlich einige der schönsten Künste ersonnen, sich in den berühmtesten Städten der Antike, unter anderem in Alexandria, der ersten des Reiches nach Rom, ausgezeichnet und sogar unangefochten und allen Männern überlegen alle möglichen Disziplinen und Tugenden gelehrt.

So kam es, daß diese beiden Philosophen, diese Wunder der Natur, Reden von großem Gewicht mehr Glanz zu verleihen glaubten, wenn sie sie in ihren Büchern aus dem Munde von Diotima oder Aspasia verlauten ließen. Sokrates, der doch selbst Erzieher und Lehrmeister des Menschengeschlechts ist, scheut sich nicht, Diotima seine Lehrmeisterin und Erzieherin in einigen der höchsten Wissenschaften zu nennen. Darauf geht Theodoret in dem ›Gebet des Glaubens‹, wie mir vorkommt, so bereitwillig ein, daß ihm wohl eine günstige Meinung vom weiblichen Geschlecht äußerst einleuchtend zu sein schien. Nach all diesen Zeugnissen von Sokrates bezüglich der Damen lassen sich andere besser einordnen. Wenn er auf dem Symposion des Xenophon eine Bemerkung gegen ihre Klugheit im Vergleich zu den Männern macht, betrachtet er sie hinsichtlich der Unwissenheit und Unerfahrenheit, in der sie aufgezogen werden, oder schlimmstenfalls auch im allgemeinen, wobei er häufig breiten Raum für die Ausnahmen läßt. Doch darauf verstehen sich die Schwätzer, von denen hier die Rede ist, nicht.

Wenn also die Damen seltener als die Männer den Grad der Vortrefflichkeit erreichen, so ist es ein Wunder, daß der Mangel an guter Unterweisung, ja das Übermaß an absichtlich und offenkundig schlechter Unterweisung nicht noch Schlimmeres anrichten und sie daran hindern, diesen überhaupt je zu erreichen. Gibt es zwischen Männern und Frauen größere Unterschiede als zwischen Frauen und ihresgleichen, je nach dem Unterricht, den sie erhalten haben, je nachdem, ob sie in der Stadt oder auf dem Dorf erzogen werden, oder je nach Volk? Und warum sollten bei ihnen die gleiche Erziehung oder Bildung in öffentlichen Angelegenheiten und Literatur wie bei Männern nicht die Lücke füllen, die sich gewöhnlich zwischen dem Verstand der Männer und dem der Frauen zeigt?

Schließlich ist die Bildung von solcher Bedeutung, daß selbst ein Aspekt von ihr, nämlich der gesellschaftliche Umgang, welchen Französinnen und Engländerinnen so reichlich pflegen und der den Italienerinnen fehlt, zur Folge hat, daß diese im allgemeinen von jenen weit übertroffen werden. Ich sage im allgemeinen, denn mitunter triumphieren einzelne Damen aus Italien: Zwei Königinnen haben wir von dort empfangen, deren Klugheit Frankreich größten Dank schuldet.

Warum fürwahr sollte es der Bildung nicht gelingen, den offenkundigen Unterschied des Verstandes zwischen Männern und Frauen zu beseitigen? Erhebt sich doch im eben angeführten Beispiel das Geringere über das Trefflichere, und zwar mit Hilfe eines einzigen ihrer Teile, den ich Umgang mit Menschen und Konversation nenne. Denn das Wesen der Italienerinnen ist feinsinniger und empfänglicher für die Verfeinerung des Geistes, wie es sich auch bei ihren Männern zeigt, wenn man sie gemeinhin den Franzosen oder Engländern gegenüberstellt. Plutarch beharrt in seiner Abhandlung über die Frauentugenden darauf, daß die Tugend des Mannes und die der Frau gleich sind. Und Seneca schreibt in seiner Trostschrift, man müsse annehmen, daß die Natur die Damen keineswegs stiefmütterlich behandelt, noch ihre Tugend und ihren Verstand mehr als bei den Männern beschränkt und beschnitten habe, sondern daß sie sie vielmehr mit der gleichen Kraft und Befähigung für jede redliche und löbliche Sache begabt hat.

Sehen wir nun nach diesen beiden, wie der dritte Kopf im Triumvirat menschlicher Weisheit und Moral [Michel de Montaigne] in seinen ›Essais‹ urteilt. Ihm scheine, sagt er, und er wisse nicht warum, daß sich selten Frauen finden, die würdig wären, über Männer zu befehlen. Heißt das nicht, daß er sie im einzelnen Fall mit den Männern auf gleiche Stufe stellt und sich zu irren fürchtet, wenn er dies nicht mit allen tut? Dabei könnte er seine Einschränkung mit der dürftigen und stiefmütterlichen Erziehung dieses Geschlechtes entschuldigen. Er vergißt zudem nicht, an anderer Stelle in demselben Buch zu erwähnen und hervorzuheben, welche Autorität Platon den Frauen in seinem ›Staat‹ zuweist, und daß Antisthenes jeden Unterschied in Begabung und Tugend zwischen den beiden Geschlechtern leugnete. Der Philosoph Aristoteles seinerseits, der Himmel und Erde aufrührte, hat der die Damen begünstigenden Auffassung, soweit ich weiß, im wesentlichen nicht widersprochen. Er hat sie, wobei er sich zweifellos auf die Lehrsätze seines geistigen Vaters und Großvaters, Platon und Sokrates, bezog, wie eine unveränderlich feststehende Wahrheit bestätigt, beglaubigt von diesen großen Männern, durch deren Mund unbestreitbar das ganze Menschengeschlecht und die Vernunft selbst ihr Urteil gesprochen haben.

Ist es vonnöten, zahllose andere antike und moderne Denker mit berühmten Namen anzuführen wie Erasmus, Poliziano, Agrippa oder diesen ehrenwerten und scharfsinnigen Lehrmeister der Hofmänner [Baldassare Castiglione, der Verfasser des ›Cortegiano‹], außerdem all die vielen berühmten Dichter? Sie sind allesamt Gegenstimmen wider die Verächter des weiblichen Geschlechts und Befürworter seiner Vorzüge, Befähigung und Begabung für jedes Amt und jede lobenswerte und würdige Aufgabe.

Die Damen trösten sich in der Tat damit, daß die Verleumder ihrer Verdienste keine gelehrten Männer sein können, wenn jene es sind. Und ein kluger Mann wird, selbst wenn er es glaubte, nie sagen, daß Verdienst und Vorzüge des weiblichen Geschlechts hinter jenen des männlichen zurückstehen, bis er all diese Geistesgrößen durch Gerichtsurteil zu Hornochsen hat erklären lassen, um ihre Aussagen gegen seine Verunglimpfungen zu entkräften.

Und zu Hornochsen müßte er auch ganze Völker erklären, darunter die feinsinnigsten, unter anderem die von Smyrna, beschrieben bei Tacitus. Um vorzeiten in Rom den ehrenden Vortritt vor ihren Nachbarn zu erhalten, führten sie an, daß sie entweder von Tantalus, Sohn des Jupiter, abstammen oder von Theseus, dem Enkel des Neptun, oder von einer Amazone, welche sie somit diesen Göttern gleichstellten. Was das Salische Gesetz betrifft, das die Frauen von der Thronfolge ausschließt, so findet es nur in Frankreich Anwendung. Es wurde zur Zeit des Pharamund [sagenhafter König der Franken] ausschließlich in Hinblick auf die Kriege gegen das englische Reich ersonnen, dessen Joch unsere Väter abschüttelten. Denn der weibliche Körper ist offenbar um der Notwendigkeit willen, Kinder auszutragen und zu nähren, weniger geeignet für die Waffen. Es ist aber doch noch anzumerken, daß genau wie die Pairs von Frankreich, die – wie schon ihr Name sagt – ursprünglich als eine Art gleichgestellte Ratgeber der Könige berufen worden sind, so auch die Pairs-Damen von sich aus Sitzungen abhalten sowie Privilegien und beratende Stimme im gleichen Umfang und überall dort besitzen, wo die Pairs solche haben. Und auch die Lakedaimonier, dieses tapfere und edelmütige Volk, hielten bei allen privaten und öffentlichen Angelegenheiten Beratungen mit ihren Frauen ab.

Den Franzosen ist indessen die Einsetzung von Regentinnen als gleichwertigen Vertreterinnen der Könige sehr zugute gekommen, denn wie lange hätte ihr Staat ohne sie auf Erden bestanden? Wir können heute aus Erfahrung beurteilen, als wie notwendig sich dieses Verfahren bei Unmündigkeit der Könige erwiesen hat. Die Germanen, diese laut Tacitus kriegerischen Völker, über die nach zweihundert Jahren Krieg eher Triumphe gefeiert wurden, als daß sie tatsächlich besiegt worden wären, brachten ihren Frauen eine Mitgift dar, und nicht umgekehrt. Sie kannten darüber hinaus Stämme, die ausschließlich von diesem Geschlecht geführt wurden. Und wenn Äneas Dido das Zepter von Ilion überreicht, so liegt den Scholiasten zufolge der Grund dafür darin, daß die ältesten Töchter als Herrscherinnen, wie jene Prinzessin eine war, einstmals die königlichen Häuser regierten. Kann man sich zwei schönere Gegenbeweise zum Salischen Gesetz wünschen, wenn es überhaupt zweien standhalten kann? So verachteten weder unsere gallischen Vorfahren noch die Karthager die Frauen; als sie vereint waren im Heer Hannibals, um die Alpen zu überqueren, setzten sie gallische Edelfrauen als Schlichterinnen ihrer Händel ein.

Und wenn die Männer diesem Geschlecht vielerorts manche der besten Vorteile raubten, kann weit eher die Ungleichheit der körperlichen Kräfte als die der geistigen oder des Verdienstes Grund für den Diebstahl und das Leid sein. Doch körperliche

Kräfte sind so niedere Tugenden, daß das Tier den Mann darin weit mehr übertrifft als der Mann die Frau. Und wenn dieser gleiche römische Geschichtsschreiber uns lehrt, wo Stärke regiere, seien Gerechtigkeit, Ehrenhaftigkeit, sogar Bescheidenheit Kennzeichen des Siegers, so wird man sich wundern, daß Tüchtigkeit und Verdienste allgemein die unserer Männer sein sollen, nicht aber die der Frauen.

Zudem ist das Tier »Mensch«, wenn man es recht betrachtet, weder Mann noch Frau, da die Geschlechter nicht jedes für sich geschaffen sind, sondern *secundum quid*, wie Aischylos sagt, das heißt ausschließlich zur Fortpflanzung. Die einzige Erscheinungsform und das alleinige Unterscheidungsmerkmal dieses Lebewesens besteht in der menschlichen Seele. Und wenn am Rande ein Spaß erlaubt ist, wäre ein Wortspiel nicht fehl am Platze, das uns lehrt: Nichts gleicht dem Kater auf der Fensterbank mehr als die Katze.

Mann und Frau sind so sehr eins, daß, wenn der Mann mehr ist als die Frau, die Frau mehr ist als der Mann. Der Mensch wurde geschaffen als Mann und Frau, sagt die Heilige Schrift und zählt somit diese beiden als eins. Jesus Christus wird Menschensohn genannt, obwohl er nur der Sohn einer Frau ist. So spricht später der große Heilige Basilius: Die Tugend des Mannes und die der Frau ist die gleiche, da Gott ihnen die gleiche Schöpfung und den gleichen Ehrenplatz darin geschenkt hat; *masculum et feminam fecit eos*. Nun aber müssen bei denjenigen, die von ein und derselben Natur sind, auch die Taten gleich sein und sodann auch Achtung und Lohn, wo die Werke gleich sind. Das also ist die Darlegung dieses mächtigen Pfeilers und verehrungswürdigen Zeugen der Kirche.

Heinrich von Kleist
Über die Aufklärung des Weibes

[*Für Wilhelmine von Zenge*]

den 16. September 1800 zu Würzburg

Alle echte Aufklärung des Weibes besteht am Ende wohl nur darin, meine liebe Freundin: *über die Bestimmung seines irdischen Lebens vernünftig nachdenken zu können.*

Über die Bestimmung unseres *ewigen* Daseins nachzudenken, auszuforschen, ob der Genuß der Glückseligkeit (wie *Epikur* meinte) oder die Erreichung der Vollkommenheit (wie *Leibniz* glaubte) oder die Erfüllung der trocknen Pflicht (wie *Kant* versichert) der letzte Zweck des Menschen sei, das, liebe Freundin, ist selbst für Männer unfruchtbar und oft verderblich. Solche Männer begehen die Unart, die ich beging, als ich mich im Geiste von Frankfurt nach Stralsund, und von Stralsund wieder im Geiste nach Frankfurt versetzte. Sie leben in der Zukunft, und vergessen darüber, was die Gegenwart von ihnen fordert.

Urteile selbst, wie können wir beschränkte Wesen, die wir von der Ewigkeit nur ein so unendlich kleines Stück, unser spannenlanges Erdenleben übersehen, wie können wir uns getrauen, den Plan, den die Natur für die Ewigkeit entwarf, zu ergründen? Und wenn dies nicht möglich ist, wie kann irgend eine gerechte Gottheit von uns verlangen, in diesen ihren ewigen Plan einzugreifen, von uns, die wir nicht einmal imstande sind, ihn zu denken?

Aber die Bestimmung unseres *irdischen* Daseins, die können wir allerdings unzweifelhaft herausfinden, und diese zu erfüllen, das kann daher die Gottheit auch wohl mit Recht von uns fordern.

Es ist möglich, liebe Freundin, daß mir Deine Religion hierin widerspricht und daß sie Dir gebietet, auch etwas für Dein künftiges Leben zu tun. Du wirst gewiß Gründe für Deinen Glauben haben, so wie ich Gründe für den meinigen; und so fürchte ich nicht, daß diese kleine Religionszwistigkeit unsrer Liebe eben großen Abbruch tun wird. Wo nur die Vernunft herrschend ist, da vertragen sich auch die Meinungen leicht; und da die Religionstoleranz schon eine Tugend ganzer Völker geworden ist, so wird es, denke ich, der Duldung nicht sehr schwer werden, in zwei liebenden Herzen zu herrschen.

Wenn Du Dich also durch die Einflüsse Deiner früheren Erziehung gedrungen fühltest, durch die Beobachtung religiöser Zeremonien auch etwas für Dein ewiges Leben zu tun, so würde ich weiter nichts als Dich warnen, ja nicht darüber Dein irdisches Leben zu vernachlässigen.

Denn nur gar zu leicht glaubt man, man habe *alles* getan, wenn man die ernsten Gebräuche der Religion beobachtet, wenn man fleißig in die Kirche geht, täglich betet, und jährlich zweimal das Abendmahl nimmt.

Und doch sind dies alles nur *Zeichen* eines Gefühls, das auch ganz anders sich ausdrücken kann. Denn mit demselben Gefühle, mit welchem Du bei dem Abendmahle das Brot nimmst aus der Hand des Priesters, mit demselben Gefühle, sage ich, erwürgt der Mexikaner seinen Bruder vor dem Altare seines Götzen.

Ich will Dich dadurch nur aufmerksam machen, daß alle diese religiösen Gebräuche nichts sind, als *menschliche* Vorschriften, die zu allen Zeiten verschieden waren und noch in diesem Augenblicke an allen Orten der Erde verschieden sind. *Darin* kann also das Wesen der Religion nicht liegen, weil es ja sonst höchst schwankend und ungewiß wäre. Wer steht uns dafür, daß nicht in kurzem ein zweiter *Luther* unter uns aufsteht, und umwirft, was jener baute. Aber in uns flammt eine Vorschrift – und die muß göttlich sein, weil sie ewig und allgemein ist; sie heißt: *erfülle Deine Pflicht*; und dieser Satz enthält die Lehren aller Religionen.

Alle anderen Sätze folgen aus diesem und sind in ihm gegründet, oder sie sind nicht darin begriffen, und dann sind sie unfruchtbar und unnütz.

Daß ein Gott sei, daß es ein ewiges Leben, einen Lohn für die Tugend, eine Strafe für das Laster gebe, das alles sind Sätze, die in jenem nicht gegründet sind, und die wir also entbehren können. Denn gewiß sollen wir sie nach dem Willen der Gottheit selbst entbehren können, weil sie es uns selbst unmöglich gemacht hat, es einzusehen und zu begreifen. Würdest Du nicht mehr tun, was recht ist, wenn der Gedanke an Gott und Unsterblichkeit nur ein Traum wäre? Ich nicht.

Daher *bedarf* ich zwar zu meiner Rechtschaffenheit dieser Sätze nicht; aber zuweilen, *wenn ich meine Pflicht erfüllt habe*, erlaube ich mir, mit stiller Hoffnung an einen Gott zu denken, der mich sieht, und an eine frohe Ewigkeit, die meiner wartet; denn zu beiden fühle ich mich doch mit meinem Glauben hingezogen, den mein Herz mir ganz zusichert und mein Verstand mehr bestätigt, als widerspricht.

Aber dieser Glaube sei irrig, oder nicht, – gleichviel! Es warte auf mich eine Zukunft, oder nicht – gleichviel! Ich erfülle für dieses Leben meine Pflicht, und wenn du mich fragst: *warum?* so ist die Antwort leicht: eben *weil* es meine Pflicht ist.

Ich schränke mich daher mit meiner Tätigkeit ganz für dieses Erdenleben ein. Ich will mich nicht um meine Bestimmung nach dem Tode kümmern, aus Furcht, darüber meine Bestimmung für dieses Leben zu vernachlässigen. Ich fürchte nicht die Höllenstrafe der Zukunft, weil ich mein eignes Gewissen fürchte, und rechne nicht auf einen Lohn jenseits des Grabes, weil ich ihn mir diesseits desselben schon erwerben kann.

Dabei bin ich überzeugt, gewiß in den großen ewigen Plan der Natur einzugreifen, wenn ich nur den Platz ganz erfülle, auf den sie mich in dieser Erde setzte. Nicht umsonst hat sie mir diesen *gegenwärtigen* Wirkungskreis angewiesen, und gesetzt ich verträumte diesen und forschte dem *zukünftigen* nach – ist denn nicht die *Zukunft* eine *kommende Gegenwart*, und soll ich denn auch *diese* Gegenwart wieder verträumen?

Doch ich kehre zu meinem Gegenstande zurück. Ich habe Dir diese Gedanken bloß zur Prüfung vorgelegt. Ich fühle mich ruhiger und sicherer, wenn ich den Gedanken an die dunkle Bestimmung der Zukunft ganz von mir entferne, und mich allein an die gewisse und deutliche Bestimmung für dieses Erdenleben halte.

Ich will Dir nun meinen ersten Hauptgedanken erklären. *Bestimmung unseres irdischen Lebens* heißt Zweck desselben, oder die Absicht, zu welcher uns Gott auf diese Erde gesetzt hat. *Vernünftig darüber nachdenken* heißt nicht nur diesen Zweck selbst deutlich kennen, sondern auch in allen Verhältnissen unseres Lebens immer die zweckmäßigsten Mittel zu seiner Erreichung herausfinden.

Das, sagte ich, wäre die ganze wahre Aufklärung des Weibes und die einzige Philosophie, die ihr ansteht.

Deine Bestimmung, liebe Freundin, oder überhaupt die Bestimmung des Weibes ist wohl unzweifelhaft und unverkennbar; denn welche andere kann es sein, als diese, *Mutter zu werden, und der Erde tugendhafte Menschen zu erziehen?*

Und wohl euch, daß eure Bestimmung so einfach und beschränkt ist! Durch euch will die Natur nur ihre Zwecke erreichen, durch uns Männer auch der Staat noch die seinigen, und daraus entwickeln sich oft die unseligsten Widersprüche.

Richard Tarnas
Die Heimkehr

Zur Geistesgeschichte des Westens lassen sich natürlich viele verallgemeinernde Betrachtungen anstellen. Was uns heute aber wohl am ehesten auffällt, ist, daß es sich bei ihr von A bis Z um ein männliches Phänomen handelt: Sokrates, Platon, Aristoteles, Paulus, Augustinus, Thomas, Luther, Kopernikus, Galilei, Bacon, Descartes, Newton, Locke, Hume, Kant, Darwin, Marx, Nietzsche, Freud ... – die geistige Überlieferung des Westens wurde fast ausschließlich von Männern hervorgebracht und festgelegt. Sie ist fast ausschließlich von der männlichen Perspektive bestimmt. Diese männliche Vorherrschaft läßt sich mit Sicherheit nicht darauf zurückführen, daß Frauen weniger intelligent wären als Männer. Ist sie aber tatsächlich *ausschließlich* sozialen Schranken zuzuschreiben? Ich denke nicht. Ich bin überzeugt, daß sich hier etwas viel Tiefergehendes abzeichnet: etwas Archetypisches.

Das männliche Element war allgegenwärtig und dominant im westlichen Leben und Denken – bei Männern ebenso wie bei Frauen. Es hat die elementaren Vorstellungen vom Wesen und von der Rolle des Menschen in der Welt geprägt und sich auf jeden Aspekt der Existenz ausgewirkt. Alle wichtigen Sprachen, in denen sich seit dem Griechischen und Lateinischen die westliche Tradition weiterentwickelt hat, neigten dazu, die Gattung Mensch in Wörtern zu personifizieren, die ihrem Genus nach männlich sind: *anthropos, homo, l'homme, el hombre, l'uomo, chelovek, man, der Mensch.* Auch die historische Schilderung in diesem Buch kommt nicht darum herum, diese Prägung bis in den Wortlaut hinein nachzuvollziehen – immer war es »der Mensch« der dieses und »der Mensch« der jenes getan hat; und die großen Themen sind »Der Aufstieg des Menschen«, »Die Würde des Menschen«, »Die Beziehung des Menschen zu Gott«, »Der Platz des Menschen im Kosmos«, »Der Kampf des Menschen mit der Natur«, »Die großen Errungenschaften des modernen Menschen«, »Der Mensch« der westlichen Tradition war ein suchender männlicher Held, ein prometheischer Rebell, der immer nach Freiheit und Fortschritt für sich selbst strebte, und dabei im Grunde versuchte, sich von dem bergenden Zusammenhang, der ihn hervorgebracht hatte, abzugrenzen und ihn unter Kontrolle zu halten. Diese männliche Prädisposition war, wenngleich weitgehend unbewußt, nicht nur charakteristisch, sondern zentral und wesentlich für den Werdegang des westlichen Geistes verantwortlich.

Denn die treibende Kraft dieser Entwicklung war der heroische Impuls, durch den Abschied von der ursprünglichen Einheit mit der Natur ein autonomes und rationales Selbst zu schaffen. Die fundamentalen religiösen, wissenschaftlichen und philosophischen Perspektiven der westlichen Kultur wurden von diesem dezidiert männlichen Element geprägt – beginnend vor viertausend Jahren mit dem Sieg über die matriarchalischen Kulturen in Griechenland und in der Levante und sichtbar in der den Westen seit dem Judentum beherrschenden patriarchalischen Religion, in seiner rationalen Philosophie und seiner objektivistischen Wissenschaft. Alles dies diente der Herausbildung eines autonomen menschlichen Willens und Intellekts: eines transzendenten Selbst, eines unabhängigen, individuellen Ich und eines in seiner Einzigartigkeit, Abgegrenztheit und Freiheit selbstbestimmten menschlichen Individuums. Doch um das zu erreichen, mußte der männliche Geist offenbar den weiblichen unterdrücken. Ob in der antiken Unterordnung der vorhellenischen mutterrechtlichen Mythologien, in der jüdisch-christlichen Verleugnung der Großen Muttergottheit oder in der aufklärerischen Verklärung des kühlen und selbstbewußten, rationalen und von der entzauberten äußeren Natur abgetrennten Ich, stets beruhte die Herausbildung des westlichen Geistes auf der Verdrängung des Weiblichen – der Verdrängung des undifferenzierten einheitlichen Bewußtseins, der *Participation mystique* mit der Natur, der fortschreitenden Negation der *Anima mundi*, der Weltseele, der Gemeinschaft des Seins, des Allumfassenden, von Mysterium und Vieldeutigkeit, Phantasie, Gefühl, Instinkt, Körper, Natur und Frau: von allem, was das Männliche projizierend als »das Andere« identifizierte.

Aber die Trennung weckt zwangsläufig die Sehnsucht nach dem Verlorenen. Und diese Sehnsucht nach einer Wiedervereinigung erreicht ihren Höhepunkt genau in dem Moment, in dem das männlich-heroische Streben in Gestalt des spätmodernen, in seiner absoluten Isolation alle bewußte Intelligenz im Universum für sich beanspruchenden Geistes sein letztes Extrem erreicht hat: Der Mensch allein ist ein bewußtes, intelligentes Wesen, der Kosmos hingegen blind und mechanistisch – und Gott ist tot. Der Mensch befindet sich in der existentiellen Krise: ein einsames, sterbliches und bewußtes Ich in einem völlig sinnlosen und unzugänglichen Universum. Und er befindet sich in einer psychischen und ökologischen Krise: in einer von ihm selbst nach seinem Weltbild geformten, zunehmend mechanistischen, atomisierten, seelenlosen und selbstzerstörerischen Welt. *Die Krise des modernen Menschen ist ganz wesentlich eine männliche Krise*, und ich glaube, daß sich im bemerkenswerten Aufstieg, den das Weibliche in unserer Kultur gerade erlebt, ihre Lösung bereits abzeichnet: Sichtbar wird dies nicht nur im Feminismus, der wachsenden Übernahme von Positionen durch Frauen und der weitverbreiteten Öffnung für weibliche Werte von männlicher wie weiblicher Seite, nicht nur im Aufstieg der Frauenforschung und in einer gegenüber Geschlechtsfragen sensiblen Perspektive in praktisch jeder intellektuellen Disziplin, sondern auch in dem wachsenden Sinn für die Einheit und Verbundenheit mit dem Planeten und jeder Art von Natur auf ihm, in dem zunehmenden ökologischen Bewußtsein und den kritischeren Reaktionen gegenüber allen im Dienst der Ausbeutung der Umwelt stehenden politisch-industriellen Strategien.

Es ist spürbar in dem wachsenden Bewußtsein der Zusammengehörigkeit aller Menschen, in dem beschleunigten Zusammenbrechen seit langem bestehender und die Völker der Welt trennender politischer und ideologischer Barrieren und in der Anerkennung des Wertes und der Notwendigkeit von Partnerschaft, Pluralismus und dem Wechselspiel vieler Perspektiven. Auch in dem weitverbreiteten Bedürfnis, sich wieder dem Körper, den Gefühlen, dem Unbewußten, der Phantasie und der Intuition zuzuwenden, in dem neuen Interesse für das Geheimnis der Geburt und die Würde des Mutterseins, in der wachsenden Anerkennung einer der Natur innewohnenden Intelligenz und in der breiten Popularität der Gaia-Hypothese wird dies deutlich.

Das wachsende Interesse am weiblichen Aspekt wird sichtbar in der zunehmenden Anerkennung und Wertschätzung eingeborener und archaischer kultureller Perspektiven, wie denen der amerikanischen Ureinwohner, der Afrikaner oder der alten Europäer, wird sichtbar in dem neuen Bewußtsein für die weiblichen Perspektiven des Göttlichen, in der archäologischen Rekonstruktion der Göttinnentradition und ihrer gegenwärtigen spirituellen Wiederbelebung, in der sophianischen jüdisch-christlichen Theologie, in der päpstlichen Erklärung zur *Assumptio Mariae* und in dem vermehrten spontanen Auftreten von archetypisch weiblichen Phänomenen in individuellen Träumen und in der Psychotherapie. Und es läßt sich ablesen am starken Interesse für mythologische Perspektiven und für esoterische Lehren, für östliche Mystik, Schamanismus, archetypische und transpersonale Psychologie, für Hermeneutik und andere, nicht-objektivistische Erkenntnisweisen, für die wissenschaftlichen Theorien des holonomischen Universums, der morphogenetischen Felder, der dissipativen Strukturen, für die Chaostheorie, die Systemtheorie, die Ökologie des Geistes und für die partizipatorische Auffassung vom Universum – die Liste ließe sich endlos fortsetzen. Wie Jung vorhergesagt hat, erlebt die zeitgenössische Psyche einen epochalen Wandel, eine Versöhnung der beiden großen Polaritäten, eine Vereinigung der Gegensätze: eine »heilige Hochzeit« zwischen dem lange dominierenden, jetzt aber entfremdeten Männlichen und dem lange unterdrückten, jetzt aber aufstrebenden Weiblichen.

Bei dieser dramatischen Entwicklung handelt es sich nicht lediglich um eine Kompensation, nicht nur um die Wiederkehr des Verdrängten. Ich bin überzeugt, daß eben diese Entwicklung schon immer das untergründige Ziel des intellektuellen und spirituellen Strebens des Westens war. *Denn die tiefste Leidenschaft des westlichen Geistes war es von Anfang an, sich mit dem Grund seines eigenen Daseins wiederzuvereinen.* Die treibende Kraft des westlichen männlichen Bewußtseins war nicht allein sein offenkundiges Streben nach Selbstverwirklichung und Herausbildung der eigenen Autonomie, sondern zugleich immer auch die Sehnsucht nach der Vereinigung mit dem großen weiblichen Prinzip im Leben und damit letztlich die Sehnsucht nach einer Wiederherstellung seiner Verbindung zum Ganzen im dialektischen Sinne: sich zunächst vom Weiblichen, dem Mysterium von Leben, Natur und Seele, zu trennen, um es wiederzuentdecken und um sich dann mit ihm wiederzuvereinigen. Und diese Wiedervereinigung kann nun auf einer neuen Ebene stattfinden, die vom ursprünglichen Zustand der unbewußten Einheit völlig verschieden ist. Denn der lange Entwicklungsgang des menschlichen Bewußtseins hat es darauf vorbereitet, sich nun frei und bewußt seiner Herkunft und seinem Urgrund zuzuwenden. Das *Telos*, die innere Richtung und das Ziel des westlichen Geistes, war es, sich mit dem Kosmos in einer reifen *Participation mystique* wieder zu verbinden, freiwillig und bewußt zu einer umfassenderen Einheit überzugehen, die die menschliche Autonomie bewahrt und gleichzeitig die menschliche Entfremdung überwindet.

Um diese Reintegration des verdrängten Weiblichen jedoch erreichen zu können, muß das Männliche ein Opfer bringen, es muß den Tod seines Ego durchleben. Der westliche Geist muß bereit sein, sich für eine Wirklichkeit zu öffnen, deren Beschaffenheit seine etablierten Vorstellungen über sich und die Welt in ihren Grundfesten erschüttern wird. *Hier* wird es einer wirklichen Heldentat bedürfen. Eine Schwelle muß überschritten werden und dazu wird ein mutiger Akt des Glaubens, der Phantasie und des Vertrauens in eine umfassendere und komplexere Wirklichkeit, wird rückhaltlose Selbsterkenntnis nötig sein. Die große Herausforderung unserer Zeit ist der entwicklungsgeschichtliche Appell an das Männliche, seine Hybris zu durchschauen und zu überwinden, seinen unbewußten Schatten in Besitz zu nehmen und sich zu entscheiden, mit dem Weiblichen und all seinen Erscheinungsformen in eine grundlegend neue Beziehung der Gegenseitigkeit zu treten. Das Weibliche wird dann nicht mehr der Gegenstand von Verdrängung, Kontrolle und Ausbeutung sein, sondern um seiner selbst willen anerkannt und respektiert werden: nicht als das objektivierte »Andere«, sondern als Quelle, Ziel und immanente Präsenz.

Das ist die große Herausforderung, auf die sich der westliche Geist langsam während seiner gesamten Existenz vorbereitet hat. Ich glaube, daß die ruhelose innere Entwicklung und das unablässig innovative männliche Ordnen der Wirklichkeit sich nach und nach, im Rahmen einer ungeheuer langwierigen dialektischen Bewegung, in Richtung auf eine Wiederversöhnung mit der verlorenen weiblichen Einheit, auf eine tiefgreifende und vielschichtige Hochzeit des Weiblichen und des Männlichen, auf eine triumphale und heilsame Wiedervereinigung zubewegt hat. Und viele der Konflikte und Verirrungen unserer Zeit weisen in meinen Augen darauf hin, daß dieses evolutionäre Schauspiel nunmehr dabei ist, sich seinem Höhepunkt zu nähern. Denn unsere Zeit kämpft mit sich selbst, um etwas in der Menschheitsgeschichte völlig Neues hervorzubringen: Wir scheinen die Zeugen und Leidtragenden der Geburtswehen einer neuen Wirklichkeit, einer neuen Form des menschlichen Daseins, eines »Kindes« zu sein, das die Frucht dieser großen archetypischen Hochzeit ist und das alle seine Vorfahren in verwandelter Form in sich aufnehmen wird. Deshalb unterstütze ich die Ideale, die von den Anhängern feministischer, ökologischer, archaischer und anderer gegenkultureller und multikultureller Perspektiven vertreten werden.

Doch zugleich möchte ich auch denen, die die Hauptströmung der westlichen Tradition geschätzt und weitergeführt haben, meine Reverenz erweisen, denn ich bin der Überzeugung, daß diese Tradition – der lange Weg von den Dichtern der griechischen Epen und den hebräischen Propheten über Sokrates und Platon, Paulus und Augustinus zu Galilei und Descartes, zu Kant und Freud – daß dieses gewaltige westliche Projekt als notwendiger und wertvoller Teil einer umfassenderen Dialektik betrachtet werden muß und nicht einfach als imperialistisch-chauvinistische Verschwörung abgetan werden darf. Diese Tradition hat nicht nur die fundamentale Eigenständigkeit des Menschen hervorgebracht – als notwendige Voraussetzung für eine umfassendere Synthese –, sie hat auch sorgfältig den Weg für ihre Selbstüberwindung vorbereitet. Darüber hinaus verfügt sie über Ressourcen, die im Verlauf ihres beeindruckenden und teilweise hastigen Fortschritts verschüttet wurden. Ressourcen, die wir gerade erst begonnen haben wieder freizulegen – und deren Integration uns paradoxerweise nur über die Öffnung zum Weiblichen gelingen wird. Ich plädiere für eine Grundhaltung, in der jede Perspektive, ob männlich oder weiblich, sowohl gewertschätzt als auch überwunden und als Teil eines größeren Ganzen gesehen wird; denn jede Polarität bedarf des Anderen zu ihrer Erfüllung. Die Synthese der Perspektiven führt zu etwas, das sie selbst übersteigt: Sie erlaubt den unerwarteten Zugang zu einer umfassenderen Wirklichkeit, die nicht begriffen werden kann, bevor sie nicht tatsächlich Wirklichkeit geworden ist, denn auch diese neue Wirklichkeit ist wieder ein kreativer Prozeß.

Warum ist uns aber gerade jetzt das alles durchdringende

männliche Element der geistigen und spirituellen Tradition des Westens aufgefallen, das fast allen früheren Generationen verborgen geblieben ist? Ich glaube, dies geschieht erst heute, weil, wie Hegel meinte, eine Zivilisation sich ihrer selbst nicht bewußt werden kann, solange sie nicht so reif ist, daß sie sich bereits ihrem eigenen Tod nähert.

Was wir heute erleben, sieht ganz nach dem Tod des modernen Menschen aus, nach dem Tod des westlichen Menschen. Vermutlich ist sogar »der Mensch« – in der Ausprägung der letzten Jahrtausende – an sein Ende gekommen. Aber der Mensch ist kein Ziel. Der Mensch ist etwas, das in der Hinwendung zum Weiblichen überwunden – und erfüllt werden muß.

Aristoteles
Der Mensch als politisches Wesen

Da wir sehen, daß jeder Staat eine Gemeinschaft ist und jede Gemeinschaft um eines Gutes willen besteht (denn alle Wesen tun alles um dessentwillen, was ihnen gut scheint), so ist es klar, daß zwar alle Gemeinschaften auf irgendein Gut zielen, am meisten aber und auf das bedeutendste Gut jene, die von allen Gemeinschaften die bedeutendste ist und alle übrigen in sich schließt. Diese ist der sogenannte Staat und die staatliche Gemeinschaft.

Diejenigen nun, die meinen, daß ein Staatsmann, ein Fürst, ein Hausverwalter und ein Herr dasselbe seien, irren sich; sie meinen nämlich, der Unterschied bestünde nur in der größeren und geringeren Zahl und nicht in der Art jedes einzelnen, so daß etwa, wer über wenige regiert, ein Herr sei, wer über mehrere, ein Hausverwalter, und wer über noch mehrere, ein Staatsmann oder Fürst; denn zwischen einem großen Hause und einem kleinen Staate sei kein Unterschied vorhanden; was den Staatsmann und den Fürsten beträfe, so sei einer ein Fürst, wenn er souverän regiere, wenn er es aber nach den Regeln der entsprechenden Wissenschaft tue und abwechselnd regiere und gehorche, dann sei er ein Staatsmann.

Daß dies falsch ist, wird klar, wenn wir die Untersuchung nach der hier gegebenen Methode führen.

Wie man nämlich auch anderswo das Zusammengesetzte bis zu den nicht mehr zusammengesetzten Teilen zerlegen muß (denn diese sind die kleinsten Teile des Ganzen), so müssen wir auch beim Staate erkennen, woraus er zusammengesetzt ist, und werden besser begreifen, worin sich jene Verhältnisse voneinander unterscheiden und ob sich über jedes einzelne wissenschaftlich etwas feststellen läßt.

Die beste Methode dürfte hier wie bei anderen Problemen sein, daß man die Gegenstände verfolgt, wie sie sich von Anfang an entwickeln. Als erstes ist es notwendig, daß sich jene Wesen verbinden, die ohne einander nicht bestehen können, einerseits das Weibliche und das Männliche der Fortpflanzung wegen (und dies nicht aus freier Entscheidung, sondern weil es wie anderswo, bei Tieren und Pflanzen, ein naturgemäßes Streben ist, ein anderes Wesen zu hinterlassen, das einem selbst gleich ist), andererseits das naturgemäß Regierende und Regierte um der Lebenserhaltung willen. Denn was mit dem Verstand vorauszuschauen vermag, ist von Natur das Regierende und Herrschende, was aber mit seinem Körper das Vorgesehene auszuführen vermag, ist das von Natur Regierte und Dienende. Darum ist auch der Nutzen für Herrn und Diener derselbe.

Das Weibliche und das Regierte sind von Natur verschieden; denn die Natur macht nichts auf so sparsame Art wie die Schmiede das delphische Messer, sondern immer Eines für Eines. Denn so wird jedes einzelne Werkzeug am schönsten herauskommen, wenn es nicht für viele Aufgaben, sondern nur für eine einzige bestimmt ist. Bei den Barbaren freilich haben das Weibliche und das Regierte denselben Rang. Dies kommt daher, daß sie das von Natur Herrschende nicht besitzen, sondern die Gemeinschaft bei ihnen nur zwischen Sklavin und Sklave besteht. Darum sagen die Dichter: »Daß Griechen über Barbaren herrschen, ist gerecht«, da nämlich von Natur der Barbar und der Sklave dasselbe sei.

Aus diesen beiden Gemeinschaften entsteht zuerst das Haus, und Hesiod hat mit Recht gedichtet: »Allererst nun ein Haus und das Weib und den pflügenden Ochsen.« Denn der Ochse tritt für die Armen an die Stelle des Sklaven. So ist denn die für das tägliche Zusammenleben bestehende natürliche Gemeinschaft das Haus. Charondas nennt ihre Glieder Tischgenossen, der Kreter Epimenides Herdgenossen.

Die erste Gemeinschaft, die aus mehreren Häusern und nicht nur um des täglichen Bedürfnisses willen besteht, ist das Dorf. Das Dorf scheint seiner Natur nach am ehesten eine Verzweigung des Hauses zu sein, und seine Glieder werden von einigen Milchgenossen und Kinder und Kindeskinder genannt. Darum standen auch die Staaten ursprünglich unter Königen, und bei den Barbarenvölkern ist es noch jetzt so. Denn sie bildeten sich aus Untertanen von Königen. Jedes Haus wird nämlich vom Ältesten wie von einem König regiert und entsprechend auch die Verzweigungen auf Grund der Verwandtschaft. Dies meint Homer: »Jeder gibt das Gesetz für Kinder und Gattinnen.« Jene lebten nämlich zerstreut, und so wohnten die Menschen in der Urzeit überhaupt. Aus demselben Grunde behaupten auch alle, daß die Götter durch einen König regiert werden, weil sie selbst teils jetzt noch, teils früher unter Königen standen. Wie nämlich die Menschen die Gestalten der Götter sich selbst ähnlich abbilden, so auch deren Lebensformen.

Endlich ist die aus mehreren Dörfern bestehende vollkommene Gemeinschaft der Staat. Er hat gewissermaßen die Grenze der vollendeten Autarkie erreicht, zunächst um des bloßen Lebens willen entstanden, dann aber um des vollkommenen Lebens willen bestehend. Darum existiert auch jeder Staat von Natur, so wie es schon die ersten Gemeinschaften tun. Er ist das Ziel von jenen, und das Ziel ist eben der Naturzustand. Denn den Zustand, welchen jedes Einzelne erreicht, wenn seine Entwicklung zum Abschluß gelangt ist, nennen wir die Natur jedes Einzelnen, wie etwa des Menschen, des Pferdes, des Hauses.

Außerdem ist der Zweck und das Ziel das Beste. Die Autarkie ist aber das Ziel und das Beste.

Daraus ergibt sich, daß der Staat zu den naturgemäßen Gebilden gehört und daß der Mensch von Natur ein staatenbildendes Lebewesen ist; derjenige, der durch seine Natur und nicht bloß aus Zufall außerhalb des Staates lebt, ist entweder schlecht oder höher als der Mensch, wie etwa der von Homer beschimpfte: »ohne Geschlecht, ohne Gesetz und ohne Herd«. Denn dieser ist von Natur ein solcher und gleichzeitig gierig nach Krieg, da er isoliert dasteht, wie man im Brettspiel sagt.

Daß ferner der Mensch in höherem Grade ein staatenbildendes Lebewesen ist als jede Biene oder sonst ein Herdentier, ist klar. Denn, wie wir behaupten, macht die Natur nichts vergebens. Der Mensch ist aber das einzige Lebewesen, das Sprache besitzt. Die Stimme zeigt Schmerz und Lust an und ist darum auch den andern Lebewesen eigen (denn bis zu diesem Punkte ist ihre Natur gelangt, daß sie Schmerz und Lust wahrnehmen und das einander anzeigen können); die Sprache dagegen dient dazu, das Nützliche und Schädliche mitzuteilen und so auch das Gerechte und Ungerechte. Dies ist nämlich im Gegensatz zu den andern Lebewesen dem Menschen allein eigentümlich, daß er die Wahrnehmung des Guten und Schlechten, des Gerechten und Ungerechten und so weiter besitzt. Die Gemeinschaft in diesen Dingen schafft das Haus und den Staat.

Der Staat ist denn auch von Natur ursprünglicher als das Haus oder ein Einzelner von uns. Denn das Ganze muß ursprünglicher sein als der Teil. Wenn man nämlich das Ganze wegnimmt, so gibt es auch keinen Fuß oder keine Hand, außer dem Namen nach, wie etwa eine Hand aus Stein; denn nur in diesem Sinn wird eine tote Hand noch eine Hand sein. In Wahrheit ist alles bestimmt durch seine besondere Aufgabe und Fähigkeit, und wenn es diese nicht mehr besitzt, kann es auch nicht mehr als dasselbe Ding bezeichnet werden außer dem bloßen Namen nach.

Daß also der Staat von Natur ist und ursprünglicher als der Einzelne, ist klar. Da der Einzelne nicht autark für sich zu leben vermag, so wird er sich verhalten wie auch sonst ein Teil zu einem Ganzen. Wer aber nicht in Gemeinschaft leben kann oder in seiner Autarkie ihrer nicht bedarf, der ist wie etwa das Tier oder die Gottheit kein Teil des Staates.

Alle Menschen haben also von Natur den Drang zu einer solchen Gemeinschaft, und wer sie als erster aufgebaut hat, ist ein Schöpfer größter Güter. Wie nämlich der Mensch, wenn er vollendet ist, das beste der Lebewesen ist, so ist er ohne Gesetz und Recht das schlechteste von allen. Das schlimmste ist die bewaffnete Ungerechtigkeit. Der Mensch besitzt von Natur als Waffen die Klugheit und Tüchtigkeit, und gerade sie kann man am allermeisten in entgegengesetztem Sinne gebrauchen. Darum ist der Mensch ohne Tugend das gottloseste und wildeste aller Wesen und in Liebeslust und Eßgier das schlimmste. Die Gerechtigkeit dagegen ist der staatlichen Gemeinschaft eigen. Denn das Recht ist die Ordnung der staatlichen Gemeinschaft, und das Recht urteilt darüber, was gerecht sei.

Voltaire
Mensch

Alle Menschenrassen haben stets in Gesellschaft gelebt

Alle Menschen, die in den wildesten und entlegensten Ländern je entdeckt worden sind, leben in Gesellschaft wie die Biber, die Ameisen, die Bienen und einige andere Tierarten.

Niemals hat man ein Land gefunden, in dem sie jeder für sich lebten, der Mann sich nur zufällig zur Frau gesellte und sie gleich danach aus Überdruß verließ, die Mutter ihre Kinder verleugnete, nachdem sie sie aufgezogen hatte, oder man ohne Familie und ohne jede Gesellschaft lebte. Einige Witzbolde haben sich zu dem Paradox verstiegen, die ursprüngliche Bestimmung des Menschen sei es, allein zu leben wie die Luchse, und die Gesellschaft habe die Natur verdorben. Ebensogut könnte man sagen, die Heringe seien ursprünglich dazu bestimmt, jeder für sich im Meer umherzuschwimmen, und zögen nur infolge völliger Entartung scharenweise vom Eismeer nach unseren Küsten, die Kraniche seien ursprünglich jeder für sich geflogen und hätten sich unnatürlicherweise entschlossen, in Gesellschaft zu fliegen.

Jedes Lebewesen hat seinen Instinkt, und der Instinkt des Menschen, verstärkt durch die Vernunft, treibt ihn zum gesellschaftlichen Zusammenleben wie zum Essen und zum Trinken. Nicht die Erfordernisse der Gesellschaft haben den Menschen entarten lassen, sondern die Trennung von der Gesellschaft führt zu seiner Entartung. Wer absolut allein lebte, verlöre bald die Fähigkeit des Denkens und des Sprechens; er fiele sich selbst zur Last und würde schließlich zum Tier. Das Übermaß ohnmächtigen Stolzes, der sich gegen den Stolz der andern auflehnt, kann ein melancholisches Gemüt zur Flucht vor den Menschen veranlassen. Dann ist der Mensch verdorben, und er straft sich selbst dafür. Sein Stolz wird ihm zur Qual, ihn verzehrt in der Einsamkeit der stille Gram darüber, daß man ihn verachtet und vergessen hat; er hat sich in die abscheulichste Sklaverei begeben, um frei zu sein.

Man hat sich sogar zu der folgenden, die Grenzen des Normalen schon überschreitenden Behauptung verstiegen: »Es ist unnatürlich, daß ein Mann an einer Frau während der neun Monate ihrer Schwangerschaft festhält. Wenn der Trieb befriedigt ist, verlangt es den Mann nicht mehr nach der Frau und die Frau nicht mehr nach dem Manne. Dieser kümmert sich nicht im geringsten um die Folgen seiner Tat; er kann sie sich vielleicht nicht einmal vorstellen. Der eine geht hierhin und der andere dorthin, und nach neun Monaten hat es den Anschein, als wüßten sie nicht mehr, daß sie sich gekannt haben ... Warum sollte er ihr nach der Niederkunft zur Seite stehen? Warum sollte er ihr ein Kind aufziehen helfen, von dem er nicht einmal weiß, ob es seins ist?«

All das ist abscheulich, aber glücklicherweise auch völlig falsch. Wenn diese barbarische Gleichgültigkeit wirklich ein Naturinstinkt wäre, hätten sich die Menschen fast immer entsprechend verhalten. Instinkte sind unveränderlich und nur sehr selten nicht beständig. Stets hätten die Väter die Mütter und die Mütter ihre Kinder im Stich gelassen, und es gäbe sehr viel weniger Menschen als Raubtiere auf der Erde; denn diese sind besser ausgerüstet, ihre Instinkte reagieren rascher, sie verfügen über zuverlässigere Mittel und gesichertere Ernährungsmöglichkeiten als der Mensch.

Unsere Natur hat nichts zu schaffen mit den widerwärtigen Hirngespinsten dieses Fanatikers. Abgesehen von einigen völlig verrohten Gemütern oder vielleicht einem noch verrohteren Philosophen lieben die hartherzigsten Menschen aus einem unüberwindlichen Instinkt heraus das noch ungeborene Kind, den Leib, der es trägt, und die Mutter, die den noch inniger liebt, von dem sie den Keim eines menschlichen Wesens empfangen hat.

Der Instinkt der Kohlenbrenner im Schwarzwald spricht ebenso deutlich und stark zugunsten ihrer Kinder, wie der Instinkt die Tauben und Nachtigallen dazu treibt, ihre Jungen zu füttern. Es ist also Zeitvergeudung, solch abscheuliche Dummheiten zu produzieren.

Alle diese überspannten Bücher kranken daran, daß sie die Natur immer anders darstellen, als sie wirklich ist. Wenn Boileaus Satiren über den Mann und die Frau nicht scherzhaft gemeint wären, müßte man den schwerwiegenden Einwand gegen sie erheben, daß sie alle Männer als närrisch und alle Frauen als unverschämt hinstellen.

Der gleiche gesellschaftsfeindliche Autor erklärt, ähnlich dem Fuchs ohne Schwanz, der von allen anderen Füchsen verlangt, daß sie sich den Schwanz abschneiden, in schulmeisterlichem Ton:

»Der erste, der ein Stück Land einzäunte und dreist erklärte: *Dies gehört mir*, und einfältige Leute fand, die es ihm glaubten, war der eigentliche Begründer der Gesellschaft. Wie viele Verbrechen, Kriege, Morde, wieviel Elend und Schrecken wären der Menschheit erspart geblieben, wenn jemand die Pfähle ausgerissen oder den Graben zugeschüttet und seinen Mitmenschen zugerufen hätte: Hört nicht auf diesen Betrüger, ihr seid verloren, wenn ihr vergeßt, daß die Früchte allen gehören und die Erde niemandem.«

Nach diesem wunderbaren Philosophen wäre also ein Dieb, ein Einbrecher der Wohltäter der Menschheit gewesen, und man hätte einen rechtschaffenen Mann bestrafen sollen, der seinen Kindern gesagt hätte: Wir wollen es ebenso machen wie unser Nachbar; er hat sein Feld eingezäunt, die wilden Tiere werden es nicht mehr verwüsten, und sein Boden wird fruchtbarer werden; wir wollen unser Land bestellen wie er; er wird uns helfen, und wir werden ihm helfen; wenn jede Familie ihr eigenes Stück Land bebaut, werden wir uns besser ernähren können, werden wir gesünder, zufriedener und glücklicher sein; wir wollen uns bemühen, eine ausgleichende Gerechtigkeit zum Troste für unser armseliges Geschlecht zu schaffen, dann werden wir uns erheben über die Füchse und Marder, denen dieser Phantast uns ähnlich machen will.

Wäre das nicht vernünftiger und anständiger als die Reden des ungeselligen Narren, der den Garten des wackeren Mannes zerstören wollte?

Was ist denn das für eine Philosophie, die zu Behauptungen führt, welche der gesunde Verstand vom entlegensten Teil Chinas bis nach Kanada ablehnt? Es ist die Philosophie eines armseligen Lumpen, dessen Wunsch es ist, daß alle Reichen von den Armen ausgeraubt werden, damit die brüderliche Vereinigung der Menschen leichter zustande kommen kann.

Wenn alle Hecken, alle Wälder, alle Felder voll von nahrhaften und wohlschmeckenden Früchten wären, dann freilich wäre es unmöglich, ungerecht und lächerlich, sie zu bewachen.

Wenn es irgendwo Inseln gibt, auf denen die Natur alles, was der Mensch zum Leben braucht, reichlich zur Verfügung stellt, ohne daß der Mensch sich darum mühen muß, dann wollen wir dorthin ziehen und ohne den Plunder unserer Gesetze leben. Aber wenn wir uns dort erst einmal niedergelassen haben, werden wir zum Mein und Dein zurückkehren müssen und zu diesen Gesetzen, die oft sehr schlecht, aber doch unentbehrlich sind.

Maurice Joly
Gespräch in der Unterwelt zwischen Machiavelli und Montesquieu

Machiavelli: Ich gehe von einem möglichst extremen Fall aus und wähle als Beispiel eines Staates die Republik. Bei einer Monarchie wäre die Rolle, die ich spielen möchte, allzu leicht. Ich wähle eine Republik, weil ich bei einer solchen Regierungsform auf einen scheinbar fast unüberwindlichen Widerstand in den Ideen, den Sitten, den Gesetzen stoßen würde. Haben Sie etwas dagegen? Ich bekomme also aus Ihren Händen irgendeinen großen oder kleinen Staat; ich nehme an, daß er mit allen Einrichtungen, die seine Freiheit garantieren, ausgestattet ist, und ich richte an Sie nur die folgende Frage: Glauben Sie, daß seine Regierung gegen einen Handstreich oder, wie man es heute nennt, gegen einen Staatsstreich gesichert ist?

Montesquieu: Sicher nicht; aber Sie werden mir zum mindesten zugeben, daß ein solches Unternehmen in den gegenwärtigen an der Politik beteiligten Gesellschaften und bei der Art, wie sie organisiert sind, außerordentlich schwierig ist.

Machiavelli: Und warum? Sind diese Gesellschaften nicht wie zu allen Zeiten in den Händen der politischen Parteien? Gibt es nicht überall Elemente, die zum Bürgerkrieg drängen, auf Umsturz Bedachte, nach der Macht Strebende?

Montesquieu: Das mag sein; aber ich glaube, ich kann Ihnen mit einem Wort zum Bewußtsein bringen, wo Ihr Irrtum liegt. Solche Machtergreifungen, die notwendigerweise sehr selten sind, weil sie sehr gefährlich sind und den modernen Gebräuchen zuwiderlaufen würden, auch wenn man annähme, daß sie gelingen, haben durchaus nicht die Bedeutung, die Sie ihnen beizumessen scheinen. Ein Wechsel der Macht würde keinen Wechsel der Einrichtungen herbeiführen. Es mag sein, daß einer, der Anspruch auf die Macht erhebt, den Staat in Unruhe stürzt; seine Partei mag meinetwegen siegen, dann geht die Macht in andere Hände über, und das ist alles. Aber das Staatsrecht, und damit die Grundlage der Einrichtungen selbst, bleibt bestehen. Die ändert sich nicht.

MACHIAVELLI: Geben Sie sich wirklich einer solchen Illusion hin?

MONTESQUIEU: Stellen Sie das Gegenteil fest.

MACHIAVELLI: Sie geben mir also zu, daß eine mit den Waffen gegen die bestehende Regierung durchgeführte Unternehmung für eine kurze Zeit Erfolg hat?

MONTESQUIEU: Ja.

MACHIAVELLI: Beachten Sie dann bitte die Situation, in die ich mich versetzt finde. Ich habe in diesem Augenblick jede Macht außer der meinigen unterdrückt. Wenn die Institutionen, die sich noch aufrechterhalten, mir irgendein Hindernis in den Weg legen können, so kann das nur ein rein formales sein; in Wirklichkeit können meine willkürlichen Handlungen auf keinen realen Widerstand stoßen, kurz, ich befinde mich in dem gesetzesfreien Zustand, den die Römer mit einem so schönen und so energiegeladenen Worte »Diktatur« bezeichnen. Das heißt: Ich kann jetzt alles tun, was ich will. Ich bin Gesetzgeber, Ausführer des Gesetzes, Gerichtsherr, und ich sitze hoch zu Roß als Führer der Armee.

Halten Sie das fest. Ich habe jetzt dadurch gesiegt, daß ich mich auf eine der Parteien stützte, das heißt, daß dieses Ereignis der Machtergreifung sich nur inmitten einer tiefen inneren Zerrissenheit vollziehen konnte. Man kann sagen: ich verdanke das dem Zufall; aber man darf sich nicht darüber täuschen, was für Ursachen dieser Zufall hatte. Es wird sich um einen Gegensatz zwischen der Aristokratie und dem Volke handeln oder zwischen dem Volke und dem Bürgertum. Im Grunde genommen kann es gar nicht anders sein; an der Oberfläche aber wird es ein Durcheinander von Ideen, Meinungen, Beeinflussungen und entgegengesetzten Strömungen geben wie in allen Staaten, in denen die Freiheit auch nur für einen Augenblick entfesselt wird. Man wird da politische Elemente aller Art haben, Reste ehemals siegreicher Parteien, die heute geschlagen sind, zügellosen Ehrgeiz, verzehrenden Neid, unversöhnlichen Haß, Terror überall, Anhänger jeder Ansicht und jeder Doktrin, Reaktionäre, Demokraten, Anarchisten, Utopisten, alle sind am Werk, alle arbeiten in gleicher Weise jeder an seinem Platze am Umsturz der bestehenden Ordnung. Zu welchen Schlüssen muß man angesichts einer solchen Situation kommen? Zu zweien: Der erste ist, daß das Land ein großes Bedürfnis nach Ruhe hat und dem, der sie ihm geben kann, nichts versagen wird. Der zweite ist, daß es bei dieser Zersplitterung in Parteien keinerlei wirkliche Macht gibt, oder daß es vielmehr nur eine einzige gibt: das Volk.

Ich selbst bin einer der siegreichen Anwärter der Macht. Ich nehme an, daß ich einen angesehenen Namen von historischem Klang habe, der dazu geeignet ist, auf die Phantasie der Massen zu wirken. So wie ein Peisistratos, ein Cäsar, ja auch ein Nero werde ich mich auf das Volk stützen. Das ist das ABC eines jeden Usurpators. Die blinde Gewalt ist es, die mir die Mittel an die Hand geben wird, alles, was ich will, ungestraft zu tun, und die Autorität ist das Wort, das alles decken wird. Das Volk kümmert sich in Wirklichkeit gar nicht um Ihre Erfindung der Legalität, um Ihre Garantie der Verfassung.

Ich habe die Parteien zum Schweigen gebracht, und nun werden Sie sehen, wie ich vorwärts komme.

Vielleicht erinnern Sie sich an die Regeln, die ich in meiner Abhandlung über den Fürsten aufgestellt habe, wo es sich darum handelte, eroberte Provinzen zu behalten. Der Usurpator eines Staates befindet sich in einer Situation, die der eines Eroberers entspricht. Er ist dazu gezwungen, alles neu zu machen, den Staat aufzulösen, das Bürgertum zu vernichten, die Lebensweise zu ändern.

Das ist das Ziel. Aber in den gegenwärtigen Zeiten darf man nach ihm nur auf krummen Wegen, mit zweideutigen Mitteln, geschickten Kombinationen und, soweit wie möglich, ohne Anwendung von Gewalt streben. Ich werde daher die bestehenden Einrichtungen nicht direkt zerstören, aber ich werde eine nach der anderen mit einer unmerklichen Handbewegung anfassen und dabei ihren Mechanismus in Unordnung bringen. So werde ich es der Reihe nach mit der Rechtsprechung, der Wahlordnung, der Presse, der persönlichen Freiheit, dem Schulwesen machen.

Über die ursprünglichen Gesetze hinweg werde ich eine ganz neue Gesetzgebung einführen, ohne die frühere ausdrücklich abzuschaffen; ich werde diese zuerst in den Hintergrund treten, dann sie bald völlig verschwinden lassen. Das sind meine Grundmaßnahmen, und nun werden Sie ihre Durchführung im einzelnen kennenlernen.

MONTESQUIEU: Wie schade, daß Sie nicht mehr in den Gärten Rucellais wandeln, um dort diese schönen Lehren vorzutragen, und wie bedauerlich, daß die Nachwelt Sie nicht hören kann.

MACHIAVELLI: Beruhigen Sie sich. Für den, der lesen kann, steht das alles in dem Buche über den Fürsten.

MONTESQUIEU: Lassen wir das auf sich beruhen. Es ist also der Tag nach Ihrem Staatsstreich. Was werden Sie tun?

MACHIAVELLI: Etwas Großes, und dann etwas ganz Kleines.

MONTESQUIEU: Also zuerst das Große.

MACHIAVELLI: Nach dem Erfolg eines Gewaltaktes gegen die bestehende Macht ist noch nicht alles zu Ende, und die Parteien halten sich im allgemeinen nicht für geschlagen. Man weiß noch nicht so recht, wie weit die Energie des Usurpators reicht; man wird ihn auf die Probe stellen, man wird sich gegen ihn mit den Waffen in der Hand erheben. Jetzt ist der Augenblick gekommen, einen solchen Terror auszuüben, daß er die ganze Bürgerschaft trifft und die tapfersten Herzen schwach werden läßt.

MONTESQUIEU: Was wollen Sie tun? Sie haben mir doch gesagt, daß Sie das Blutvergießen verabscheuen.

MACHIAVELLI: Hier darf man keine falsche Humanität walten lassen. Die Gemeinschaft ist bedroht, und daher befindet sie sich im rechtmäßigen Verteidigungszustand. Die äußerste Härte und selbst die größte Grausamkeit werden in Zukunft nur neues Blutvergießen verhüten. Fragen Sie mich nicht, was man tun wird. Es muß nur erreicht werden, daß die Herzen der Menschen ein für allemal vor Schreck erstarren und daß die Angst sie erweicht.

MONTESQUIEU: Ja, ich erinnere mich, Sie lehren das in dem Buche über den Fürsten da, wo Sie von der fürchterlichen Gewalttat Cesare Borgias in Cesena erzählen. Sie sind doch derselbe geblieben.

MACHIAVELLI: Nein, nein, Sie werden später sehen, daß ich nur so handle, weil es die Notwendigkeit erfordert, und ich leide darunter.

MONTESQUIEU: Aber wer soll denn nun das Blut vergießen?

MACHIAVELLI: Die Armee! Die vollstreckende Gewalt der Staatsgerichtsbarkeit, sie, deren Hand ihre Opfer nie um ihre Ehre bringt. Zwei Ereignisse von größter Wichtigkeit werden durch den Einsatz der Armee bei der Unterdrückungsaktion erreicht werden: Auf der einen Seite wird sie sich von diesem Augenblicke an für immer mit der Zivilbevölkerung verfeindet haben, die von ihr ohne Schonung bestraft wurde; auf der anderen Seite wird sie unlösbar an das Schicksal ihres Führers gebunden sein.

MONTESQUIEU: Und Sie glauben, daß dieses vergossene Blut nicht auf Sie selbst zurückwirken wird?

MACHIAVELLI: Nein, denn in den Augen des Volkes hat der Herrscher letzten Endes gar nichts mit den Ausschreitungen einer Soldateska zu tun, die man ja nicht immer leicht zufriedenstellen kann. Die dafür verantwortlich gemacht werden können, das werden die Generäle sein, die Diener, die meine Befehle ausgeführt haben. Die aber – das kann ich Ihnen versichern – werden mir bis zu ihrem letzten Atemzug ergeben sein; denn sie wissen recht gut, was sie zu erwarten haben, wenn ich einmal nicht mehr da bin.

MONTESQUIEU: Das wäre also Ihre erste Handlung als souveräner Herrscher. Und nun die zweite?

MACHIAVELLI: Ich weiß nicht, ob Sie gemerkt haben, wie groß in der Politik die Macht der kleinen Mittel ist. Nach dem, was ich Ihnen eben gesagt habe, werde ich auf jede neue Münze mein Bild prägen lassen, und ich werde davon eine recht beträchtliche Menge in Umlauf setzen.

MONTESQUIEU: Aber mitten im Drang der ersten Sorgen um den Staat würde das doch eine kindische Maßnahme sein.

MACHIAVELLI: Das glauben Sie? Sie haben die Macht nicht praktisch ausgeübt. Das auf eine Münze geprägte Menschenbild ist das Zeichen der Macht selbst. Zunächst wird es stolze Geister geben, die darüber vor Zorn erbeben, aber man wird sich daran gewöhnen. Selbst die Feinde meiner Herrschaft werden dazu genötigt sein, mein Bild in ihrer Geldtasche zu tragen. Es ist ganz sicher, daß man sich allmählich daran gewöhnen wird, die Gesichtszüge, die überall auf das materielle Unterpfand für alle unsere Genüsse geprägt sind, mit milderen Augen anzusehen. Von dem Tag an, wo mein Bild auf dem Gelde erscheint, bin ich König.

MONTESQUIEU: Ich gebe zu, daß mir dieser Gedanke neu ist. Aber lassen wir das. Sie haben doch nicht vergessen, daß die Völker der Neuzeit dazu neigen, sich Verfassungen zu geben, durch die ihre Rechte garantiert werden. Mit Ihrer aus der Gewalt hervorgegangenen Macht, mit Ihren Plänen, die Sie mir da entwickeln, würden Sie sich vielleicht in Verlegenheit finden gegenüber einer Verfassung, in der alle Grundsätze, alle Vorschriften, alle Anordnungen zu Ihren Regierungsmaximen im Gegensatz stehen.

MACHIAVELLI: Ich werde eine andere Verfassung machen, weiter nichts.

MONTESQUIEU: Und Sie meinen, daß das sonst keine Schwierigkeiten macht.

MACHIAVELLI: Wo sollte die Schwierigkeit liegen? Es gibt zur Zeit keinen anderen Willen, keine andere Macht als die meine, und die Operationsbasis, auf die ich mich stütze, ist ja das Volk.

MONTESQUIEU: Das ist richtig. Ich habe aber doch ein Bedenken: Nach dem, was Sie mir eben gesagt haben, kann ich mir denken, daß Ihre Verfassung kein Monument der Freiheit werden wird. Sie meinen, daß eine einzige mit Gewalt entschiedene Krise, ein einziger geglückter Staatsstreich dazu genügt, einem Volke alle seine Rechte, alle seine Errungenschaften, alle seine Einrichtungen, alle seine Grundsätze zu rauben, nach denen es zu leben gewohnt ist?

MACHIAVELLI: Entschuldigen Sie! So schnell geht es bei mir nicht. Ich sagte Ihnen eben erst, die Völker wären wie die Menschen, sie hielten sich mehr an den Schein als an die Wirklichkeit. Das ist auf dem Gebiete der Politik eine Regel, der ich ohne Bedenken folgen würde. Haben Sie doch die Güte, mir noch einmal die Prinzipien aufzuzählen, auf die Sie das meiste

Gewicht legen, und Sie werden sehen, daß ich durch sie nicht so sehr in Verlegenheit gebracht werde, wie Sie es anzunehmen scheinen.

MONTESQUIEU: Was werden Sie aus ihnen machen, Machiavelli?

MACHIAVELLI: Sie brauchen sich nicht zu fürchten. Nennen Sie mir nur diese Prinzipien.

MONTESQUIEU: Ich gestehe, daß ich Ihnen nicht traue.

MACHIAVELLI: Nun, dann werde ich selbst sie Ihnen ins Gedächtnis zurückrufen. Sie würden mir sicher von dem Prinzip der Trennung der Gewalten reden, von der Rede- und Pressefreiheit, von der religiösen Freiheit, der Freiheit der Person, der Freiheit, sich in Vereinen zusammenzuschließen, der Gleichheit vor dem Gesetz, der Unverletzlichkeit des beweglichen und des festen Eigentums, dem Recht, sich zu beschweren, der freien Steuerbewilligung, der Angemessenheit der Strafen, der nicht rückwirkenden Kraft der Gesetze. Ist das genug, oder wünschen Sie noch mehr?

MONTESQUIEU: Ich glaube, es ist viel mehr als das, was man dazu braucht, Machiavelli, um Ihrer Regierung recht unbequem zu werden.

MACHIAVELLI: Darin irren Sie sich, und diese Prinzipien sind so richtig, daß ich gar nichts darin finde, sie öffentlich zu verkünden. Ich werde, wenn Sie es wünschen, aus ihnen sogar die Einleitung zu meiner Verfassung machen.

MONTESQUIEU: Sie haben mir schon gezeigt, daß Sie ein großer Zauberer sind.

MACHIAVELLI: Da ist gar keine Zauberei dabei. Man muß nur Politik zu machen verstehen.

MONTESQUIEU: Wie aber wollen Sie es machen, diese Prinzipien an die Spitze Ihrer Verfassung zu setzen, um sie dann gar nicht anzuwenden?

MACHIAVELLI: Seien Sie vorsichtig! Ich habe Ihnen gesagt, daß ich diese Grundsätze öffentlich verkünden werde; aber ich habe Ihnen nicht gesagt, daß ich sie schriftlich niederlegen, auch nicht, daß ich sie einzeln anführen werde.

MONTESQUIEU: Wie meinen Sie das?

Machiavelli: Ich würde mich auf keine genauere Angabe einlassen. Ich würde mich nur darauf beschränken, dem Volke zu erklären, daß ich die Grundsätze des modernen Rechts anerkenne und sie bestätige.

Montesquieu: Ich begreife nicht, was ein solches Verschweigen der Einzelheiten bedeuten soll?

Machiavelli: Sie werden gleich sehen, wie wichtig das ist. Wenn ich diese Rechte einzeln aufzählte, wäre meine Handlungsfreiheit an diese klar formulierten Rechtssätze gebunden, und das will ich nicht. Wenn ich sie gar nicht im einzelnen anführe, scheint es so, als ob ich sie alle anerkenne, und im besonderen Falle erkenne ich keins an. Das wird es mir später erlauben, auf dem Wege der Notverordnung die Rechte zu beseitigen, die ich für gefährlich halte.

Montesquieu: Das kann ich verstehen.

Machiavelli: Übrigens gehören von diesen Grundsätzen die einen zum Staats- und Verfassungsrecht im eigentlichen Sinne, die anderen zum bürgerlichen Recht. Das ist eine Unterscheidung, die bei der Ausübung der absoluten Macht immer als Richtschnur dienen muß. An ihren bürgerlichen Rechten hängen die Völker am stärksten. Ich werde, soweit ich es kann, nicht an sie rühren, und so wird man wenigstens einen Teil meines Programms erfüllt finden.

Montesquieu: Und die Staatsrechte ...?

Machiavelli: Ich habe in meinem Buche über den Fürsten den Grundsatz aufgestellt, – und er ist immer noch wahr –: »Die Untertanen werden immer mit dem Fürsten zufrieden sein, wenn er sich nicht an ihren Gütern und an ihrer Ehre vergreift; und dann wird er nur noch gegen die Ansprüche einer kleinen Zahl von Unzufriedenen zu kämpfen haben, mit denen er leicht fertig werden wird.« Das ist meine Antwort auf Ihre Frage.

Montesquieu: Man könnte sie, wenn man die Sache genau nimmt, nicht für befriedigend halten. Man könnte Ihnen antworten, daß die Staatsrechte auch Güter sind, daß es für die Ehre der Völker auch wichtig ist, sich diese Güter zu erhalten, und daß Sie, wenn Sie sich an den Staatsrechten vergreifen, tatsächlich die Güter der Völker und ebenso auch ihre Ehre antasten.

Man kann noch hinzufügen, daß die Aufrechterhaltung der bürgerlichen Rechte an die der Staatsrechte gebunden ist durch eine enge gegenseitige Beziehung. Wer wird den Staatsbürgern die Garantie dafür geben, daß, wenn Sie sie heute ihrer politischen Freiheit berauben, Sie sie nicht morgen ihrer persönlichen Freiheit berauben werden, daß, wenn Sie heute ihre Freiheit antasten, Sie sich nicht morgen an ihrem Vermögen vergreifen werden?

MACHIAVELLI: Gewiß wird man diese Gründe mit viel Eifer vorbringen, aber ich glaube, daß Sie sich auch der in ihnen liegenden Übertreibung völlig bewußt sind. Es scheint mir immer so, als glaubten Sie, die modernen Völker hungerten geradezu nach Freiheit. Haben Sie auch den Fall bedacht, daß sie von ihr nichts mehr wissen wollen, und können Sie von den Fürsten verlangen, daß sie mehr Freiheitsliebe haben sollen als die Völker? Nun, so fragen Sie doch in Ihren so von Grund aus schlaff gewordenen Gesellschaften, in denen der einzelne nur noch in der Sphäre seines Egoismus und seiner materiellen Interessen lebt, einmal die Mehrheit, und Sie werden sehen, ob man Ihnen nicht von allen Seiten antwortet: Was geht mich die Politik an? Was schert mich die Freiheit? Ist nicht eine Regierung wie die andere? Muß eine Regierung sich nicht behaupten?

Beachten Sie übrigens wohl: Nicht nur das Volk redet so, auch die Bürger, die Industriellen, die Intellektuellen, die Reichen, die Gebildeten, alle, die in der Lage sind, Ihre schönen staatsrechtlichen Theorien anzuwenden. Sie werden mich segnen, sie werden ausrufen, daß ich sie gerettet habe, daß sie in der Minderheit sind, daß sie unfähig sind, sich selbst zu führen. Sehen Sie, die Völker haben nun einmal so eine heimliche Liebe für die genialen Gewaltmenschen. Von allen Gewaltakten, die mit Geschick aufgezogen sind, werden Sie mit dem Tone der Bewunderung, der stärker ist als der des Tadels, sagen hören: Das mag nicht recht sein, aber es ist geschickt gehandelt, gut in Szene gesetzt, fein gemacht.

Karl Marx
Manifest der kommunistischen Partei

Die Geschichte aller bisherigen Gesellschaft ist die Geschichte von Klassenkämpfen.

Freier und Sklave, Patrizier und Plebejer, Baron und Leibeigener, Zunftbürger und Gesell, kurz, Unterdrücker und Unterdrückte standen in stetem Gegensatz zueinander, führten einen ununterbrochenen, bald versteckten, bald offenen Kampf, einen Kampf, der jedesmal mit einer revolutionären Umgestaltung der ganzen Gesellschaft endete oder mit dem gemeinsamen Untergang der kämpfenden Klassen.

In den früheren Epochen der Geschichte finden wir fast überall eine vollständige Gliederung der Gesellschaft in verschiedene Stände, eine mannigfaltige Abstufung der gesellschaftlichen Stellungen. Im alten Rom haben wir Patrizier, Ritter, Plebejer, Sklaven; im Mittelalter Feudalherren, Vasallen, Zunftbürger, Gesellen, Leibeigene, und noch dazu in fast jeder dieser Klassen wieder besondere Abstufungen.

Die aus dem Untergang der feudalen Gesellschaft hervorgegangene moderne bürgerliche Gesellschaft hat die Klassengegensätze nicht aufgehoben. Sie hat nur neue Klassen, neue Bedingungen der Unterdrückung, neue Gestaltungen des Kampfes an die Stelle der alten gesetzt.

Unsere Epoche, die Epoche der Bourgeoisie, zeichnet sich jedoch dadurch aus, daß sie die Klassengegensätze vereinfacht hat. Die ganze Gesellschaft spaltet sich mehr und mehr in zwei große feindliche Lager, in zwei große, einander direkt gegenüberstehende Klassen: Bourgeoisie und Proletariat.

Aus den Leibeigenen des Mittelalters gingen die Pfahlbürger der ersten Städte hervor; aus dieser Pfahlbürgerschaft entwickelten sich die ersten Elemente der Bourgeoisie.

Die Entdeckung Amerikas, die Umschiffung Afrikas schufen der aufkommenden Bourgeoisie ein neues Terrain. Der ostindische und chinesische Markt, die Kolonisierung von Amerika, der Austausch mit den Kolonien, die Vermehrung der Tauschmittel und der Waren überhaupt gaben dem Handel, der Schiffahrt, der Industrie einen nie gekannten Aufschwung und damit dem revolutionären Element in der zerfallenden feudalen Gesellschaft eine rasche Entwicklung.

Die bisherige feudale oder zünftige Betriebsweise der Industrie reichte nicht mehr aus für den mit neuen Märkten anwachsenden Bedarf. Die Manufaktur trat an ihre Stelle. Die Zunftmeister wurden verdrängt durch den industriellen Mittelstand; die Teilung der Arbeit zwischen den verschiedenen Korporationen verschwand vor der Teilung der Arbeit in der einzelnen Werkstatt selbst.

Aber immer wuchsen die Märkte, immer stieg der Bedarf. Auch die Manufaktur reichte nicht mehr aus. Da revolutionierte der Dampf und die Maschinerie die industrielle Produktion. An die Stelle der Manufaktur trat die moderne große Industrie, an die Stelle des industriellen Mittelstandes traten die industriellen Millionäre, die Chefs ganzer industrieller Armeen, die modernen Bourgeois.

Die große Industrie hat den Weltmarkt hergestellt, den die Entdeckung Amerikas vorbereitete. Der Weltmarkt hat dem Handel, der Schiffahrt, den Landkommunikationen eine unermeßliche Entwicklung gegeben. Diese hat wieder auf die Ausdehnung der Industrie zurückgewirkt, und in demselben Maße, worin Industrie, Handel, Schiffahrt, Eisenbahnen sich ausdehnten, in demselben Maße entwickelte sich die Bourgeoisie, vermehrte sie ihre Kapitalien, drängte sie alle vom Mittelalter her überlieferten Klassen in den Hintergrund.

Wir sehen also, wie die moderne Bourgeoisie selbst das Produkt eines langen Entwicklungsganges, einer Reihe von Umwälzungen in der Produktions- und Verkehrsweise ist.

Jede dieser Entwicklungsstufen der Bourgeoisie war begleitet von einem entsprechenden politischen Fortschritt. Unterdrückter Stand unter der Herrschaft der Feudalherren, bewaffnete und sich selbst verwaltende Assoziation in der Kommune, hier unabhängige städtische Republik, dort dritter steuerpflichtiger Stand der Monarchie, dann zur Zeit der Manufaktur Gegengewicht gegen den Adel in der ständischen oder in der absoluten Monarchie, Hauptgrundlage der großen Monarchien überhaupt, erkämpfte sie sich endlich seit der Herstellung der großen Industrie und des Weltmarktes im modernen Repräsentativstaat die ausschließliche politische Herrschaft. Die moderne Staatsgewalt ist nur ein Ausschuß, der die gemeinschaftlichen Geschäfte der ganzen Bourgeoisklasse verwaltet.

Die Bourgeoisie hat in der Geschichte eine höchst revolutionäre Rolle gespielt.

Die Bourgeoisie, wo sie zur Herrschaft gekommen, hat alle feudalen, patriarchalischen, idyllischen Verhältnisse zerstört. Sie hat die buntscheckigen Feudalbande, die den Menschen an seinen natürlichen Vorgesetzten knüpften, unbarmherzig zerrissen und kein anderes Band zwischen Mensch und Mensch übriggelassen als das nackte Interesse, als die gefühllose »bare Zahlung«. Sie hat die heiligen Schauer der frommen Schwärmerei, der ritterlichen Begeisterung, der spießbürgerlichen Wehmut in dem eiskalten Wasser egoistischer Berechnung ertränkt. Sie hat die persönliche Würde in den Tauschwert aufgelöst und an die Stelle der zahllosen verbrieften und wohlerworbenen Freiheiten die eine gewissenlose Handelsfreiheit gesetzt. Sie hat, mit einem Wort, an die Stelle der mit religiösen und politischen Illusionen verhüllten Ausbeutung die offene, unverschämte, direkte, dürre Ausbeutung gesetzt. [...]

Die Bourgeoisie kann nicht existieren, ohne die Produktionsinstrumente, also die Produktionsverhältnisse, also sämtliche gesellschaftlichen Verhältnisse fortwährend zu revolutionieren. Unveränderte Beibehaltung der alten Produktionsweise war dagegen die erste Existenzbedingung aller früheren industriellen Klassen. Die fortwährende Umwälzung der Produktion, die ununterbrochene Erschütterung aller gesellschaftlichen Zustände, die ewige Unsicherheit und Bewegung zeichnet die Bourgeoisepoche vor allen anderen aus. Alle festen eingerosteten Verhältnisse mit ihrem Gefolge von altehrwürdigen Vorstellungen und Anschauungen werden aufgelöst, alle neugebildeten veralten, ehe sie verknöchern können. Alles Ständische und Stehende verdampft, alles Heilige wird entweiht, und die Menschen sind endlich gezwungen, ihre Lebensstellung, ihre gegenseitigen Beziehungen mit nüchternen Augen anzusehen.

Das Bedürfnis nach einem stets ausgedehnteren Absatz für ihre Produkte jagt die Bourgeoisie über die ganze Erdkugel. Überall muß sie sich einnisten, überall anbauen, überall Verbindungen herstellen.

Die Bourgeoisie hat durch ihre Exploitation des Weltmarkts die Produktion und Konsumtion aller Länder kosmopolitisch gestaltet. Sie hat zum großen Bedauern der Reaktionäre den nationalen Boden der Industrie unter den Füßen weggezogen. Die uralten nationalen Industrien sind vernichtet worden und werden noch täglich vernichtet. Sie werden verdrängt durch neue Industrien, deren Einführung eine Lebensfrage für alle zivilisierten Nationen wird, durch Industrien, die nicht mehr einheimische Rohstoffe, sondern den entlegensten Zonen angehörige Rohstoffe verarbeiten und deren Fabrikate nicht nur im Lande selbst, sondern in allen Weltteilen zugleich verbraucht werden. An die Stelle der alten, durch Landeserzeugnisse befriedigten Bedürfnisse treten neue, welche die Produkte der entferntesten Länder und Klimate zu ihrer Befriedigung erheischen. An die Stelle der alten lokalen und nationalen Selbstgenügsamkeit und Abgeschlossenheit tritt ein allseitiger Verkehr, eine allseitige Abhängigkeit der Nationen voneinander. Und wie in der materiellen, so auch in der geistigen Produktion. Die geistigen Erzeugnisse der einzelnen Nationen werden Gemeingut. Die nationale Einseitigkeit und Beschränktheit wird mehr und mehr unmöglich, und aus den vielen nationalen und lokalen Literaturen bildet sich eine Weltliteratur.

Die Bourgeoisie reißt durch die rasche Verbesserung aller Produktionsinstrumente, durch die unendlich erleichterten Kommunikationen alle, auch die barbarischsten Nationen in die Zivilisation. Die wohlfeilen Preise ihrer Waren sind die schwere Artillerie, mit der sie alle chinesischen Mauern in den Grund schießt, mit der sie den hartnäckigsten Fremdenhaß der Barbaren zur Kapitulation zwingt. Sie zwingt alle Nationen, die Produktionsweise der Bourgeoisie sich anzueignen, wenn sie nicht zugrunde gehen wollen; sie zwingt sie, die sogenannte Zivilisation bei sich selbst einzuführen, d. h. Bourgeois zu werden. Mit einem Wort, sie schafft sich eine Welt nach ihrem eigenen Bilde. [...]

Die Bourgeoisie hebt mehr und mehr die Zersplitterung der Produktionsmittel, des Besitzes und der Bevölkerung auf. Sie hat die Bevölkerung agglomeriert, die Produktionsmittel zentralisiert und das Eigentum in wenigen Händen konzentriert. Die notwendige Folge hiervon war die politische Zentralisation. Unabhängige, fast nur verbündete Provinzen mit verschiedenen Interessen, Gesetzen, Regierungen und Zöllen wurden zusammengedrängt in *eine* Nation, *eine* Regierung, *ein* Gesetz, *ein* nationales Klasseninteresse, *eine* Douanenlinie.

Die Bourgeoisie hat in ihrer kaum hundertjährigen Klassenherrschaft massenhaftere und kolossalere Produktionskräfte geschaffen als alle vergangenen Generationen zusammen. Unterjochung der Naturkräfte, Maschinerie, Anwendung der Chemie auf Industrie und Ackerbau, Dampfschiffahrt, Eisenbahnen, elektrische Telegraphen, Urbarmachung ganzer Weltteile, Schiffbarmachung der Flüsse, ganze aus dem Boden hervorgestampfte Bevölkerungen – welches frühere Jahrhundert ahnte, daß solche Produktionskräfte im Schoß der gesellschaftlichen Arbeit schlummerten.

Wir haben also gesehn: Die Produktions- und Verkehrsmittel, auf deren Grundlage sich die Bourgeoisie heranbildete, wurden in der feudalen Gesellschaft erzeugt. Auf einer gewissen Stufe der Entwicklung dieser Produktions- und Verkehrsmittel entsprachen die Verhältnisse, worin die feudale Gesellschaft produzierte und austauschte, die feudale Organisation der Agrikultur und Manufaktur, mit einem Wort die feudalen Eigentumsverhältnisse den schon entwickelten Produktivkräften nicht mehr. Sie hemmten die Produktion, statt sie zu fördern. Sie verwandelten sich in ebenso viele Fesseln. Sie mußten gesprengt werden, sie wurden gesprengt.

An ihre Stelle trat die freie Konkurrenz mit der ihr angemessenen gesellschaftlichen und politischen Konstitution, mit der ökonomischen und politischen Herrschaft der Bourgeoisklasse.

Unter unsern Augen geht eine ähnliche Bewegung vor. Die bürgerlichen Produktions- und Verkehrsverhältnisse, die bürgerlichen Eigentumsverhältnisse, die moderne bürgerliche Gesellschaft, die so gewaltige Produktions- und Verkehrsmittel hervorgezaubert hat, gleicht dem Hexenmeister, der die unterirdischen Gewalten nicht mehr zu beherrschen vermag, die er heraufbeschwor. Seit Dezennien ist die Geschichte der Industrie und des Handels nur die Geschichte der Empörung der modernen Produktivkräfte gegen die modernen Produktionsverhältnisse, gegen die Eigentumsverhältnisse, welche die Lebensbedingungen der Bourgeoisie und ihrer Herrschaft sind. Es genügt, die Handelskrisen zu nennen, welche in ihrer periodischen Wiederkehr immer drohender die Existenz der ganzen bürgerlichen Gesellschaft in Frage stellen. In den Handelskrisen wird ein großer Teil nicht nur der erzeugten Produkte, sondern der bereits geschaffenen Produktivkräfte regelmäßig vernichtet. In den Krisen bricht eine gesellschaftliche Epidemie aus, welche allen früheren Epochen als ein Widersinn erschienen wäre – die Epidemie der Überproduktion. Die Gesellschaft findet sich plötzlich in einen Zustand momentaner Barbarei zurückversetzt; eine Hungersnot, ein allgemeiner Vernichtungskrieg scheinen ihr alle Lebensmittel abgeschnitten zu haben; die Industrie, der Handel scheinen vernichtet, und warum? Weil sie zuviel Zivilisation, zuviel Lebensmittel, zuviel Industrie, zuviel Handel besitzt. Die Produktivkräfte, die ihr zur Verfügung stehen, dienen nicht mehr zur Beförderung der bürgerlichen Eigentumsverhältnisse; im Gegenteil, sie sind zu gewaltig für diese Verhältnisse geworden, sie werden von ihnen gehemmt; und sobald sie dies Hemmnis überwinden, bringen sie die ganze bürgerliche Gesellschaft in Unordnung, gefährden sie die Existenz des bürgerlichen Eigentums. Die bürgerlichen Verhältnisse sind zu eng geworden, um den von ihnen erzeugten Reichtum zu fassen. – Wodurch überwindet die Bourgeoisie die Krisen? Einerseits durch die erzwungene Vernichtung einer Masse von Produktivkräften; anderseits durch die Eroberung neuer Märkte und die gründlichere Ausbeutung alter Märkte. Wodurch also? Dadurch, daß sie allseitigere und gewaltigere Krisen vorbereitet und die Mittel, den Krisen vorzubeugen, vermindert.

Die Waffen, womit die Bourgeoisie den Feudalismus zu Boden geschlagen hat, richten sich jetzt gegen die Bourgeoisie selbst.

Aber die Bourgeoisie hat nicht nur die Waffen geschmiedet, die ihr den Tod bringen; sie hat auch die Männer gezeugt, die diese Waffen führen werden – die modernen Arbeiter, die *Proletarier.* [...]

Das Proletariat macht verschiedene Entwicklungsstufen durch. Sein Kampf gegen die Bourgeoisie beginnt mit seiner Existenz.

Im Anfang kämpfen die einzelnen Arbeiter, dann die Arbeiter einer Fabrik, dann die Arbeiter eines Arbeitszweiges an einem Ort gegen den einzelnen Bourgeois, der sie direkt ausbeutet. Sie richten ihre Angriffe nicht nur gegen die bürgerlichen Produktionsverhältnisse, sie richten sich gegen die Produktionsinstrumente selbst; sie vernichten die fremden konkurrierenden Waren, sie zerschlagen die Maschinen, sie stecken die Fabriken in Brand, sie suchen die untergegangene Stellung des mittelalterlichen Arbeiters wiederzuerringen.

Auf dieser Stufe bilden die Arbeiter eine über das Land zerstreute und durch die Konkurrenz zersplitterte Masse. Massenhaftes Zusammenhalten der Arbeiter ist noch nicht die Folge ihrer eigenen Vereinigung, sondern die Folge der Vereinigung der Bourgeoisie, die zur Erreichung ihrer eigenen politischen Zwecke das ganze Proletariat in Bewegung setzen muß und es einstweilen noch kann. Auf dieser Stufe bekämpfen die Proletarier also nicht ihre Feinde, sondern die Feinde ihrer Feinde, die Reste der absoluten Monarchie, die Grundeigentümer, die nichtindustriellen Bourgois, die Kleinbürger. Die ganze geschichtliche Bewegung ist so in den Händen der Bourgeoisie konzentriert; jeder Sieg, der so errungen wird, ist ein Sieg der Bourgeoisie.

Aber mit der Entwicklung der Industrie vermehrt sich nicht nur das Proletariat; es wird in größeren Massen zusammengedrängt, seine Kraft wächst, und es fühlt sie mehr. Die Interessen, die Lebenslagen innerhalb des Proletariats gleichen sich immer mehr aus, indem die Maschinerie mehr und mehr die Unterschiede der Arbeit verwischt und den Lohn fast überall auf ein gleich niedriges Niveau herabdrückt. Die wachsende Konkurrenz der Bourgeois unter sich und die daraus hervorgehenden Handelskrisen machen den Lohn der Arbeiter immer schwankender; die immer rascher sich entwickelnde, unaufhörliche Verbesserung der Maschinerie macht ihre ganze Lebensstellung immer unsicherer; immer mehr nehmen die Kollisionen zwischen dem einzelnen Arbeiter und dem einzelnen Bourgeois den Charakter von Kollisionen zweier Klassen an. Die Arbeiter beginnen damit, Koalitionen gegen die Bourgeois zu bilden; sie treten zusammen zur Behauptung ihres Arbeitslohns. Sie stiften selbst dauernde Assoziationen, um sich für die gelegentlichen Empörungen zu verproviantieren. Stellenweis bricht der Kampf in Emeuten [Aufständen] aus.

Von Zeit zu Zeit siegen die Arbeiter, aber nur vorübergehend. Das eigentliche Resultat ihrer Kämpfe ist nicht der unmittelbare Erfolg, sondern die immer weiter um sich greifende Vereinigung der Arbeiter. Sie wird befördert durch die wachsenden Kommunikationsmittel, die von der großen Industrie erzeugt werden und die Arbeiter der verschiedenen Lokalitäten miteinander in Verbindung setzen. Es bedarf aber bloß der Verbindung, um die vielen Lokalkämpfe von überall gleichem Charakter zu einem nationalen, zu einem Klassenkampf zu zentralisieren. Jeder Klassenkampf ist aber ein politischer Kampf. Und die Vereinigung, zu der die Bürger des Mittelalters mit ihren Vizinalwegen Jahrhunderte bedurften, bringen die modernen Proletarier mit den Eisenbahnen in wenigen Jahren zustande.

Diese Organisation der Proletarier zur Klasse, und damit zur politischen Partei, wird jeden Augenblick wieder gesprengt durch die Konkurrenz unter den Arbeitern selbst. Aber sie ersteht immer wieder, stärker, fester, mächtiger. Sie erzwingt die Anerkennung einzelner Interessen der Arbeiter in Gesetzesform, indem sie die Spaltungen der Bourgeoisie unter sich benutzt. So die Zehnstundenbill in England.

Die Kollisionen der alten Gesellschaft überhaupt fördern mannigfach den Entwicklungsgang des Proletariats. Die Bourgeoisie befindet sich in fortwährendem Kampfe: anfangs gegen die Aristokratie; später gegen die Teile der Bourgeoisie selbst, deren

Interessen mit dem Fortschritt der Industrie in Widerspruch geraten; stets gegen die Bourgeoisie aller auswärtigen Länder. In allen diesen Kämpfen sieht sie sich genötigt, an das Proletariat zu appellieren, seine Hülfe in Anspruch zu nehmen und es so in die politische Bewegung hineinzureißen. Sie selbst führt also dem Proletariat ihre eigenen Bildungselemente, d. h. Waffen gegen sich selbst, zu.

Es werden ferner, wie wir sahen, durch den Fortschritt der Industrie ganze Bestandteile der herrschenden Klasse ins Proletariat hinabgeworfen oder wenigstens in ihren Lebensbedingungen bedroht. Auch sie führen dem Proletariat eine Masse Bildungselemente zu.

In Zeiten endlich, wo der Klassenkampf sich der Entscheidung nähert, nimmt der Auflösungsprozeß innerhalb der herrschenden Klasse, innerhalb der ganzen alten Gesellschaft, einen so heftigen, so grellen Charakter an, daß ein kleiner Teil der herrschenden Klasse sich von ihr lossagt und sich der revolutionären Klasse anschließt, der Klasse, welche die Zukunft in ihren Händen trägt. Wie daher früher ein Teil des Adels zur Bourgeoisie überging, so geht jetzt ein Teil der Bourgeoisie zum Proletariat über, und namentlich ein Teil der Bourgeoisideologen, welche zum theoretischen Verständnis der ganzen geschichtlichen Bewegung sich hinaufgearbeitet haben.

Von allen Klassen, welche heutzutage der Bourgeoisie gegenüberstehen, ist nur das Proletariat eine wirklich revolutionäre Kraft. Die übrigen Klassen verkommen und gehen unter mit der großen Industrie, das Proletariat ist ihr eigenstes Produkt.

Die Mittelstände, der kleine Industrielle, der kleine Kaufmann, der Handwerker, der Bauer, sie alle bekämpfen die Bourgeoisie, um ihre Existenz als Mittelstände vor dem Untergang zu sichern. Sie sind also nicht revolutionär, sondern konservativ. Noch mehr, sie sind reaktionär, sie suchen das Rad der Geschichte zurückzudrehen. Sind sie revolutionär, so sind sie es im Hinblick auf den ihnen bevorstehenden Übergang ins Proletariat, so verteidigen sie nicht ihre gegenwärtigen, sondern ihre zukünftigen Interessen, so verlassen sie ihren eigenen Standpunkt, um sich auf den des Proletariats zu stellen.

Das Lumpenproletariat, diese passive Verfaulung der untersten Schichten der alten Gesellschaft, wird durch eine proletarische Revolution stellenweise in die Bewegung hineingeschleudert, seiner ganzen Lebenslage nach wird es bereitwilliger sein, sich zu reaktionären Umtrieben erkaufen zu lassen.

Die Lebensbedingungen der alten Gesellschaft sind schon vernichtet in den Lebensbedingungen des Proletariats. Der Proletarier ist eigentumslos; sein Verhältnis zu Weib und Kindern hat nichts mehr gemein mit dem bürgerlichen Familienverhältnis; die moderne industrielle Arbeit, die moderne Unterjochung unter das Kapital, dieselbe in England wie in Frankreich, in Amerika wie in Deutschland, hat ihm allen nationalen Charakter abgestreift. Die Gesetze, die Moral, die Religion sind für ihn ebenso viele bürgerliche Vorurteile, hinter denen sich ebenso viele bürgerliche Interessen verstecken.

Alle früheren Klassen, die sich die Herrschaft eroberten, suchten ihre schon erworbene Lebensstellung zu sichern, indem sie die ganze Gesellschaft den Bedingungen ihres Erwerbs unterwarfen. Die Proletarier können sich die gesellschaftlichen Produktivkräfte nur erobern, indem sie ihre eigene bisherige Aneignungsweise und damit die ganze bisherige Aneignungsweise abschaffen. Die Proletarier haben nichts von dem Ihrigen zu sichern, sie haben alle bisherigen Privatsicherheiten und Privatversicherungen zu zerstören.

Alle bisherigen Bewegungen waren Bewegungen von Minoritäten oder im Interesse von Minoritäten. Die proletarische Bewegung ist die selbständige Bewegung der ungeheuren Mehrzahl im Interesse der ungeheuren Mehrzahl. Das Proletariat, die unterste Schichte der jetzigen Gesellschaft, kann sich nicht erheben, nicht aufrichten, ohne daß der ganze Überbau der Schichten, die die offizielle Gesellschaft bilden, in die Luft gesprengt wird.

Obgleich nicht dem Inhalt, ist der Form nach der Kampf des Proletariats gegen die Bourgeoisie zunächst ein nationaler. Das Proletariat eines jeden Landes muß natürlich zuerst mit seiner eigenen Bourgeoisie fertig werden.

Indem wir die allgemeinsten Phasen der Entwicklung des Proletariats zeichneten, verfolgten wir den mehr oder minder versteckten Bürgerkrieg innerhalb der bestehenden Gesellschaft bis zu dem Punkt, wo er in eine offene Revolution ausbricht und durch den gewaltsamen Sturz der Bourgeoisie das Proletariat seine Herrschaft begründet.

Alle bisherige Gesellschaft beruhte, wie wir gesehn haben, auf dem Gegensatz unterdrückender und unterdrückter Klassen. Um aber eine Klasse unterdrücken zu können, müssen ihr Bedingungen gesichert sein, innerhalb derer sie wenigstens ihre knechtische Existenz fristen kann. Der Leibeigene hat sich zum Mitglied der Kommune in der Leibeigenschaft herangearbeitet wie der Kleinbürger zum Bourgeois unter dem Joch des feudalistischen Absolutismus. Der moderne Arbeiter dagegen, statt sich mit dem Fortschritt der Industrie zu heben, sinkt immer tiefer unter die Bedingungen seiner eigenen Klasse herab. Der Arbeiter wird zum Pauper, und der Pauperismus entwickelt sich noch schneller als Bevölkerung und Reichtum. Es tritt hiermit offen hervor, daß die Bourgeoisie unfähig ist, noch länger die herrschende Klasse der Gesellschaft zu bleiben und die Lebensbedingungen ihrer Klasse der Gesellschaft als regelndes Gesetz aufzuzwingen. Sie ist unfähig zu herrschen, weil sie unfähig ist, ihrem Sklaven die Existenz selbst innerhalb seiner Sklaverei zu sichern, weil sie gezwungen ist, ihn in eine Lage herabsinken zu lassen, wo sie ihn ernähren muß, statt von ihm ernährt zu werden. Die Gesellschaft kann nicht mehr unter ihr leben, d. h., ihr Leben ist nicht mehr verträglich mit der Gesellschaft.

Die wesentliche Bedingung für die Existenz und für die Herrschaft der Bourgeoisklasse ist die Anhäufung des Reichtums in den Händen von Privaten, die Bildung und Vermehrung des Kapitals; die Bedingung des Kapitals ist die Lohnarbeit. Die Lohnarbeit beruht ausschließlich auf der Konkurrenz der Arbeiter unter sich. Der Fortschritt der Industrie, dessen willenloser und widerstandsloser Träger die Bourgeoisie ist, setzt an die Stelle der Isolierung der Arbeiter durch die Konkurrenz ihre revolutionäre Vereinigung durch die Assoziation. Mit der Entwicklung der großen Industrie wird also unter den Füßen der Bourgeoisie die Grundlage selbst hinweggezogen, worauf sie produziert und die Produkte sich aneignet. Sie produziert vor allem ihren eigenen Totengräber. Ihr Untergang und der Sieg des Proletariats sind gleich unvermeidlich.

Simone Weil
Reflexionen über die Ursachen der Freiheit und sozialen Unterdrückung

Im Grunde gilt es zu untersuchen, was die Unterdrückung im allgemeinen und jede besondere Unterdrückungsform mit dem Produktionsregime verbindet. Oder anders: den Mechanismus der Unterdrückung begreifen, was sie hervorruft, aufrechterhält und vielleicht theoretisch beseitigen könnte. Das ist – oder ist fast – eine neue Frage. Seit Jahrhunderten haben großmütige Menschen die Macht der Unterdrücker als eine einfache Usurpation betrachtet, der man zu begegnen versuchen müsse entweder durch den bloßen Ausdruck radikaler Mißbilligung oder durch die bewaffnete Macht im Dienste der Gerechtigkeit. Die beiden Methoden brachten stets einen vollständigen Mißerfolg; nie war er jedoch bezeichnender als in jenem Augenblick, da er mit dem Anschein des Sieges auftrat, wie es in der Französischen Revolution geschah: Nachdem es tatsächlich gelungen war, eine bestimmte Unterdrückungsform zu beseitigen, wohnte man ohnmächtig der sofortigen Errichtung einer neuen Unterdrückung bei.

Die Reflexion über diesen weitreichenden Mißerfolg – die Krönung aller anderen – führte Marx zu dem Schluß, es sei unmöglich, die Unterdrückung abzuschaffen, solange die Ursachen, die sie unvermeidlich machen, fortbestehen. Und diese Ursachen gründeten in den objektiven, das heißt materiellen Bedingungen der gesellschaftlichen Organisation. So entwarf er eine völlig neue Konzeption der Unterdrückung, nicht mehr als Usurpation eines Privilegs, sondern als Organ einer gesellschaftlichen Funktion. Sie besteht in der Entwicklung der Produktivkräfte, solange diese Entwicklung harte Anstrengungen und schwere Entbehrungen erfordert. Zwischen der Produktionsentwicklung und der gesellschaftlichen Unterdrückung haben Marx und Engels wechselseitige Beziehungen entdeckt. Sie dachten, daß Unterdrückung nur dann einträte, wenn Produktionsfortschritte die Arbeitsteilung soweit getrieben hätten, daß Tausch, Heer und Regierung getrennte Funktionen bildeten. Andererseits erzeugt die einmal errichtete Unterdrückung die weitere Entwicklung der Produktivkräfte, sie verändert sich nach den Erfordernissen dieser Entwicklung, bis zu dem Tage, wo sie, eine Fessel und keine Hilfe mehr, ganz einfach verschwindet. Wie glänzend die konkreten Analysen auch sein mögen, mit denen die Marxisten ihr Schema illustrierten, und obwohl dies einen Fortschritt darstellt gegenüber der bisher üblichen naiven Entrüstung, kann man nicht sagen, daß der Unterdrückungsmechanismus dadurch deutlich geworden sei. Das Schema beschreibt nur teilweise dessen Entstehen: denn warum muß die Arbeitsteilung notwendig in Unterdrückung umschlagen? Auch läßt sich vernünftigerweise daraus nicht auf ihr Ende schließen. Wenn Marx zu zeigen glaubte, auf welche Weise das kapitalistische Regime letztlich die Produktion behindern würde, so hat er noch nicht einmal darzustellen versucht, daß heutzutage jedes andere Unterdrückungsregime sie gleichfalls behindern müßte. Überdies verzichtet er darauf zu untersuchen, weshalb Unterdrückung nicht fortbestehen könne, selbst nachdem sie ein Faktor ökonomischen Rückschritts geworden sei. Vor allem unterläßt es Marx zu erklären, warum Unterdrückung unbezwingbar sei, solange sie nützlich ist; warum revoltierenden Unterdrückten noch nie die Errichtung einer nichtunterdrückenden Gesellschaft gelang, sei es auf der Basis der Produktivkräfte ihrer Epoche, sei es sogar um den Preis eines ökonomischen Rückschritts, der kaum ihr Elend hätte vermehren können. Schließlich läßt er ganz und gar im dunkeln die allgemeinen Prinzipien jenes Mechanismus, kraft dessen eine bestimmte Form der Unterdrückung durch eine andere ersetzt wird.

Noch mehr, die Marxisten haben nicht allein keines dieser Probleme gelöst, aber sie glaubten noch nicht einmal, sie formulieren zu müssen. Es schien ihnen ausreichend, die soziale Unterdrückung dargestellt zu haben mit der These, sie entspreche einer Funktion im Kampf gegen die Natur. Überdies haben sie diesen Zusammenhang nur für das kapitalistische Regime konkretisiert. Wie dem auch sei, die Annahme, solch ein Zusammenhang sei eine Erklärung des Phänomens, heißt, unbewußt Lamarcks berühmtes, ebenso unverständliches wie bequemes Prinzip – »die Funktion schafft das Organ« – auf gesellschaftliche Organismen anwenden. Die Biologie begann als Wissenschaft erst, nachdem Darwin dieses Prinzip durch den Begriff der Existenzbedingungen ersetzt hatte. Der Fortschritt besteht darin, daß jetzt die Funktion nicht mehr als Ursache, sondern als Wirkung des Organs – der einzigen verständlichen Ordnung – begriffen wird. Die Kausalität wird nur noch einem blinden Mechanismus, der mit zufälligen Abänderungen kombinierten Erblichkeit, beigemessen. Dieser blinde Mechanismus kann selbsttätig durch Zufall nur irgend etwas erzeugen; die Anpassung des Organs an die Funktion bewirkt hier eine Begrenzung des Zufalls mit Hilfe der Beseitigung nicht lebensfähiger Strukturen. Anstelle einer geheimnisvollen Tendenz findet man eine Existenzbedingung, definiert durch die Beziehung des betreffenden Organismus zur leblosen und lebendigen Umwelt, besonders zu ähnlichen, rivalisierenden Organismen. Nunmehr ist die Anpassung an Lebewesen als äußere, nicht mehr innere Notwendigkeit begriffen. Selbstverständlich ist diese überzeugende Methode nicht allein in der Biologie gültig, sondern überall dort, wo organisierte Strukturen sich vorfinden, die niemand organisiert hat. Um die Soziologie wissenschaftlich begründen zu können, müßte man gegenüber dem Marxismus einen entsprechenden Fortschritt vollziehen wie jenen, den Darwin gegenüber Lamarck verwirklicht hat. Die Ursachen der gesellschaftlichen Entwicklung dürfen nirgendwo anders als in den täglichen Anstrengungen der als Individuen betrachteten Menschen gesucht werden. Diese Anstrengungen bewegen sich gewiß nicht ungezwungen nach da und dorthin; für den einzelnen werden sie bedingt vom Temperament, von der Erziehung, den Gewohnheiten, den Sitten, den Vorurteilen, den natürlichen oder erworbenen Bedürfnissen, von der Umwelt und besonders, ganz allgemein, von der menschlichen Natur – ein schwer definierbarer, aber wahrscheinlich nicht sinnloser Begriff. Aufgrund der fast unendlichen Vielfalt der Individuen und vor allem aufgrund der menschlichen Natur, die unter anderem die Macht besitzt zu erneuern, zu schaffen, sich zu transzendieren, würde dieses Geflecht ungeordneter Anstrengungen im Bereich gesellschaftlicher Organisation irgendein beliebiges Resultat erzeugen, wenn der Zufall nicht durch Existenzbedingungen begrenzt wäre, die jede Gesellschaft beachten muß, will sie der Unterjochung oder dem Untergang entgehen. [...]

Dennoch kann nichts auf der Welt das Gefühl des Menschen verhindern, für die Freiheit geboren zu sein. Niemals, was auch geschehen mag, kann er die Knechtschaft ertragen; denn er denkt. Nie hat er aufgehört, von einer grenzenlosen Freiheit zu träumen, sei es als vergangenes Glück, dessen eine Sühne ihn beraubte, sei es als künftiges Glück, das eine Art Pakt mit einer geheimnisvollen Vorsehung ihm gewährleiste. Der von Marx entworfene Kommunismus ist die neueste Form des Traums. Wie alle Träume blieb auch dieser bisher vergeblich, oder wenn er tröstete, war es wie ein Opium. Es ist endlich Zeit aufzuhören, von der Freiheit zu träumen; man muß sich entschließen, sie zu konzipieren.

Man muß sich bemühen, die vollkommene Freiheit klar zu entwerfen, nicht in der Hoffnung, sie zu erreichen, aber um eine weniger unvollkommene Freiheit zu erlangen, als sie unser gegenwärtiger Zustand gewährt. Denn das Beste ist nur durch das Vollkommene denkbar. Man kann sich auf ein Ideal allein hinbewegen. Das Ideal ist so wenig zu verwirklichen wie der Traum, aber im Unterschied zum Traum bezieht er sich auf die Realität. Er erlaubt es, als Kriterium wirkliche oder zu verwirklichende Situationen nach dem geringsten bis zum höchsten Wert einzuordnen. Die vollkommene Freiheit kann nicht begriffen werden als bloße Beseitigung jener Notwendigkeit, deren Druck wir ständig erleiden. Solange der Mensch leben wird, das heißt solange er ein winziges Fragment dieses erbarmungslosen Universums ist, wird der Druck der Notwendigkeit nie auch nur einen Augenblick nachlassen. Ein Zustand, der dem Menschen so viel Genuß und so wenig Mühe gewährte, wie es ihm gefiele, kann in unserer Welt nichts anderes als eine Fiktion sein. Gewiß zeigt die Natur, je nach dem Klima oder vielleicht auch nach den Epochen, den menschlichen Bedürfnissen gegenüber mehr Güte oder mehr Strenge. Aber eine wunderbare Erfindung erwarten, die sie überall und für immer gütig machte, das wäre ungefähr so vernünftig wie die Hoffnungen, die sich einstmals an das Jahr 1000 knüpften. Prüft man diese Fiktion überdies näher, dann ergibt sich noch nicht einmal, daß sie Bedauern verdient. Es genügt, die menschliche Schwäche zu berücksichtigen, um zu verstehen, daß ein Leben, das die Vorstellung der Arbeit so gut wie verbannt hätte, den Leidenschaften und vielleicht dem Wahnsinn ausgeliefert wäre. Es gibt keine Selbstbeherrschung ohne Disziplin, und für den Menschen gibt es keinen anderen Anlaß zur Disziplin als die von äußeren Hindernissen geforderte Anstrengung. Ein Volk von Müßiggängern könnte sich zum Spaß Hindernisse geben, es könnte sich der Wissenschaft, der Kunst, dem Spiel widmen. Aber die Anstrengungen, die allein der Phantasie entspringen, sind für den Menschen kein Mittel zur Beherrschung seiner eigenen Phantasien. Nur Hindernisse, gegen die man stößt und die man überwinden muß, geben Gelegenheit, sich selbst zu besiegen. Die scheinbar freieren Tätigkeiten der Wissenschaft, der Kunst, des Sports besitzen insofern einen Wert, als sie die der Arbeit eigene Genauigkeit, Strenge, Gewissenhaftigkeit nachahmen und sogar noch steigern. Ohne das Modell, das der Bauer, der Schmied, der Seemann ihnen unbewußt liefern, die – nach einem Ausdruck von bewunderungswürdigem Doppelsinn – arbeiten, wie es sich gehört, würden sie in reinster Willkür zugrunde gehen. Die einzige Freiheit, die dem Goldenen Zeitalter entspräche, ist die von Kleinkindern, deren Eltern ihnen keine Anstrengungen auferlegten. In Wirklichkeit wäre sie nur eine bedingungslose Unterwerfung unter Launen. Der menschliche Körper kann seine Abhängigkeit vom gewaltigen Universum, das ihn umfaßt, nicht unterbinden. Selbst wenn der

Mensch aufhörte, den Dingen oder den Menschen durch Bedürfnisse und Gefahren unterworfen zu sein, wäre er ihnen um so vollständiger durch Emotionen ausgeliefert, die ihn ständig bis ins Innerste erschüttern würden, ohne daß eine regelmäßige Tätigkeit ihn gegen sie beschützte. Verstände man unter Freiheit einfach die Abwesenheit jeglichen Zwanges, dann verlöre dieses Wort jede konkrete Bedeutung, aber es stellte dann für uns nicht das dar, dessen Entbehrung dem Leben seinen Wert entzieht.

Man kann unter Freiheit etwas anderes verstehen als die Möglichkeit, mühelos zu erhalten, was einem gefällt. Es gibt einen ganz anderen Freiheitsbegriff: den heroischen Begriff der Lebensweisheit. Die wirkliche Freiheit wird nicht durch die Beziehung zwischen Wunsch und Erfüllung definiert, sondern durch die zwischen Denken und Handeln. Vollständig frei wäre der Mensch, dessen Aktionen in einer vorherigen Erkenntnis des erstrebten Zwecks sowie der Verknüpfung der für die Erreichung des Zwecks geeigneten Mittel gründeten. Es ist unwichtig, ob diese Aktionen an sich leicht oder schmerzhaft sind, es ist sogar unwichtig, ob sie erfolgreich enden. Schmerz und Mißerfolg können den Menschen unglücklich machen, aber sie sind außerstande, ihn zu erniedrigen, solange er selbst über seine Fähigkeit zu handeln verfügt. Über seine eigenen Aktionen verfügen bedeutet keineswegs, willkürlich handeln. Die willkürlichen Aktionen gründen in keiner Erkenntnis und können daher eigentlich nicht als frei gelten. Jede Erkenntnis bezieht sich auf eine objektive Situation, folglich auf ein Gewebe von Notwendigkeiten. Der lebende Mensch kann keineswegs aufhören, allseitig durch eine absolut unerbittliche Notwendigkeit bedrängt zu werden. Aber da er denkt, kann er entscheiden: blind dem Stachel der äußeren Notwendigkeit nachgeben oder der inneren Vorstellung darüber. Hier ist der Gegensatz zwischen Knechtschaft und Freiheit. Die beiden Begriffe dieses Gegensatzes sind übrigens nur theoretische Grenzen, zwischen denen das menschliche Leben sich bewegt, ohne je eine erreichen zu können, sofern es nicht aufhören soll, Leben zu sein. Ein Mensch wäre vollständig versklavt, wenn alle seine Gesten einer anderen Quelle als seinem Denken entstammten: entweder den unvernünftigen Reaktionen des Körpers oder dem Denken eines anderen. Der hungrige Primitive, dessen Bewegungen die Krämpfe seines schmerzenden Leibes hervorrufen, der römische Sklave, stets auf die Befehle eines peitschenbewaffneten Aufsehers harrend, der moderne Fließbandarbeiter: sie sind diesem elenden Zustand nahe. Die vollständige Freiheit kann man im abstrakten Modell der Lösung eines arithmetischen oder geometrischen Problems finden, denn in einem Problem sind alle Lösungselemente gegeben. Und der Mensch kann Hilfe nur von seiner eigenen Erkenntnis erwarten, die allein fähig ist, zwischen diesen Elementen eine Beziehung herzustellen, die an sich die gesuchte Lösung bildet. Die Anstrengungen und Siege der Mathematik reichen über ein Blatt Papier, Königreich der Zeichen und Zeichnungen, nicht hinaus. Ein ganz freies Leben wäre ein solches, wo alle realen Schwierigkeiten sich als Probleme darstellten, wo alle Siege in Aktion umgesetzte Lösungen sein würden. Alle Erfolgselemente wären bereits gegeben, das heißt bekannt und gefügig wie die Zeichen des Mathematikers. Zur Erreichung eines gewünschten Resultats genügte es, diese Elemente miteinander zu verbinden mit Hilfe einer methodischen Anleitung, die das Denken nicht mehr einzelnen Federstrichen gäbe, sondern wirklichen Bewegungen, die in der Welt ihre Spuren hinterlassen würden. Noch deutlicher: die Ausführung irgendeines Werkes bestände aus einer Kombination von Anstrengungen, ebenso bewußt und methodisch wie die Kombination von Zahlen, kraft deren die Lösung eines Problems erfolgt, wenn sie in der Reflexion gründet. Der Mensch würde dann stets über sein eigenes Schicksal bestimmen, er würde in jedem Augenblick mit Hilfe eines Denkaktes die Bedingungen seiner Existenz schmieden. Gewiß führte ihn der einfache Wunsch zu nichts, er erhielte nichts umsonst, und sogar die Möglichkeiten wirksamer Anstrengung wären eng begrenzt. Aber allein die Tatsache, nichts erhalten zu können, ohne alle Mächte des Denkens und des Körpers eingesetzt zu haben, würde dem Menschen erlauben, sich unwiderruflich dem blinden Einfluß der Leidenschaften zu entreißen. Eine klare Sicht des Möglichen und des Unmöglichen, des Leichten und des Schwierigen, der Mühe, die das Projekt von seiner Erfüllung trennt, vermag allein unerfüllbare Wünsche und nutzlose Ängste auszulöschen. Daraus und aus nichts anderem ergeben sich sowohl Mäßigung wie Mut – Tugenden, ohne die das Leben ein schändlicher Wahn wird. Überdies entspringt jede Tugend dem Zusammenstoß des menschlichen Denkens und einer Materie ohne Nachsicht oder Perfidie. Nichts Größeres ist für den Menschen denkbar als ein Schicksal, das ihn unmittelbar mit der nackten Notwendigkeit konfrontiert, ohne daß er etwas anderes als etwas von sich erwarten könnte, so daß sein Leben eine fortwährende Schöpfung seiner selbst durch sich selber wäre. Der Mensch ist ein begrenztes Wesen, dem es nicht gegeben ist, gleich dem Gott der Theologen, unmittelbarer Urheber seiner eigenen Existenz zu sein. Aber der Mensch besäße das Äquivalent jener göttlichen Macht, wären die materiellen Bedingungen, die sein Dasein erlauben, ausschließlich das Werk seines die Muskelkraft lenkenden Denkens. Das wäre die wirkliche Freiheit.

Diese Freiheit ist nur ein Ideal, in der Wirklichkeit so unmöglich wie die von einem Bleistift gezogene vollkommene Gerade. Aber es wäre nützlich, dieses Ideal zu konzipieren, wenn wir zugleich bemerken, was uns davon trennt, welche Umstände uns ihm näherbringen oder von ihm entfernen können. Das erste Hindernis ist die Komplexität und Weite der Welt, mit der wir konfrontiert sind und die die Möglichkeiten unseres Verstandes unendlich übertrifft. Die Schwierigkeiten des wirklichen Lebens sind keine unserem Maßstab entsprechenden Probleme; sie ähneln Problemen, deren Größen in unendlicher Zahl vorhanden wären, denn die Materie ist doppelt unbegrenzt: in ihrer Ausdehnung und in ihrer Teilbarkeit. So ist es dem menschlichen Geist unmöglich, alle Faktoren zu berücksichtigen, die den Erfolg der scheinbar einfachsten Aktion bedingen. Jede Situation erlaubt zahllose Zufälle, und die Dinge entgleiten unserem Denken wie eine Flüssigkeit, die man mit den Händen greifen wollte. So hat es den Anschein, als könnte das Denken sich nur in sinnlosen Zeichenkombinationen bekunden und als müßte die Aktion blindes Umhertasten sein. Aber tatsächlich verhält es sich anders. Gewiß können wir nie mit ganzer Sicherheit handeln, aber das ist weniger wichtig, als man es glauben könnte. Wir vermögen leicht zu ertragen, daß die Folgen unserer Aktionen von unkontrollierten Zufällen abhängen. Aber dem Zufall müssen gebieterisch die Aktionen selbst entzogen werden, um sie der Lenkung des Denkens unterzuordnen. Zu diesem Zweck genügt es, daß der Mensch eine Kette von Vermittlungen zu denken vermag, welche die Bewegungen, deren er fähig ist, mit den von ihm erstrebten Resultaten vereint. Das kann er häufig tun dank der relativen Stabilität, die, ungeachtet der blinden Bewegungen des Universums, den menschlichen Organismus auszeichnet und allein dessen Existenz ermöglicht. Natürlich ist diese Vermittlungskette nur ein abstraktes Schema; geht man an die Ausführung, dann können Unfälle in jedem Augenblick die besten Pläne durchkreuzen. Aber wenn der Verstand den durchzuführenden abstrakten Aktionsplan zu entwerfen wußte, dann bedeutet es, daß es ihm gelang, den Bereich des Zufalls – ohne ihn ausschalten zu können – einzuengen und zu begrenzen, ihn sozusagen zu filtern vermittels einer auf den Plan bezogenen Klassifizierung der unendlichen Anzahl möglicher Zufälle in einige genau bestimmte Serien. So ist der Geist unfähig, inmitten des Meeres sich mit den zahllosen Strömungen des Windes und des Wassers zurechtzufinden; setzt man jedoch in diese Strömungen ein Boot aus, dessen Segel und Steuer auf bestimmte Art eingestellt sind, dann kann man eine Liste jener Aktionen entwerfen, die sich mit ihm durchführen lassen. So sind alle Werkzeuge mehr oder weniger vollkommene Instrumente zur Definition der Zufälle. Der Mensch könnte derart den Zufall beseitigen, wenn nicht in seiner Umwelt, so wenigstens in sich selber. Gleichwohl ist gerade das ein unerreichbares Ideal. Die Welt bietet zu viele Situationen, deren Komplexität uns überragt, als daß der Instinkt, die Routine, das Herumtasten, die Improvisation je aufhören könnten, unsere Arbeiten zu beeinflussen. Der Mensch vermag nichts anderes, als diesen Einfluß, dank der Fortschritte von Wissenschaft und Technik, immer mehr einzuschränken. Wichtig ist, ihn unterzuordnen, damit er die Methode nicht hindere, die eigentliche Seele der Arbeit zu bilden. Er muß auch als vorübergehend erscheinen, Routine und Herumtasten dürfen nie als Aktionsprinzipien gelten, sondern als Hilfsmittel zur Ausfüllung der Lücken des methodischen Denkens. Die wissenschaftlichen Hypothesen leisten hierbei eine gewaltige Hilfe, indem sie halbbekannte Phänomene als durch die gleichen Gesetze bestimmt darstellen wie die bereits klar bekannten. Und sogar dort, wo wir gar nichts wissen, können wir annehmen, ähnliche Gesetze seien anwendbar. Das reicht aus, um, wenn nicht die Unwissenheit, so doch das Gefühl des Geheimnisses zu beseitigen und das Verständnis dafür wachzurufen, daß wir in einer Welt leben, in der der Mensch nur von sich selbst Wunder erwarten darf.

Bertrand Russell
Abriß der Weltgeschichte

(für den Gebrauch in Kindergärten auf dem Mars)

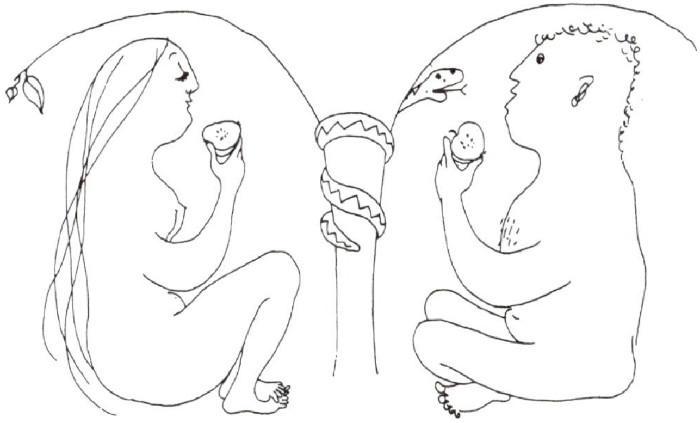

Seitdem Adam und Eva von dem Apfel aßen,

hat sich der Mensch von keiner Verrücktheit abbringen lassen,

zu der er fähig war.

John O'Donohue
Unterwegs zu einer neuen Gemeinschaft

Unsere Kultur ist komplex und ruhelos. Wir haben einen unfehlbaren Blick für Autoritarismus und Bevormundung – solange sie sich in ihren direkten und offensichtlichen Erscheinungsformen zeigen. Ironischerweise sind wir umgekehrt vollkommen blind, sobald es darum geht, die unterschwellige, aber nahezu absolute Bevormundung zu erkennen, die das zum System erhobene Konsumdenken auf uns ausübt. Auf der einen Seite sind wir überzeugte Streiter für Meinungsfreiheit und Selbstbestimmung und auf der anderen hörige Jünger der Göttin Quantität. Unser forscher Zynismus und unsere bereitwillige Habgier haben, ohne daß wir es merkten, riesige Flächen des unsichtbaren Gewebes zerstört, das jeder Gemeinschaft überhaupt erst Zusammenhalt gibt. Unsere Gesellschaft ist süchtig nach dem Spektakulären, das sie dementsprechend unaufhörlich produziert, fördert und aufbläht. Das unsichtbare Gewebe, das jeder echten Zugehörigkeit Halt verleiht, ist niemals spektakulär; es ist im Gegenteil leise und unaufdringlich. Um als Gesellschaft überleben zu können, müssen wir unsere verlorenen und vergessenen Fähigkeiten zur Gemeinschaft wiedererwecken und zurückgewinnen. Sie können unsere Abspaltung von unserer wahren Natur heilen.

Eine dieser leisen Tugenden ist das Ehrgefühl. Die heutige Psychologie und Spiritualität sprechen davon, wir sollten »unsere inneren Fähigkeiten« oder »Anlagen ehren«; die empfohlene Betrachtungsweise ist unweigerlich subjektiv und bisweilen sogar narzißtisch. Ehre ist eine viel weitere und tiefere Seinsform. Das irische Wort *úaisleacht* bringt sie sehr schön zum Ausdruck. Es bedeutet soviel wie »Seelenadel« und läßt »Ehre«, »Würde« und »Gelassenheit« mit anklingen. Ein Mensch kann wild, schöpferisch und durch und durch leidenschaftlich sein und sich dennoch seine *úaisleacht* bewahren. Dies darf nun nicht als Befürwortung irgendeiner Art von Ehrenkodex mißverstanden werden; solche Normen verkommen stets zu bloßen Äußerlichkeiten und elitären Abgrenzungsmechanismen. Ich spreche von der Notwendigkeit, das *Gefühl* von Ehre wiederzufinden. Die Wiedererweckung unseres Ehrgefühls würde für eine fortschreitende Schwächung der uns gängelnden Boulevardblatt-Konventionen und Zwänge sorgen. Ein wiedergewonnenes Ehrgefühl würde uns auch einen Blick für die Risse und die Hohlheit des allgewaltigen Imperiums des Scheins und der Meinungsmache geben. Das Fernsehen könnte aufhören, ein bloße Bühne für Seifenopern und Werbespots zu sein. Der Bildschirm könnte zu einem getreuen Spiegel unserer wirklichen Anliegen werden. Anstelle der immergleichen und immer gleich belanglosen Pseudofragen, deren Erörterung nichts anderes fördert als unsere Passivität und Klatschsucht, könnte das Fernsehen uns einige der wirklichen, schwerwiegenden Probleme, mit denen die heutige Welt zu kämpfen hat, näherbringen. Wie wäre es beispielsweise, wenn sich eine Sendung mit dem Titel ›Die unbequeme Frage‹ ehrlich und gewissenhaft der grundlegenden Probleme annähme, die die Medien prinzipiell auszusparen pflegen?

Ehrgefühl in unserem Verhalten anderen Menschen gegenüber würde auch zu einer respektvollen Gegenreaktion animieren; zu der Einsicht, daß jeder Mensch unseres Respekts würdig ist; niemand sollte gezwungen sein, sich Respekt zu *verdienen*. Es könnte auch das Wiedererwachen eines natürlichen Gefühls für Höflichkeit bedeuten. Ein höflicher Mensch ist etwas Schönes; wir leben in einer bisweilen sehr vulgären Zeit.

Mitgefühl ist eine weitere solche leise Tugend. Wir machen derzeit eine katastrophale Krise des Mitgefühls durch. Diese Krise hat nichts damit zu tun, daß wir grundsätzlich außerstande wären, Mitleid mit anderen zu empfinden. Sie hängt eher damit zusammen, daß die konstante Überflutung mit Bildern des Grauens, das sich täglich überall auf der Welt abspielt, unsere Mit-Leidensfähigkeit abstumpfen läßt. Wir fühlen uns zunehmend ohnmächtig und verlieren bald jede Hoffnung. Wir sollten uns allerdings vergegenwärtigen, daß uns die emotionale Betäubung wenigstens zum Teil durchaus gelegen kommt. Wenn wir uns den quälenden Bildern nicht entziehen können, lassen wir uns einfach von diesem Gefühl von Ohnmacht übermannen, und schon können wir uns wieder in den Kokon von Selbstzufriedenheit zurückziehen, den unser privilegiertes Leben uns bietet. Schmerzen und Widrigkeiten kennen wir nur insofern, als sie uns selbst oder unsere nächsten Freunde und Verwandten betreffen; mit den Hungernden, den Besitzlosen, den Unterdrückten dieser Welt kommen wir so gut wie nie in Berührung. Ihre für uns bequeme Abwesenheit von unserem Leben hat zur Folge, daß wir nie dazu kommen, den zwingenden Schluß zu ziehen und zwischen unserer behaglichen Geborgenheit und dem entsetzlichen Dasein, zu dem unsere wehrlosen Brüder und Schwestern verurteilt sind, den Zusammenhang herzustellen. Keiner von uns ist mehr als einige wenige Schritte vom nächsten Armen, Obdachlosen, Gefangenen oder Süchtigen entfernt. Unsere Privilegien verleihen uns einen beträchtlichen Einfluß. Wir haben die Pflicht, für all diejenigen, die selbst keine Stimme haben – oder denen niemand zuhört –, das Wort zu ergreifen. Die Übung des tätigen Mitgefühls würde uns zu Bewußtsein führen, daß keines unserer Brüder und Schwestern es verdient, ausgeschlossen oder an den Rand der Gesellschaft gedrängt zu werden, wo das Leben nur Schmerz und Hoffnungslosigkeit bedeutet. Wir sollten wenigstens einen Anfang machen, indem wir mit diesen benachteiligten Mitgliedern der Menschheitsfamilie *reden*. Dies würde uns die Augen öffnen. Und wenn unser Mitleid erwacht, wird unser Verantwortungsgefühl aktiv und schöpferisch. Überlassen wir uns dagegen der Gleichgültigkeit, versündigen wir uns an den vollkommen unverdienten – und unverdien*baren* – Gaben, mit denen wir so großzügig gesegnet worden sind. Der Genuß von Privilegien verpflichtet zu absoluter Integrität.

Hoffnung ist eine weitere leise Tugend. Wir leben in einer Kultur, die von einem unerbittlichen Dauerregen aus abstrakten Informationspartikeln überschwemmt wird. Ein Großteil dieser Informationsflut zielt auf nichts anderes ab, als uns möglichst detailliert vorzuführen, wie katastrophal unsere Lage ist. Leihen wir aber den Unkenrufen der Weltuntergangspropheten Gehör, überlassen wir uns dem verlockenden, bequemen Gefühl der Ohnmacht und tragen damit indirekt dazu bei, daß das drohende

Verhängnis näher und näher rückt. Es ist immer wieder verblüffend, wie leicht die Menschen bereit sind, ihre persönliche Macht abzugeben und zu Jüngern der Hilflosigkeit zu werden. Dies erklärt den allgegenwärtigen schillernden Zynismus, der unsere Zeit beherrscht. Der Zynismus ist eine sehr interessante Geisteshaltung. Hinter der ätzenden Gewißheit des Zynikers verbirgt sich stets eine enttäuschte Sehnsucht. Es erfordert schon eine ganze Menge Energie, ein konsequenter Zyniker zu sein. Das Leben bietet immer wieder Gelegenheiten und Chancen zur Freude. Die Zeit kann nicht anders als eine Tür in die Ewigkeit sein. Selbst im zynischsten Herzen kann sich die schlummernde Ewigkeit jederzeit regen. Es kostet eine beträchtliche Menge Energie, die erwachende Einladung immer wieder aufs neue zu unterdrücken. Sachliche Argumente können den Zyniker nicht umstimmen, sondern bestätigen ihn nur in seiner negativen Gewißheit. Eine subtilere Vorgehensweise, die weniger die Sache als die Überreste der enttäuschten Sehnsucht anspricht, kann allerdings eine Veränderung einleiten. Unsere Welt ist viel zu schön und unsere innere Ewigkeit zu herrlich, als daß wir uns der Hoffnungslosigkeit und dem Zynismus ergeben dürften. Das menschliche Herz ist eine Bühne der Sehnsüchte. Unter jeder verhärteten, schillernden Oberfläche – sei es die eines Systems oder eines Wirtschaftsunternehmens – liegt eine ganze Region der Sehnsucht, die ebenso gewiß davon träumt, zu einem neuen Leben der Freiheit und Liebe zu erwachen, wie der Winter vom Frühling träumt.

Es gibt noch viele weitere leise Tugenden wie Anteilnahme, Geduld, Vertrauen, Treue. Wenn wir ein paar von ihnen wieder in uns wachriefen, könnte nach und nach ein neues Gemeinschaftsgefühl entstehen. Diese Tugenden sind die wichtigsten sittlichen Ideale aller großen religiösen Traditionen. Bedauerlicherweise werden diese Traditionen in zunehmendem Maße von verängstigten Funktionären bewahrt und repräsentiert, die keine andere Möglichkeit kennen, sich ihres Amtes zu entledigen, als durch Erlasse und Vorschriften. Nur wenige von ihnen haben die erforderliche Sensibilität und Vorstellungskraft, um unsere Sehnsucht auf eine Weise ansprechen zu können, die unsere seelische Ungezähmtheit und Komplexität respektiert. Wir müssen unsere persönliche Macht wieder einfordern und unser Recht wahrnehmen, die Tradition, der wir jeweils angehören, auf eine kreative und kritische Weise aufleben zu lassen. Wir haben den Funktionären gestattet, uns einzureden, sie hätten die Wahrheit gepachtet und seien die rechtmäßigen Hüter unserer Traditionen. Eine große Tradition ist ein geräumiges, gastliches Haus für unseren »Seelenadel« und unsere verzweifelte Sehnsucht. Wir müssen unsere Zugehörigkeit auf eine neue, kritische Weise wahrnehmen.

Herbert Rosendorfer
Stichwort Frieden (Organisation des ...)

Die mangelnde Akzeptanz des Friedens ist darauf zurückzuführen, daß der Frieden, im Gegensatz zum Krieg, nicht ausreichend organisiert ist. Es ist daher unerläßlich, den friedliebenden Teil der Bevölkerung straff in Friedenseinheiten zusammenzufassen. Je 10 Friedenswillige werden von einem Friedenswart betreut und befehligt, der dafür sorgt, daß friedliche Gesinnung unverzüglich nach Feierabend eintritt und bis zur Bettruhe eingehalten wird. Je 10 Friedensgruppen (Friedenswartzuständigkeiten) unterstehen einem Friedensmeister, je 10 Friedensmeister einem Friedenskommandanten. Ab Friedensstabschef, dem Vorgesetzten der Friedenskommandanten, wird das *F* auf der Mütze statt in Silber in Gold getragen, vom Friedensstabsdirektor aufwärts mit Eichenlaubranke.

Alljährlich einmal wird eine Friedensübung abgehalten, die für alle Angehörigen der Friedenseinheiten obligatorisch ist. Den Abschluß der Friedensübung bildet der Vorbeimarsch am Friedenskorpsinspekteur. Die Fahne der Friedenseinheiten zeigt auf

Himmelblau eine weiße Taube mit Palmzweig. Die genauen Maße sind den Dienstanweisungen / Anlage B zu entnehmen. Das Friedenstrompeterkorps untersteht einem Generalfriedensmusikchef, der für die tadellose Intonation des Friedensliedes: »Kommt ein Täuberl geflogen« verantwortlich ist. Der Friedensgruß ist einheitlich: »Fried! Heil!«.

gez. Friedl, Friedebert
Generalfriedensbrigadier

Bertolt Brecht
Der Zweifler

Immer wenn uns
Die Antwort auf eine Frage gefunden schien
Löste einer von uns an der Wand die Schnur der alten
Aufgerollten chinesischen Leinwand, so daß sie herabfiel und
Sichtbar wurde der Mann auf der Bank, der
So sehr zweifelte.

Ich, sagte er uns
Bin der Zweifler, ich zweifle, ob
Die Arbeit gelungen ist, die eure Tage verschlungen hat.
Ob was ihr gesagt, auch schlechter gesagt, noch für einige Wert hätte.
Ob ihr es aber gut gesagt und euch nicht etwa
Auf die Wahrheit verlassen habt dessen, was ihr gesagt habt.
Ob es nicht vieldeutig ist, für jeden möglichen Irrtum
Tragt ihr die Schuld. Es kann auch eindeutig sein
Und den Widerspruch aus den Dingen entfernen; ist es zu eindeutig?

Dann ist es unbrauchbar, was ihr sagt. Euer Ding ist dann leblos.
Seid ihr wirklich im Fluß des Geschehens? Einverstanden mit
Allem, was wird? Werdet ihr noch? Wer seid ihr? Zu wem
Sprecht ihr? Wem nützt es, was ihr da sagt? Und nebenbei:
Läßt es auch nüchtern? Ist es am Morgen zu lesen?
Ist es auch angekündigt an Vorhandenes? Sind die Sätze, die
Vor euch gesagt sind, benutzt, wenigstens widerlegt? Ist alles belegbar?
Durch Erfahrung? Durch welche? Aber vor allem
Immer wieder vor allem andern: Wie handelt man
Wenn man euch glaubt, was ihr sagt? Vor allem: Wie handelt man?

Nachdenklich betrachteten wir mit Neugier den zweifelnden
Blauen Mann auf der Leinwand, sahen uns an und
Begannen von vorne.

Gotthold Ephraim Lessing
Die Erziehung des Menschengeschlechts

§ 91

Geh deinen unmerklichen Schritt, ewige Vorsehung! Nur laß mich dieser Unmerklichkeit wegen an dir nicht verzweifeln. - Laß mich an dir nicht verzweifeln, wenn selbst deine Schritte mir scheinen sollten, zurück zu gehen! - Es ist nicht wahr, daß die kürzeste Linie immer die gerade ist.

§ 92

Du hast auf deinem ewigen Wege so viel mitzunehmen! so viel Seitenschritte zu thun! - Und wie? wenn es nun gar so gut als ausgemacht wäre, daß das große langsame Rad, welches das Geschlecht seiner Vollkommenheit näher bringt, nur durch kleinere schnellere Räder in Bewegung gesetzt würde, deren jedes sein Einzelnes eben dahin liefert?

§ 93

Nicht anders! Eben die Bahn, auf welcher das Geschlecht zu seiner Vollkommenheit gelangt, muß jeder einzelne Mensch (der früher, der später) erst durchlaufen haben. - »In einem und eben demselben Leben durchlaufen haben? Kann er in eben demselben Leben ein sinnlicher Jude und ein geistiger Christ gewesen seyn? Kann er in eben demselben Leben beyde überhohlet haben?«

§ 94

Das wohl nun nicht! - Aber warum könnte jeder einzelne Mensch auch nicht mehr als einmal auf dieser Welt vorhanden gewesen seyn?

§ 95

Ist diese Hypothese darum so lächerlich, weil sie die älteste ist? Weil der menschliche Verstand, ehe ihn die Sophisterey der Schule zerstreut und geschwächt hatte, sogleich darauf verfiel?

§ 96

Warum könnte auch Ich nicht hier bereits einmal alle die Schritte zu meiner Vervollkommnung gethan haben, welche blos zeitliche Strafen und Belohnungen den Menschen bringen können?

§ 97

Und warum nicht ein andermal alle die, welche zu thun, uns die Aussichten in ewige Belohnungen so mächtig helfen?

§ 98

Warum sollte ich nicht so oft wiederkommen, als ich neue Kenntnisse, neue Fertigkeiten zu erlangen geschickt bin? Bringe ich auf einmal so viel weg, daß es der Mühe wieder zu kommen etwa nicht lohnet?

§ 99

Darum nicht? - Oder, weil ich es vergesse, daß ich schon da gewesen? Wohl mir, daß ich das vergesse. Die Erinnerung meiner vorigen Zustände, würde mir nur einen schlechten Gebrauch des gegenwärtigen zu machen erlauben. Und was ich auf itzt vergessen *muß*, habe ich denn das auf ewig vergessen?

§ 100

Oder, weil so zu viel Zeit für mich verloren gehen würde? - Verloren? - Und was habe ich denn zu versäumen? Ist nicht die ganze Ewigkeit mein?

Immanuel Kant
Der kategorische Imperativ

Der kategorische Imperativ ist also ein einziger und zwar dieser: *handle nur nach derjenigen Maxime, durch die du zugleich wollen kannst, daß sie ein allgemeines Gesetz werde.*

Wenn nun aus diesem einzigen Imperativ alle Imperative der Pflicht als aus ihrem Prinzip abgeleitet werden können, so werden wir, ob wir es gleich unausgemacht lassen, ob nicht überhaupt das, was man Pflicht nennt, ein leerer Begriff sei, doch wenigstens anzeigen können, was wir dadurch denken und was dieser Begriff sagen wolle.

Weil die Allgemeinheit des Gesetzes, wonach Wirkungen geschehen, dasjenige ausmacht, was eigentlich *Natur* im allgemeinsten Verstande (der Form nach), das ist das Dasein der Dinge, heißt, sofern es nach allgemeinen Gesetzen bestimmt ist, so könnte der allgemeine Imperativ der Pflicht auch so lauten: *handle so, als ob die Maxime deiner Handlung durch deinen Willen zum allgemeinen Naturgesetze werden sollte.*

Nun wollen wir einige Pflichten herzählen, nach der gewöhnlichen Einteilung derselben in Pflichten gegen uns selbst und gegen andere Menschen, in vollkommene und unvollkommene Pflichten.

1. Einer, der durch eine Reihe von Übeln, die bis zur Hoffnungslosigkeit angewachsen ist, einen Überdruß am Leben empfindet, ist noch soweit im Besitze seiner Vernunft, daß er sich selbst fragen kann, ob es auch nicht etwa der Pflicht gegen sich selbst zuwider sei, sich das Leben zu nehmen. Nun versucht er: ob die Maxime seiner Handlung wohl ein allgemeines Naturgesetz werden könne. Seine Maxime aber ist: ich mache es mir aus Selbstliebe zum Prinzip, wenn das Leben bei seiner längeren Frist mehr Übel droht, als es Annehmlichkeit verspricht, es mir abzukürzen. Es fragt sich nur noch, ob dieses Prinzip der Selbstliebe ein allgemeines Naturgesetz werden könne. Da sieht

man aber bald, daß eine Natur, deren Gesetz es wäre, durch dieselbe Empfindung, deren Bestimmung es ist, zur Beförderung des Lebens anzutreiben, das Leben selbst zu zerstören, ihr selbst widersprechen und also nicht als Natur bestehen würde, mithin jene Maxime unmöglich als allgemeines Naturgesetz stattfinden könne und folglich dem obersten Prinzip aller Pflicht gänzlich widerstreite.

2 . Ein anderer sieht sich durch Not gedrungen, Geld zu borgen. Er weiß wohl, daß er nicht wird bezahlen können, sieht aber auch, daß ihm nichts geliehen werden wird, wenn er nicht festiglich verspricht, es zu einer bestimmten Zeit zu bezahlen. Er hat Lust, ein solches Versprechen zu tun; aber noch hat er soviel Gewissen, sich zu fragen: ist es nicht unerlaubt und pflichtwidrig, sich auf solche Art aus Not zu helfen? Gesetzt, er beschlösse es doch, so würde seine Maxime der Handlung so lauten: wenn ich mich in Geldnot zu sein glaube, so will ich Geld borgen und versprechen, es zu bezahlen, ob ich gleich weiß, es werde niemals geschehen. Nun ist dieses Prinzip der Selbstliebe oder der eigenen Zuträglichkeit mit meinem ganzen künftigen Wohlbefinden vielleicht wohl zu vereinigen, allein jetzt ist die Frage: ob es recht sei? Ich verwandle also die Zumutung der Selbstliebe in ein allgemeines Gesetz und richte die Frage so ein: wie es dann stehen würde, wenn meine Maxime ein allgemeines Gesetz würde. Da sehe ich nun sogleich, daß sie niemals als allgemeines Naturgesetz gelten und mit sich selbst zusammenstimmen könne, sondern sich notwendig widersprechen müsse. Denn die Allgemeinheit eines Gesetzes, daß jeder, nachdem er in Not zu sein glaubt, versprechen könne, was ihm einfällt mit dem Vorsatz, es nicht zu halten, würde das Versprechen und den Zweck, den man damit haben mag, selbst unmöglich machen, indem niemand glauben würde, daß ihm was versprochen sei, sondern über alle solche Äußerung als eitles Vorgeben lachen würde.

3 . Ein dritter findet in sich ein Talent, welches vermittelst einiger Kultur ihn zu einem in allerlei Absicht brauchbaren Menschen machen könnte. Er sieht sich aber in bequemen Umständen und zieht vor, lieber dem Vergnügen nachzuhängen, als sich mit

Erweiterung und Verbesserung seiner glücklichen Naturanlagen zu bemühen. Noch fragt er aber, ob außer der Übereinstimmung, die seine Maxime der Verwahrlosung seiner Naturgaben mit seinem Hange zur Ergötzlichkeit an sich hat, sie auch mit dem, was man Pflicht nennt, übereinstimme? Da sieht er nun, daß zwar eine Natur nach einem solchen allgemeinen Gesetze immer noch bestehen könne, obgleich der Mensch (sowie der Südsee-Einwohner) sein Talent rosten ließe und sein Leben bloß auf Müßiggang, Ergötzlichkeit, Fortpflanzung, mit einem Wort auf Genuß zu verwenden bedacht wäre; allein er kann unmöglich wollen, daß dieses ein allgemeines Naturgesetz werde oder als ein solches in uns durch Naturinstinkt gelegt sei. Denn als ein vernünftiges Wesen will er notwendig, daß alle Vermögen in ihm entwickelt werden, weil sie ihm doch zu allerlei möglichen Absichten dienen und gegeben sind.

Noch denkt ein *vierter*, dem es wohl geht, indessen er sieht, daß andere mit großen Mühseligkeiten zu kämpfen haben (denen er auch wohl helfen könnte): was gehts mich an? mag doch ein jeder so glücklich sein, als es der Himmel will oder er sich selbst machen kann, ich werde ihm nichts entziehen, ja nicht einmal beneiden; nur zu seinem Wohlbefinden oder seinem Beistande in der Not habe ich nicht Lust etwas beizutragen! Nun könnte allerdings, wenn eine solche Denkungsart ein allgemeines Naturgesetz würde, das menschliche Geschlecht gar wohl bestehen und ohne Zweifel noch besser, als wenn jedermann von Teilnehmung und Wohlwollen schwatzt, auch sich beeifert, gelegentlich dergleichen auszuüben, dagegen aber auch, wo er nur kann, betrügt, das Recht der Menschen verkauft oder ihm sonst Abbruch tut. Aber obgleich es möglich ist, daß nach jener Maxime ein allgemeines Naturgesetz wohl bestehen könnte, so ist es doch unmöglich, zu *wollen*, daß ein solches Prinzip als Naturgesetz allenthalben gelte. Denn ein Wille, der dieses beschlösse, würde sich selbst widerstreiten, indem der Fälle sich doch manche ereignen können, wo er anderer Liebe und Teilnehmung bedarf, und wo er durch ein solches aus seinem eigenen Willen entsprungenes Naturgesetz sich selbst alle Hoffnung des Beistandes, den er sich wünscht, rauben würde.

Dieses sind nun einige von den vielen wirklichen oder wenigstens von uns dafür gehaltenen Pflichten, deren Ableitung aus dem einigen angeführten Prinzip klar in die Augen fällt. Man muß *wollen können*, daß eine Maxime unserer Handlung ein allgemeines Gesetz werde: dies ist der Kanon der moralischen Beurteilung derselben überhaupt. Einige Handlungen sind so beschaffen, daß ihre Maxime ohne Widerspruch nicht einmal als allgemeines Naturgesetz *gedacht* werden kann; weit gefehlt, daß man noch *wollen* könne, es *sollte* ein solches werden. Bei anderen ist zwar jene innere Unmöglichkeit nicht anzutreffen, aber es ist doch unmöglich zu *wollen*, daß ihre Maxime zur Allgemeinheit eines Naturgesetzes erhoben werde, weil ein solcher Wille sich selbst widersprechen würde. Man sieht leicht: daß die erstere der strengen oder engeren (unnachlaßlichen) Pflicht, die zweite nur der weiteren (verdienstlichen) Pflicht widerstreite, und so alle Pflichten, was die Art der Verbindlichkeit (nicht das Objekt ihrer Handlung) betrifft, durch diese Beispiele in ihrer Abhängigkeit von dem einen Prinzip vollständig aufgestellt werden. [...]

Der Wille wird als ein Vermögen gedacht, *der Vorstellung gewisser Gesetze* gemäß sich selbst zum Handeln zu bestimmen. Und ein solches Vermögen kann nur in vernünftigen Wesen anzutreffen sein. Nun ist das, was dem Willen zum objektiven Grunde seiner Selbstbestimmung dient, der *Zweck*, und dieser, wenn er durch bloße Vernunft gegeben wird, muß für alle vernünftige Wesen gleich gelten. Was dagegen bloß den Grund der Möglichkeit der Handlung enthält, deren Wirkung Zweck ist, heißt das *Mittel*. Der subjektive Grund des Begehrens ist die *Triebfeder*, der objektive des Wollens der *Bewegungsgrund*; daher der Unterschied zwischen subjektiven Zwecken, die auf Triebfedern beruhen, und objektiven, die auf Bewegungsgründe ankommen, welche für jedes vernünftige Wesen gelten. Praktische Prinzipien sind *formal*, wenn sie von allen subjektiven Zwecken abstrahieren; sie sind aber *material*, wenn sie diese, mithin gewisse Triebfedern zum Grunde legen. Die Zwecke, die sich ein vernünftiges Wesen als *Wirkungen* seiner Handlung nach Belieben vorsetzt (materiale Zwecke), sind insgesamt nur relativ; denn nur bloß ihr Verhältnis auf ein besonders geartetes Begehrungsvermögen des Subjekts gibt ihnen den Wert, der daher keine allgemeinen, für alle vernünftige Wesen und auch nicht für jedes Wollen gültige und notwendige Prinzipien, das ist praktische Gesetze, an die Hand geben kann. Daher sind alle diese relativen Zwecke nur der Grund von hypothetischen Imperativen.

Gesetzt aber, es gäbe etwas, *dessen Dasein an sich selbst* einen absoluten Wert hat, was, als *Zweck an sich selbst*, ein Grund bestimmter Gesetze sein könnte, so würde in ihm, und nur in ihm allein der Grund eines möglichen kategorischen Imperativs, das heißt praktischen Gesetzes liegen.

Nun sage ich: der Mensch und überhaupt jedes vernünftige Wesen *existiert* als Zweck an sich selbst, *nicht bloß als Mittel* zum beliebigen Gebrauche für diesen oder jenen Willen, sondern muß in allen seinen sowohl auf sich selbst als auch auf andere vernüftige Wesen gerichteten Handlungen jederzeit *zugleich als Zweck* betrachtet werden. Alle Gegenstände der Neigungen haben nur einen bedingten Wert; denn wenn die Neigungen und darauf gegründete Bedürfnisse nicht wären, so würde ihr Gegenstand ohne Wert sein. Die Neigungen selber aber, als Quellen des Bedürfnisses, haben so wenig einen absoluten Wert, um sie selbst zu wünschen, daß vielmehr gänzlich davon frei zu sein, der allgemeine Wunsch eines jeden vernünftigen Wesens sein muß. Also ist der Wert aller durch unsere Handlung *zu erwerbenden* Gegenstände jederzeit bedingt. Die Wesen, deren Dasein zwar nicht auf unserem Willen, sondern der Natur beruht, haben dennoch, wenn sie vernunftslose Wesen sind, nur einen relativen Wert, als Mittel, und heißen daher *Sachen*, dagegen vernünftige Wesen *Personen* genannt werden, weil ihre Natur sie schon als Zwecke an sich selbst, das heißt als etwas, das nicht bloß als Mittel gebraucht werden darf, auszeichnet, mithin sofern alle Willkür einschränkt (und ein Gegenstand der Achtung ist). Dies sind also nicht bloß subjektive Zwecke, deren Existenz als Wirkung unserer Handlung *für uns* einen Wert hat; sondern *objektive Zwecke*, das heißt Dinge, deren Dasein an sich selbst Zweck ist, und zwar ein solcher, an dessen Statt kein anderer Zweck gesetzt werden kann, dem sie *bloß* als Mittel zu Diensten stehen sollten, weil ohne dieses überall gar nichts von *absolutem Werte* würde angetroffen werden; wenn aber aller Wert bedingt, mithin zufällig wäre, so könnte für die Vernunft überall kein oberstes praktisches Prinzip angetroffen werden.

Wenn es denn also ein oberstes praktisches Prinzip und in Ansehung des menschlichen Willens einen kategorischen Imperativ geben soll, so muß es ein solches sein, das aus der Vorstellung dessen, was notwendig für jedermann Zweck ist, weil es *Zweck an sich selbst* ist, ein *objektives* Prinzip des Willens ausmacht, mithin zum allgemeinen praktischen Gesetz dienen kann. Der Grund dieses Prinzips ist: *die vernünftige Natur existiert als Zweck an sich selbst.* So stellt sich notwendig der Mensch sein eigenes Dasein vor; sofern ist es also ein *subjektives* Prinzip menschlicher Handlungen. So stellt sich aber auch jedes andere vernünftige Wesen sein Dasein zufolge ebendesselben Vernunftgrundes, der auch für mich gilt, vor; also ist es zugleich ein *objektives* Prinzip, woraus als einem obersten praktischen Grunde alle Gesetze des Willens müssen abgeleitet werden können. Der praktische Imperativ wird also folgender sein: *Handle so, daß du die Menschheit, sowohl in deiner Person als in der Person eines jeden anderen, jederzeit zugleich als Zweck, niemals bloß als Mittel brauchst.*

Arthur Schopenhauer
Das Nichts

Indem ich hier die Grundzüge der Ethik und mit ihnen die ganze Entwicklung jenes einen Gedankens, dessen Mittheilung mein Zweck war, beendige, will ich einen Vorwurf, der diesen letzten Theil der Darstellung trifft, keineswegs verhehlen, sondern vielmehr zeigen, daß er im Wesen der Sache liegt und ihm abzuhelfen schlechthin unmöglich ist. Es ist dieser, daß nachdem unsere Betrachtung zuletzt dahin gelangt ist, daß wir in der vollkommenen Heiligkeit das Verneinen und Aufgeben alles Wollens und eben dadurch die Erlösung von einer Welt, deren ganzes Daseyn sich uns als Leiden darstellte, vor Augen haben, uns nun eben dieses als ein Uebergang in das leere NICHTS erscheint.

Hierüber muß ich zuvörderst bemerken, daß der Begriff des NICHTS wesentlich relativ ist und immer sich nur auf ein bestimmtes Etwas bezieht, welches er negirt. Man hat (namentlich Kant) diese Eigenschaft nur dem *nihil privativum*, welches das im Gegensatz eines + mit - Bezeichnete ist, zugeschrieben, welches -, bei umgekehrtem Gesichtspunkte zu + werden könnte, und hat im Gegensatz dieses *nihil privativum* das *nihil negativum* aufgestellt, welches in jeder Beziehung Nichts wäre, wozu man als Beispiel den logischen, sich selbst aufhebenden Widerspruch gebraucht. Näher betrachtet aber ist kein absolutes Nichts, kein ganz eigentliches *nihil negativum*, auch nur denkbar; sondern jedes dieser Art ist, von einem höhern Standpunkt aus betrachtet, oder einem weitern Begriff subsumirt, immer wieder nur ein *nihil privativum*. Jedes Nichts ist ein solches nur im Verhältniß zu etwas Anderem gedacht, und setzt dieses Verhältniß, also auch jenes Andere, voraus. Selbst ein logischer Widerspruch ist nur ein relatives Nichts. Er ist kein Gedanke der Vernunft; aber er ist darum kein absolutes Nichts. Denn er ist eine Wortzusammensetzung, er ist ein Beispiel des Nichtdenkbaren, dessen man in der Logik nothwendig bedarf, um die Gesetze des Denkens nachzuweisen: daher, wenn man, zu diesem Zwecke, auf ein solches Beispiel ausgeht, man den Unsinn, als das Positive, welches man eben sucht, festhalten, den Sinn, als das Negative, überspringen wird. So wird also jedes *nihil negativum*, oder absolute Nichts, wenn einem höhern Begriff untergeordnet, als ein bloßes *nihil privativum*, oder relatives Nichts, erscheinen, welches auch immer mit Dem, was es negirt, die Zeichen vertauschen kann, so daß jenes als Negation, es selbst aber als Position gedacht würde. Hiermit stimmt auch das Resultat der schwierigen dialektischen Untersuchung über das Nichts, welche Platon im »Sophisten« anstellt, überein: Indem wir bewiesen, daß die Natur des Andersseins bestehe und sich erstrecke über alles Seiende in seinem Verhältnis gegeneinander, und indem wir jedes einzelne Teilchen dieser Natur dem Seienden entgegensetzten, wagten wir zu behaupten, daß eben dieses in Wahrheit das Nichtseiende ist. (Platon, Sophistes).

Das allgemein als positiv Angenommene, welches wir das SEIENDE nennen und dessen Negation der Begriff NICHTS in seiner allgemeinen Bedeutung ausspricht, ist eben die Welt der Vorstellung, welche ich als die Objektivität des Willens, als seinen Spiegel, nachgewiesen habe. Dieser Wille und diese Welt sind eben auch wir selbst; und zu ihr gehört die Vorstellung überhaupt, als ihre eine Seite: die Form dieser Vorstellung ist Raum und Zeit, daher Alles für diesen Standpunkt Seiende irgendwo und irgendwann seyn muß. Verneinung, Aufhebung, Wendung des Willens ist auch Aufhebung und Verschwinden der Welt, seines Spiegels. Erblicken wir ihn in diesem Spiegel nicht mehr, so fragen wir vergeblich, wohin er sich gewendet, und klagen dann, da er kein Wo und Wann mehr hat, er sei ins Nichts verloren gegangen.

Ein umgekehrter Standpunkt, wenn er für uns möglich wäre, würde die Zeichen vertauschen lassen, und das für uns Seiende als das Nichts und jenes Nichts als das Seiende zeigen. So lange wir aber der Wille zum Leben selbst sind, kann jenes Letztere von uns nur negativ erkannt und bezeichnet werden, weil der alte Satz des Empedokles, daß Gleiches nur von Gleichem erkannt wird, gerade hier uns alle Erkenntniß benimmt, so wie umgekehrt eben auf ihm die Möglichkeit aller unserer wirklichen Erkenntniß, d. h. die Welt als Vorstellung, oder die Objektivität des Willens, zuletzt beruht. Denn die Welt ist die Selbsterkenntniß des Willens.

Würde dennoch schlechterdings darauf bestanden, von Dem, was die Philosophie nur negativ, als Verneinung des Willens, ausdrücken kann, irgendwie eine positive Erkenntniß zu erlangen; so bliebe uns nichts übrig, als auf den Zustand zu verweisen, den alle Die, welche zur vollkommenen Verneinung des Willens gelangt sind, erfahren haben, und den man mit den Namen Ekstase, Entrückung, Erleuchtung, Vereinigung mit Gott u. s. w.

bezeichnet hat; welcher Zustand aber nicht eigentlich Erkenntniß zu nennen ist, weil er nicht mehr die Form von Subjekt und Objekt hat, und auch übrigens nur der eigenen, nicht weiter mittheilbaren Erfahrung zugänglich ist.

Wir aber, die wir ganz und gar auf dem Standpunkt der Philosophie stehen bleiben, müssen uns hier mit der negativen Erkenntniß begnügen, zufrieden den letzten Gränzstein der positiven erreicht zu haben. Haben wir also das Wesen an sich der Welt als Wille, und in allen ihren Erscheinungen nur seine Objektivität erkannt, und diese verfolgt vom erkenntnißlosen Drange dunkler Naturkräfte bis zum bewußtvollsten Handeln des Menschen: so weichen wir keineswegs der Konsequenz aus, daß mit der freien Verneinung, dem Aufgeben des Willens, nun auch alle jene Erscheinungen aufgehoben sind, jenes beständige Drängen und Treiben ohne Ziel und ohne Rast, auf allen Stufen der Objektivität, in welchem und durch welches die Welt besteht, aufgehoben die Mannigfaltigkeit stufenweise folgender Formen, aufgehoben mit dem Willen seine ganze Erscheinung, endlich auch die allgemeinen Formen dieser, Zeit und Raum, und auch die letzte Grundform derselben, Subjekt und Objekt. Kein Wille: keine Vorstellung, keine Welt.

Vor uns bleibt allerdings nur das Nichts. Aber Das, was sich gegen dieses Zerfließen ins Nichts sträubt, unsere Natur, ist ja eben nur der Wille zum Leben, der wir selbst sind, wie er unsere Welt ist. Daß wir so sehr das Nichts verabscheuen, ist nichts weiter, als ein anderer Ausdruck davon, daß wir so sehr das Leben wollen, und nichts sind, als dieser Wille, und nichts kennen, als eben ihn. - Wenden wir aber den Blick von unserer eigenen Dürftigkeit und Befangenheit auf Diejenigen, welche die Welt überwanden, in denen der Wille, zur vollen Selbsterkenntniß gelangt, sich in Allem wiederfand und dann sich selbst frei verneinte, und welche dann nur noch seine letzte Spur, mit dem Leibe, den sie belebt, verschwinden zu sehen abwarten; so zeigt sich uns, statt des rastlosen Dranges und Treibens, statt des steten Ueberganges von Wunsch zu Furcht und von Freude zu Leid, statt der nie befriedigten und nie ersterbenden Hoffnung, daraus der Lebenstraum des wollenden Menschen besteht, jener Friede, der höher ist als alle Vernunft, jene gänzliche Meeresstille des Gemüths, jene tiefe Ruhe, unerschütterliche Zuversicht und Heiterkeit, deren bloßer Abglanz im Antlitz, wie ihn Rafael und Coreggio dargestellt haben, ein ganzes und sicheres Evangelium ist: nur die Erkenntniß ist geblieben, der Wille ist verschwunden. Wir aber blicken dann mit tiefer und schmerzlicher Sehnsucht auf diesen Zustand, neben welchem das Jammervolle und Heillose unseres eigenen, durch den Kontrast, in vollem Lichte erscheint. Dennoch ist diese Betrachtung die einzige, welche uns dauernd trösten kann, wann wir einerseits unheilbares Leiden und endlosen Jammer als die Erscheinung des Willens, der Welt, wesentlich erkannt haben, und andererseits, bei aufgehobenem Willen, die Welt zerfließen sehen und nur das leere Nichts vor uns behalten. Also auf diese Weise, durch Betrachtung des Lebens und Wandels der Heiligen, welchen in der eigenen Erfahrung zu begegnen freilich selten vergönnt ist, aber welche ihre aufgezeichnete Geschichte und, mit dem Stämpel innerer Wahrheit verbürgt, die Kunst uns vor die Augen bringt, haben wir den finstern Eindruck jenes Nichts, das als das letzte Ziel hinter aller Tugend und Heiligkeit schwebt, und das wir, wie die Kinder das Finstere, fürchten, zu verscheuchen; statt selbst es zu umgehen, wie die Inder, durch Mythen und bedeutungsleere Worte, wie Resorption in das Brahm, oder Nirwana der Buddhaisten. Wir bekennen es vielmehr frei: was nach gänzlicher Aufhebung des Willens übrig bleibt, ist für alle Die, welche noch des Willens voll sind, allerdings Nichts. Aber auch umgekehrt ist Denen, in welchen der Wille sich gewendet und verneint hat, diese unsere so sehr reale Welt mit allen ihren Sonnen und Milchstraßen – Nichts.

Christian Morgenstern
Vice versa

Ein Hase sitzt auf einer Wiese,
des Glaubens, niemand sähe diese.

Doch, im Besitze eines Zeißes,
betrachtet voll gehaltnen Fleißes

vom vis-à-vis gelegnen Berg
ein Mensch den kleinen Löffelzwerg.

Ihn aber blickt hinwiederum
ein Gott von fern an, mild und stumm.

Carlo Maria Martini
Woher leuchtet das Licht des Guten?

Lieber Umberto Eco,

ich wende mich an Sie mit der Frage, die ich Ihnen schon in meinem letzten Brief stellen wollte und auch schon kurz vorweggenommen habe. Sie bezieht sich darauf, welche letzte Begründung für die Ethik ein Nichtgläubiger in der Situation der »Postmoderne« vorbringt. Konkreter gefragt: Worauf beruht die Gewißheit und der imperative Charakter Ihres moralischen Handelns, wenn Sie für die Grundlegung der Absolutheit einer Ethik sich weder auf *metaphysische* Prinzipien oder jedenfalls transzendente Werte noch auf einen universal gültigen *kategorischen Imperativ* berufen wollen? Einfacher formuliert (es haben sich nämlich einige Leser bei mir beschwert, unser Disput sei allzu schwierig): Welche Gründe kann jemand für sein Handeln anführen, der moralische Prinzipien vertritt, die auch das Opfer seines Lebens erfordern können, der aber nicht an einen personalen Gott glaubt? Noch einmal anders gefragt: Wie komme ich – ohne Berufung auf ein Absolutes – zu der Aussage, bestimmte Handlungen seien unter allen Umständen zu unterlassen und andere seien, koste es, was es wolle, gefordert? Sicher gibt es die Gesetze, aber kraft welcher Instanz können sie auch unter Lebensgefahr Verpflichtungscharakter gewinnen?

Über diese und ähnliche Fragen möchte ich mich dieses Mal mit Ihnen austauschen.

Natürlich wünsche ich mir, daß alle Männer und Frauen auf dieser Welt, auch wenn sie nicht an Gott glauben, für ihr Handeln klare ethische Grundlagen haben und sich auch an ihnen orientieren. Ich bin auch überzeugt, daß es viele Menschen gibt, die, zumindest im alltäglichen Leben, richtig handeln, ohne sich auf eine religiöse Begründung des menschlichen Lebens zu beziehen. Ich weiß auch, daß es Menschen gibt, die, ohne an einen personalen Gott zu glauben, eher bereit sind, das Leben hinzugeben als von ihren moralischen Überzeugungen abzulassen. Aber ich kann nicht nachvollziehen, welche letzte Rechtfertigung sie ihrem Handeln geben.

Es ist klar und offensichtlich, daß auch eine »laizistische« oder »weltliche« Ethik Normen und Werte finden und vertreten kann, die für ein gutes menschliches Zusammenleben gültig und förderlich sind. Viele moderne Gesetzgebungen sind faktisch so entstanden. Aber wenn die Begründung dieser Werte, vor allem in Grenzfällen, nicht von Verwirrung und Unsicherheit geprägt sein soll und wenn die Werte nicht als Brauch, Konvention, Gewohnheit, funktionale oder nützliche Verhaltensregeln oder gesellschaftliche Notwendigkeit mißverstanden, sondern als absolut verpflichtende moralische Werte anerkannt werden sollen, bedürfen sie einer Begründung, die nicht an irgendein veränderliches oder verhandelbares Prinzip gebunden ist.

Und dies gilt erst recht dann, wenn wir uns nicht mehr auf der Ebene der bürgerlichen Gesetze oder der Strafgesetzgebung bewegen, sondern weitergehen und uns in den Bereich der zwischenmenschlichen Beziehungen begeben, in den Bereich der Verantwortlichkeit, die jeder – über das geschriebene Gesetz hinaus – für seinen Nächsten hat, wenn wir das Reich der Freiheit und der Solidarität betreten.

Mit meiner Anfrage, ob eine rein humanistische Begründung wirklich genügen kann, will ich niemandes Gewissen beunruhigen, ich versuche nur zu verstehen, was im Inneren des Menschen vor sich geht, was die tieferen Gründe sind; und ich tue dies auch in der Absicht, in ethischen Fragen eine intensivere Zusammenarbeit zwischen Gläubigen und Nichtgläubigen zu fördern.

Bekanntlich haben die großen Religionen sich zu einem gemeinsamen Vorgehen zusammengefunden, um in Gespräch und Auseinandersetzung die ethischen Prinzipien zu formulieren, die von allen geteilt werden. Dieser Dialog, der eben erst begonnen hat, soll nicht nur allem religiösen Streit zwischen den Völkern schon an der Wurzel wehren, er soll auch dem Fortschritt in Richtung Humanität dienen. Möglich ist dieser Dialog – trotz aller historischen und kulturell bedingten Schwierigkeiten – aber nur deshalb, weil alle Religionen, wenn auch in unterschiedlicher Weise, das moralische Handeln in einem den Menschen überschreitenden *Geheimnis* begründet sehen. Es ist auf diese Weise gelungen, eine Reihe von allgemeinen Prinzipien und Verhaltensnormen zu formulieren, in denen sich alle Religionen wiedererkennen und für die sie sich gemeinsam einsetzen können, ohne ihre eigenen Überzeugungen zu verleugnen. In der Tat: »Religion vermag unzweideutig zu begründen, warum Moral, ethische Werte und Normen *unbedingt* (und nicht nur, wo es für mich bequem ist) und so *allgemein* (für alle Schichten, Klassen, Rassen) verpflichtend sein müssen. Das Humanum wird gerade so gerettet, indem es als im Divinum begründet angesehen wird. Es hat sich gezeigt: Nur das Unbedingte selbst vermag unbedingt zu verpflichten, nur das Absolute absolut zu binden« (Hans Küng, Projekt Weltethos, München 1990 , S. 116).

Ist ein derartiger Dialog über ethische Themen auch in der Beziehung zwischen Gläubigen und Nichtgläubigen und im besonderen zwischen Katholiken und Konfessionslosen denkbar? Ich habe mich bemüht, in den Äußerungen von Nichtgläubigen Hinweise darauf zu finden, was für sie der tiefste und in gewisser Weise der *absolute* Grund ihres moralischen Handelns ist. So hat mich zum Beispiel besonders interessiert, wie manche die Forderung der Nächstenliebe und der Solidarität begründen, ohne auf einen Gott als Vater und Schöpfer von allen und auf Jesus Christus als unseren Bruder Bezug zu nehmen. Mir scheint, sie bringen mehr oder weniger folgendes zum Ausdruck: Wir haben den anderen in uns! Er ist in uns, unabhängig davon, wie wir mit ihm umgehen, unabhängig davon, ob wir ihn lieben oder hassen oder ob er uns gleichgültig läßt.

Mir scheint, einige nichtgläubige Denker sehen in diesem Konzept des *anderen in uns* das wesentliche Fundament jeder Vorstellung von Solidarität. Ich bin davon sehr beeindruckt, vor allem, wenn ich sehe, wie dieses Konzept in der praktischen Konsequenz zu solidarischem Verhalten auch gegenüber dem Fernen und dem Fremden führt. Es beeindruckt mich auch deshalb, weil es von einem beachtlichen Wirklichkeitssinn zeugt und auch – ich denke an die Glaubensreflexion des hl. Paulus (vgl. Erster Brief an die Korinther, Kapitel 12 , und Brief an die Römer, Kapitel 12) über den einen Leib, an dem wir alle Glieder sind – im Licht des christlichen Glaubens gedeutet werden kann. Aber ich frage mich eben, ob die »weltliche« Lesart, der diese grundlegende Rechtfertigung fehlt, ausreichend ist; hat sie genügende und unausweichliche Überzeugungskraft, kann sie zum Beispiel auch dazu anhalten, den Feinden zu vergeben? Mir scheint jedenfalls, daß sogar die Religionen in dieser Frage – ohne das Wort und Beispiel Jesu Christi, der vom Kreuz herab denen, die ihn ans Kreuz geschlagen haben, vergeben hat - in Schwierigkeiten geraten. Gilt dies nicht noch viel mehr von einer Ethik ohne Glauben?

Ich anerkenne gerne, daß es viele Menschen gibt, die ethisch korrekt und manchmal sogar in hochherzigem Altruismus handeln, ohne daß sie dafür einen transzendenten Grund hätten oder sich eines solchen Grundes bewußt wären; sie berufen sich weder auf Gott als Schöpfer noch auf die Ankündigung des Reiches Gottes und die damit implizierten ethischen Konsequenzen, noch auf den Tod und die Auferstehung Jesu und die Gabe des Heiligen Geistes, noch auf die Verheißung des ewigen Lebens. Es sind dies die Heilstatsachen, aus denen ich Kraft schöpfe für die ethischen Überzeugungen, von denen ich in meiner Schwachheit wünsche, daß sie immer Licht und Kraftquelle für mein Handeln sind. Wenn aber jemand sich nicht auf solche oder vergleichbare Prinzipien beruft, wo findet er dann das Licht und die Kraft, das Gute zu tun, und zwar nicht nur dann, wenn es leicht fällt, sondern auch in solchen Situationen, die die Kräfte des Menschen bis an die letzten Grenzen auf die Probe stellen, und vor allem dann, wenn sie ihn mit dem Tod konfrontieren? Warum sind der Altruismus, die Redlichkeit, die Gerechtigkeit, die Achtung vor den anderen, die Vergebung gegenüber den Feinden *immer* ein Gut, und warum müssen sie, selbst auf Kosten des Lebens, den gegenteiligen Haltungen vorgezogen werden? Und wie kann man im konkreten Fall mit Gewißheit entscheiden, welches Handeln Ausdruck von Altruismus ist und welches nicht? Und wenn es keine letzte und allgemeingültige Rechtfertigung für solche Haltungen gibt, wie soll es dann praktisch möglich sein, daß sie vorherrschend werden und sich letztlich durchsetzen? Wenn es schon denen, die überzeugende Gründe für ein ethisches Verhalten haben, Mühe macht, sich danach zu richten, was ist dann mit denen, deren Gründe schwach, unsicher und schwankend sind?

Ich kann nur schwer sehen, wie ein Leben, das sich an den genannten Werthaltungen (Altruismus, Redlichkeit, Gerechtigkeit, Solidarität, Vergebung) orientiert, über lange Zeit und unter allen Umständen durchzuhalten sein soll, wenn der absolute Wert der moralischen Norm nicht in methaphysischen Prinzipien oder in einem personalen Gott begründet werden kann.

Es ist von größter Bedeutung, daß es hier im Bereich der Ethik zwischen Gläubigen und Nichtgläubigen eine gemeinsame Ebene gibt, damit wir für den Fortschritt der Humanität und in der Förderung der Gerechtigkeit und des Friedens zusammenarbeiten können. Es ist offensichtlich, daß der Appell an die Menschenwürde ein Prinzip darstellt, das ein gemeinsames Denken und Handeln begründet: den anderen nie als Mittel zum Zweck zu benutzen, seine Unverletzlichkeit unter allen Umständen und immer zu achten, in jeder Person jederzeit ein unverfügbares und unantastbares Wesen zu sehen. Aber auch hier stellt sich an einem bestimmten Punkt die Frage nach der letzten Rechtfertigung dieser Prinzipien. Was begründet denn letztlich die Menschenwürde, wenn nicht die Tatsache, daß jedes menschliche Wesen eine Person ist, die sich auf etwas Höheres und Größeres hin, als sie selbst ist, öffnet? Nur dann ist es nicht möglich, sie mit innerweltlichen Begriffen zu erfassen, nur dann wird ihr die Unverfügbarkeit zugesprochen, die nichts auf der Welt in Frage stellen kann.

Es ist mir ein großen Anliegen, alles das zu vertiefen, was ein gemeinsames Handeln von Gläubigen und Nichtgläubigen auf der Ebene der Förderung der Person ermöglicht. Aber ich weiß auch, daß dann, wenn über die letzten Prinzipien keine Übereinstimmung besteht, früher oder später, vor allem dann, wenn Grenzfälle und Grenzfragen berührt werden, ganz plötzlich die grundlegenden Differenzen aufbrechen. Die Zusammenarbeit wird so äußerst prekär, und es zeigt sich dann oft, daß zu den wesentlichen Fragen des Lebens und des Sterbens gegensätzliche ethische Urteile aufeinandertreffen.

Was soll man dann tun? In Bescheidenheit und Demut im gemeinsamen Handeln fortfahren, wo Übereinstimmung besteht, und darauf hoffen, daß die tieferliegenden Differenzen und Gegensätze nicht aufbrechen? Oder soll man versuchen, die Gründe, die faktisch zu einer Übereinstimmung in allgemeinen Fragen – zum Beispiel in der Frage der Gerechtigkeit, des Friedens, der Menschenwürde – geführt haben, zu vertiefen, um so zu jenen nicht ausgesprochenen Gründen zu gelangen, die hinter dem alltäglichen Handeln stehen und in denen sich die grundlegende Übereinstimmung dann eben zeigt oder auch nicht zeigt? Oder gibt es auch die Möglichkeit, über Skeptizismen und Agnostizismen hinaus auf ein »Geheimnis« zuzugehen und sich ihm anzuvertrauen, weil es aus solcher Vertrauenshaltung heraus auch möglich wird, ein gemeinsames Handeln für eine menschlichere Welt zu begründen?

Zu dieser bewegenden Frage würde ich gerne Ihre Überlegungen hören. Die Diskussion von ethischen Detailfragen führt nun einmal immer dazu, daß man sich die grundlegenden Fragen stellen muß. Nach meinem Dafürhalten lohnt es die Mühe, auch solche Fragen zu erörtern, um wenigstens ein wenig mehr Klarheit zu gewinnen, was jeder denkt, und besser zu verstehen, was der andere vertritt.

Umberto Eco
Wenn der andere ins Spiel kommt, beginnt die Ethik

Lieber Carlo Maria Martini,

Ihr Brief zieht mich aus einer großen Verlegenheit, um mich in eine ebenso große andere zu stürzen. Bisher war ich derjenige (nicht aufgrund eigener Entscheidung), der das Gespräch eröffnen mußte, und wer zuerst spricht, stellt unweigerlich Fragen in der Erwartung, daß der andere antwortet. Daher meine Verlegenheit, wenn ich mich inquisitorisch reden hörte. Und sehr bewundert habe ich die Entschiedenheit und die Demut, mit der Sie dreimal die Legende widerlegt haben, der zufolge Jesuiten auf jede Frage mit einer anderen Frage antworten.

Nun aber macht es mich verlegen, meinerseits auf Ihre Frage zu antworten, denn meine Antwort wäre nur von Bedeutung, wenn ich eine areligiöse Erziehung genossen hätte. Ich war jedoch bis zu meinem zweiundzwanzigsten Lebensjahr (um den Moment eines Bruchs zu benennen) sehr stark vom Katholizismus geprägt. Die agnostische Perspektive ist für mich kein passiv aufgenommenes Erbe, sondern das leidvoll erkämpfte Ergebnis einer langen und langsamen inneren Wandlung, und ich bin mir nie sicher, ob nicht manche meiner moralischen Überzeugungen immer noch von der religiösen Prägung abhängen, die ich ursprünglich erfahren habe. In bereits vorgeschrittenem Alter habe ich einmal mitangesehen (in einer katholischen Universität außerhalb Italiens, die auch nichtkatholische Professoren einstellt, von denen sie lediglich formale Respektsbekundungen bei akademisch-religiösen Feiern verlangt), wie einige meiner Kollegen zur heiligen Kommunion gingen, ohne an die Transsubstantiation zu glauben und daher auch ohne vorherige Beichte. Schaudernd verspürte ich, nach all den Jahren, noch immer den Schrecken des Sakrilegs.

Dennoch glaube ich sagen zu können, auf welchen Fundamenten heute meine »weltliche Religiosität« beruht – denn ich bin fest überzeugt, daß es Formen von Religiosität gibt, also Sinn für das Heilige, für die Grenze, für die Infragestellung und die Erwartung, für die Kommunion mit etwas, das uns übertrifft, auch wenn wir nicht an einen personalen und vorsorgenden Gott glauben. Aber das wissen auch Sie, wie ich aus Ihrem Brief entnehme. Ihre Frage ist, was es in diesen »weltlichen« Formen von Ethik an Bindendem, Mitreißendem, Unverzichtbarem gibt.

Ich möchte mich der Frage auf einem Umweg nähern. Manche Probleme sind mir klarer geworden, indem ich über semantische Probleme nachdachte – und seien Sie unbesorgt, wenn jemand uns vorhält, wir drückten uns hier ein bißchen schwierig aus. Es könnte sein, daß er durch die – per definitionem voraussehbare – massenmediale »Enthüllung« dazu ermuntert worden ist, ein bißchen zu einfach zu denken. Die Leute sollen lernen, schwierige Dinge zu denken, denn weder das Mysterium noch die Evidenz sind einfach.

Mein Problem war, ob es »semantische Universalien« gibt, das heißt elementare Begriffe, die der ganzen menschlichen Gattung gemeinsam sind und in allen Sprachen ausgedrückt werden können. Das ist durchaus keine Selbstverständlichkeit, weiß man doch, daß viele Kulturen eine Reihe von begrifflichen Vorstellungen, die für uns evident sind, gar nicht kennen; zum Beispiel die Vorstellung, daß zu einer Substanz bestimmte Eigenschaften gehören (wie wenn wir sagen: »Der Apfel ist rot«), oder die der Identität (*a* = *a*). Dennoch bin ich zu der Überzeugung gelangt, daß es begriffliche Vorstellungen gibt, die allen Kulturen gemeinsam sind, und daß sie sich alle auf die Positionen unseres Körpers im Raum beziehen.

Wir sind Tiere, die aufrecht gehen, weshalb es für uns anstrengend ist, längere Zeit mit dem Kopf nach unten zu verharren; darum haben wir eine gemeinsame Vorstellung von dem, was oben und was unten ist, wobei wir das erste dem zweiten vorziehen. Desgleichen haben wir eine gemeinsame Vorstellung von einer rechten und einer linken Seite, vom Stehen und vom Liegen, vom Stillstehen und vom Gehen, vom Schleichen und vom Springen, vom Wachsein und vom Schlafen. Da wir Gliedmaßen haben, wissen wir alle, was es heißt, auf etwas Hartes zu schlagen, in etwas Weiches oder Flüssiges einzudringen, zu kneten, zu trommeln, zu stampfen, Fußtritte zu versetzen, vielleicht auch zu tanzen. Die Aufzählung könnte noch lange fortgesetzt werden und das Sehen, das Hören, das Essen und Trinken, das Hinunterschlucken und das Ausspucken einbeziehen. Und gewiß hat jeder Mensch Vorstellungen über das, was wahrnehmen, erinnern, wünschen, Angst haben, traurig oder erleichtert sein, Vergnügen oder Schmerz empfinden heißt; und was es heißt, Laute hervorzubringen, die diese Gefühle ausdrücken. Darum haben wir (und hier gelangen wir schon in die Sphäre des Rechts) universale Begriffsvorstellungen über den Zwang: Wir wünschen nicht, daß jemand uns hindert zu reden, zu sehen, zu hören, zu schlafen, zu schlucken oder auszuspucken, uns frei zu bewegen, wohin wir wollen. Wir leiden, wenn jemand uns fesselt oder einsperrt, uns schlägt, verwundet oder tötet, uns körperlichen Foltern unterzieht oder psychischen, die unser Denkvermögen beeinträchtigen oder vernichten.

Beachten Sie, daß ich bisher nur eine Art tierischen und solitären Adam eingeführt habe, der noch nicht weiß, was sexuelle Beziehung, Freude am Gespräch, Liebe zu Kindern oder Schmerz über den Verlust einer geliebten Person ist; aber schon in dieser Phase ist diese Semantik, zumindest für *uns* (wenn nicht für ihn oder sie), die Grundlage einer Ethik geworden: Wir müssen in erster Linie die Rechte der Körperlichkeit anderer respektieren, zu denen auch das Recht zu reden und zu denken gehört. Hätten unsere Artgenossen diese »Rechte des Körpers« respektiert, hätte es keinen Kindermord zu Bethlehem, keine im Zirkus den Löwen vorgeworfenen Christen, keine Bartholomäusnacht, keine Ketzerverbrennungen, keine Vernichtungslager, keine Kinder in Bergwerken und keine Vergewaltigungen in Bosnien gegeben.

Aber wie lernt das noch ganz aus Staunen und Wildheit bestehende Adam-(oder Eva-)Tier, das ich hier eingeführt habe, auch wenn es sein instinktives Repertoire von universalen Begriffsvorstellungen sofort entwickelt hat – wodurch lernt es nicht nur zu begreifen, daß es bestimmte Dinge will und von anderen nicht möchte, daß sie ihm angetan werden, sondern auch, daß es den anderen nicht antun darf, was es sich selbst nicht angetan haben möchte? Dadurch, daß sich der Garten Eden zum Glück rasch bevölkert. Die ethische Dimension beginnt, wenn der andere ins Spiel kommt. Jedes Gesetz, ob moralischer oder juridischer Art, regelt interpersonale Beziehungen einschließlich derjenigen zu einem Großen Anderen, der es auferlegt.

Auch Sie schreiben ja dem tugendhaften Nichtgläubigen die Überzeugung zu, daß wir den anderen in uns haben. Aber bei dieser Überzeugung handelt es sich nicht um eine vage sentimentale Neigung, sondern um eine im Wortsinn »grundlegende« Bedingung. Wie uns auch die weltlichsten unter den Humanwissenschaften lehren, ist es der andere, der Blick des anderen, der uns definiert und formt. Ohne den Blick und die Antwort des anderen können wir nicht begreifen, wer wir sind (so wie wir nicht leben können, ohne zu essen und zu schlafen). Selbst wer andere tötet, vergewaltigt, beraubt, verletzt, tut das nur in Momenten der Ausnahme, und den Rest seines Lebens verbringt er damit, von seinesgleichen Anerkennung, Liebe, Achtung und Lob zu erbetteln. Sogar von denen, die er demütigt, verlangt er die Anerkennung der Angst und der Unterwerfung. Ohne den anerkennenden Blick eines anderen kann das Neugeborene, das im Wald ausgesetzt wird, nicht zu einem Menschen werden (oder es sucht den anderen, wie Tarzan, im Gesicht eines Affen), und wir würden sterben oder verrückt werden, wenn wir in einer Gemeinschaft leben müßten, in der ausnahmslos alle beschlossen hätten, uns nie anzusehen und sich so zu benehmen, als ob wir nicht existierten.

Wieso gibt oder gab es dann aber Kulturen, die das Massaker, den Kannibalismus, die Erniedrigung des Körpers anderer billigen? Einfach weil diese Kulturen den Begriff der zu respektierenden anderen auf die Angehörigen des eigenen Stammes oder Volkes reduzieren und die nicht dazugehörenden »Barbaren« als nichtmenschliche Wesen betrachten (aber auch die Kreuzfahrer empfanden ja die Ungläubigen nicht als Nächste, die man besonders lieben mußte). Die Anerkennung der Rolle der anderen, die Notwendigkeit, bei den anderen jene Ansprüche zu respektieren, die wir als unverzichtbar für uns selbst erachten, ist das Ergebnis eines jahrtausendelangen Lernprozesses. Auch das christliche Liebesgebot wurde erst ausgesprochen (und nur höchst widerstrebend angenommen), als die Zeit dafür reif war.

Sie werden mich fragen, ob dieses Bewußtsein von der Bedeutung des anderen genügt, um mir eine absolute Basis, eine unverrückbare Grundlage für ein ethisches Verhalten zu geben. Ich könnte Ihnen darauf antworten, daß auch jene Grundlagen, die Sie als »absolut« definieren, viele Gläubige nicht daran hindern, zu sündigen im Wissen, daß sie sündigen, und damit wäre unser Gespräch zu Ende. Die Versuchung des Bösen ist auch in denen gegenwärtig, die einen transzendentalen Begriff des Guten haben. Aber ich möchte Ihnen zwei Anekdoten erzählen, die mir sehr zu denken gegeben haben.

Die erste betrifft einen Schriftsteller, der sich katholisch nennt, wenn auch *sui generis*, und dessen Namen ich nur deshalb nicht nenne, weil er mir das, was ich zitieren werde, in einem privaten Gespräch gesagt hat, und ich bin kein Denunziant. Es war zur Zeit von Johannes XXIII., und während mein alter Freund enthusiastisch von seinen Tugenden sprach, sagte er (in offensichtlich paradoxaler Absicht): »Papst Johannes muß atheistisch sein. Nur wer nicht an Gott glaubt, kann seinesgleichen so lieben!« Wie jedes Paradox enthielt auch dieses einen wahren

Kern: Ich denke nicht an den Atheisten (eine Figur, die sich mir psychologisch entzieht, denn ich kann gut kantianisch nicht verstehen, wie man *nicht* an Gott glauben und der Meinung sein kann, daß seine Existenz *nicht* zu beweisen ist, um dann fest an die Inexistenz Gottes zu glauben in der Meinung, sie sei beweisbar), aber es scheint mir doch evident, daß jemand, der nie die Erfahrung der Transzendenz gemacht oder sie verloren hat, seinem Leben und seinem Tod einen Sinn nur geben und sich nur getröstet fühlen kann durch die Liebe zu anderen, durch den Versuch, jemand anderem ein lebenswertes Leben zu garantieren, auch wenn er selbst nicht mehr da ist. Gewiß gibt es auch solche, die nicht gläubig sind und sich dennoch nicht darum kümmern, dem eigenen Tod einen Sinn zu geben, aber es gibt auch solche, die sich gläubig nennen und dennoch bereit wären, einem lebenden Kind das Herz aus dem Leibe zu reißen, um nicht sterben zu müssen. Die Stärke einer Ethik bemißt sich am Verhalten der Heiligen, nicht am Verhalten der Toten, »deren Gott der Bauch ist«.

Damit komme ich zu meiner zweiten Anekdote. Ich war noch ein junger, sechzehnjähriger Katholik und hatte mich auf ein Streitgespräch mit einem älteren Bekannten eingelassen, der als »Kommunist« bekannt war in dem Sinne, den dieser Begriff in den schrecklichen fünfziger Jahren hatte. Und da er mich reizte, stellte ich ihm die entscheidende Frage: Wie könne er als Nichtgläubiger dem dann doch ganz sinnlosen eigenen Tod einen Sinn geben? Worauf er mir antwortete: »Indem ich vorher festlege, daß ich ohne kirchlichen Beistand begraben werde. Dann bin ich nicht mehr da, aber ich habe den anderen ein gutes Beispiel gegeben.« Ich denke, auch Sie können das tiefe Vertrauen in die Kontinuität des Lebens und das absolute Pflichtgefühl bewundern, das sich in dieser Antwort ausdrückte. Es ist dasselbe, das viele Nichtgläubige dazu befähigt hat, unter der Folter zu sterben, ohne ihre Freunde zu verraten, oder andere, sich von der Pest anstecken zu lassen, um die Pestkranken zu heilen. Manchmal ist es auch das einzige, was einen Philosophen zum Philosophieren treibt oder einen Schriftsteller zum Schreiben: eine Flaschenpost zu hinterlassen, damit das, woran man geglaubt hat oder was man schön fand, auch von den Nachgeborenen geglaubt oder schön gefunden werden kann.

Ist dieses Gefühl nun wirklich so stark, daß es eine ebenso klare, ebenso unbeugsame und festverwurzelte Ethik begründen kann wie die Ethik derer, die an die geoffenbarte Moral, an das Weiterleben der Seele, an Belohnung und Strafe glauben? Ich habe versucht, die Prinzipien einer weltlichen Ethik auf das natürliche Faktum unserer Körperlichkeit zu gründen (das ja als natürliches Faktum auch für Sie Ergebnis eines göttlichen Planes ist) und auf den Gedanken, daß wir instinktiv wissen, daß wir nur durch die Gegenwart anderer eine Seele haben (oder etwas, das an ihrer Stelle steht). Woraus hervorgeht, daß das, was ich eine »weltliche Ethik« genannt habe, im Grunde eine natürliche Ethik ist, die auch der Gläubige nicht verkennen kann. Ist der natürliche Instinkt, zur richtigen Reifung und Bewußtheit seiner selbst gebracht, nicht ein Fundament, das genügend Garantien gibt? Gewiß können wir denken, daß er nicht genug Ansporn zu tugendhaftem Leben ist – »denn schließlich«, kann der Nichtgläubige sagen, »wird ja keiner das Böse erfahren, das ich im Verborgenen tue«. Aber bedenken Sie wohl: Wer nicht gläubig ist, glaubt nicht, daß ihn jemand vom Himmel herab beobachtet, und folglich weiß er auch, daß es – eben deshalb – niemanden gibt, der ihm vergeben kann. Wenn er weiß, daß er Böses getan hat, wird seine Einsamkeit grenzenlos und sein Tod verzweifelt sein. Also wird er lieber, mehr als der Gläubige, die Läuterung durch die öffentliche Buße suchen, er wird die Vergebung der anderen erbitten. Das weiß er im Innersten seines Wesens, und folglich weiß er auch, daß er den anderen im voraus vergeben muß. Wie ließe sich sonst erklären, daß auch die Nichtgläubigen *Gewissensbisse* verspüren?

Ich möchte nicht, daß der Eindruck entsteht, es gäbe einen schroffen Gegensatz zwischen denen, die an einen transzendenten Gott glauben, und denen, die an kein überindividuelles Prinzip glauben. Ich möchte daran erinnern, daß gerade die Ethik das Thema jenes großen Buches von Spinoza ist, das mit einer Definition Gottes als Ursache seiner selbst beginnt. Nur ist diese Gottheit Spinozas, wie wir sehr wohl wissen, weder transzendent noch personal. Dennoch kann auch aus der Vision einer großen und einzigen kosmischen *Substanz*, in der wir alle eines Tages aufgehen werden, eine Vision der Toleranz und der Güte hervorgehen, gerade weil wir alle am Gleichgewicht und an der Harmonie dieser einzigen *Substanz* interessiert sind. Und das sind wir, weil wir es in gewisser Weise für unmöglich halten, daß diese *Substanz* nicht auch durch das, was wir in den Jahrtausenden angestellt haben, irgendwie angereichert oder verunreinigt wird. So daß ich zu behaupten wage (nicht als metaphysische Hypothese, nur als zaghafte Konzession an die Hoffnung, die uns nie verläßt), daß man auch in dieser Perspektive das Problem eines irgendwie gearteten Lebens nach dem Tod wieder aufwerfen könnte. Heutzutage legt uns das elektronische Universum nahe, daß es Sequenzen von Botschaften geben kann, die sich von einem physischen Träger zum anderen übertragen lassen, ohne dabei ihre unwiederholbaren Eigenschaften zu verlieren, und die sogar in dem Augenblick, in dem sie den einen Träger verlassen und sich noch nicht auf dem anderen festgesetzt haben, als rein immaterielle Algorithmen weiterzuleben scheinen. Und wer weiß, ob der Tod, anstatt Implosion zu sein, nicht Explosion und neue Ausdrucksform, irgendwo zwischen den Wirbeln des Universums, jener *Software* ist (andere nennen sie »Seele«), die wir durch die Art unserer Lebensführung entwickelt haben, weshalb sie auch aus persönlichen Erinnerungen und Gewissensbissen besteht und folglich aus unheilbarem Leiden, oder aus dem Gefühl der Befriedigung über vollbrachte Pflicht, und aus Liebe.

Aber Sie sagen, ohne das Wort und Beispiel Christi fehle es jeder weltlichen Ethik an einer grundlegenden Rechtfertigung, die eine unausweichliche Überzeugungskraft hätte. Warum dem Nichtgläubigen das Recht entziehen, sich das Beispiel des vergebenden Christus zu Herzen zu nehmen? Versuchen Sie einmal, Carlo Maria Martini, zum Wohle der Diskussion und der Auseinandersetzung, die Ihnen wichtig ist, wenigstens für einen Augenblick die Hypothese zu akzeptieren, daß es Gott nicht gebe. Daß der Mensch durch einen Irrtum des täppischen Zufalls auf der Erde erschienen sei, nicht nur seiner Sterblichkeit ausgeliefert, sondern auch dazu verurteilt, ein Bewußtsein zu haben, mithin als das unvollkommenste aller Wesen (gestatten Sie mir den Leopardianischen Ton dieser Hypothese). Dieser Mensch würde nun, um den Mut zu finden, auf den Tod zu warten, notgedrungen ein religiöses Wesen werden, er würde sich bemühen, Erzählungen zu ersinnen, die ihm eine Erklärung und ein Modell liefern könnten, ein exemplarisches Bild. Und unter den vielen, die er sich ausdenken könnte – manche strahlend, manche erschreckend, manche pathetisch tröstlich -, hätte er in einem bestimmten Moment, wenn er zur Erfüllung der Zeit gelangt ist, die religiöse, moralische und poetische Kraft, das Modell des Christus zu konzipieren, das Modell der universalen Liebe, der Vergebung für die Feinde und des zur Rettung der anderen geopferten Lebens. Wenn ich ein Reisender aus einer fernen Galaxie wäre und vor einer Spezies stünde, die sich dieses Modell zu geben gewußt hat, würde ich überwältigt ihre enorme theogone Energie bewundern und würde diese jämmerliche und niederträchtige Spezies, die so viele Greuel begangen hat, allein dadurch als erlöst betrachten, daß sie es geschafft hat, sich zu wünschen und zu glauben, dies alles sei *Wahrheit*.

Geben Sie die Hypothese jetzt ruhig auf und überlassen Sie sie anderen, aber geben Sie zu: Selbst wenn Christus nur das Sujet einer großen Erzählung wäre – die Tatsache, daß diese Erzählung von ungefiederten Zweibeinern, die nur wissen, daß sie nichts wissen, erdacht und gewollt werden konnte, wäre ebenso wunderbar (wunderbar geheimnisvoll), wie daß der Sohn eines wirklichen Gottes wahrhaftig Mensch geworden sein soll. Dieses natürliche und irdische Mysterium würde nicht aufhören, die Herzen der Nichtgläubigen zu verwirren und zu veredeln.

Deswegen bin ich der Meinung, daß eine natürliche Ethik – respektiert man die tiefe Religiosität, die sie beseelt – sich in ihren zentralen Punkten mit den Prinzipien einer auf den Glauben an die Transzendenz begründeten Ethik treffen kann, zumal diese ja zugeben muß, daß die natürlichen Prinzipien aufgrund eines Heilsprogramms in unsere Herzen gemeißelt sind. Wenn dann, wie es sicher der Fall ist, Randzonen bleiben, die nicht deckungsgleich sind, ist das nichts anderes, als was bei der Begegnung zwischen verschiedenen Religionen geschieht. Und bei Glaubenskonflikten müssen *Nächstenliebe* und *Besonnenheit* überwiegen.

MAX SCHELER
Zur Phänomenologie von Liebe und Haß

Ist es [...] ausgeschlossen, Liebe und Haß auf das Mitgefühl zurückzuführen, so ist es aber nicht minder ausgeschlossen, sie überhaupt auf einfachere Tatsachen zurückzuführen oder als eine »Komplexion« solcher anzusehen. Jeder Versuch, sie auf eine Komplexion von Gefühlen und Strebungen zurückzuführen, schlägt fehl. Man sehe sich z. B. die ganze Unsinnigkeit der Definition des Spinoza an, Liebe sei »quaedam laetitia concomitante causa externa« [Die vollständige Definition von Spinoza lautet: Amor es laetitia, concomitante idea causae externae. Liebe ist Lust, verbunden mit der Idee einer äußeren Ursache.] Schon Malebranche [›Recherche de la verité‹] fragt hierzu richtig, ob wir denn z. B. eine Frucht, die wir verzehren und als Ursache einer Lust wissen, lieben? In der Liebe von Mensch zu Mensch (und im Hasse) zeigen diese Akte schon dadurch ihre volle Unabhängigkeit vom Wechsel der Gefühlszustände, daß sie in diesem Wechsel der Zustände wie ruhige, feste Strahlen auf ihrem Gegenstande *verharren*. Niemals wird durch Schmerz und Leid, die uns ein geliebter Mensch bereitet, unsere Liebe zu ihm, niemals durch Freude und Lust, die uns ein gehaßter bereitet, unser Haß verändert. Und im mannigfachsten Wechsel von Freude und Leid, der Tag für Tag zwischen Menschen erfolgt, verharren die Liebes- und Haßbeziehungen ganz unverändert zwischen ihnen. Das einzige, was man hier sagen kann, ist doch nur, daß das geliebte Objekt sowohl eine reichere Quelle von möglichen Freuden als von möglichen Leiden ist. Aber dasselbe gilt auch für den gehaßten Gegenstand: je mehr er gehaßt ist, desto mehr peinigt sein Glück oder seine Wohlbeschaffenheit und desto mehr erfreut sein Unglück, seine Nichtigkeit, und desto reichere Quellen von möglichen Leiden und möglichen Freuden stellt er dar.

Eine Tatsachenreihe ganz anderer Art kommt in Frage, wo es sich um das Verhältnis von Liebe und Haß als *Ursachen* (nicht als Wirkungen) von Gefühlszuständen handelt. Hier gilt allerdings, daß der *Vollzug* dieser Akte selbst die tiefste aller »Quellen« von Freude und Leid, ja von »Seligkeit« und von »Verzweiflung« ist. So ist Liebe auch da, wo sie im Sinne eines Mangels an Gegenliebe »unglücklich« ist, als Akt gleichwohl von hohen Glücksgefühlen begleitet; desgleichen da, wo der Gegenstand der Liebe Leid und Schmerz verursacht. Und umgekehrt ist da, wo z. B. das Leid des gehaßten Menschen Freude bereitet (wie im Neide, der Schadenfreude, der Bosheit usw.), doch der *Vollzug* des Hassensaktes selbst als »finster« und »unselig« charakterisiert.

Auch wenn man davon absieht, Liebe und Haß als Gefühlszustände anzusehen, und es nur in Frage stellt, ob sie intentionales Fühlen »von Etwas« sind, so ist auch diese Frage zu verneinen. Denn sicher kann ein positiver Wert im Fühlen da sein, ohne Liebe zum Gegenstande zu erwecken, der ihn trägt. Franz Brentano kommt das Verdienst zu, sowohl die Aktnatur von Liebe und Haß erkannt zu haben, als die elementare Natur dieser Akte. Sieht er sie doch sogar als noch ursprünglicher als das »Urteil« an. Wir heben dies hier um so mehr hervor, als wir überzeugt sind, daß diese eine schlichte Erkenntnis Brentanos Einsicht in dieser Sache hoch hinaushebt über die landläufigen psychologischen Irrtümer, nach denen Liebe und Haß bald der Gefühls-, bald der Strebens-, bald der Affektsphäre zugewiesen werden oder als ein mixtum compositum von solchen Tatsachen angesehen werden. Doch können wir ihm darin nicht folgen, wenn er sie im »Ursprung sittlicher Erkenntnis« dem »Vorziehen« und »Nachsetzen« gleichsetzt. Das Verhältnis von Liebe und Haß zu diesen Akten ist von mir andernorts eingehend geklärt worden. Hier sei nur hervorgehoben, daß Vorziehen und Nachsetzen zur Sphäre des

Wert*erkennens* (und zwar des Erkennens der Höhenstufe des Wertes) gehören, wogegen Liebe und Haß *nicht* zu den erkennenden Akten zählen. Sie stellen ein eigentümliches Verhalten zu Wertgegenständen dar, das sicher keine bloße Erkenntnisfunktion ist. Sie mögen einerseits Werterkenntnis noch fundieren (wie sich zeigen wird), sind aber keine solche Erkenntnis. Zudem ist das, worauf diese Intentionen ergehen, nicht ein Wert oder ein »höherer« Wert schlechthin, so wie wir einen Wert einem anderen »vorziehen«, sondern es sind *Gegenstände*, welche und sofern sie werthaltig sind. Ich »liebe« keinen Wert, sondern immer etwas, das werthaltig ist.

Malebranche hat in seinen schönen Untersuchungen über Liebe und Haß gemeint, daß sie zwar in Gefühlen beständen, aber in solchen, die ein Urteil über den Wert voraussetzen resp. über die Würdigkeit eines Gegenstandes, eine bestimmte Freude zu erwecken. In diesem Sinne unterwirft er Spinozas These einer Kritik. Es ist indes leicht ersichtlich, daß diese Behauptung eine *falsche Rationalisierung* von Liebe und Haß darstellt. Es mag emotionale Akte geben, für die der Vollzug eines Urteils (oder besser einer Beurteilung) die Voraussetzung ist. Ein solcher scheint mir z. B. die »Achtung« zu sein. Sie setzt jene ursprüngliche Distanz zum Gegenstande voraus, die vor dem Eintritt des emotionalen Aktes eine Wert*beurteilung* allein möglich macht; auch muß sie den Wert des Gegenstandes, auf den hin sie erfolgt, in einer besonderen Intention gegenwärtig haben. Eben diese Distanz fehlt der Liebe und dem Hasse. Sie sind ganz *ursprüngliche* und *unmittelbare* Weisen des emotionalen Verhaltens zum Wertgehalt selbst, so, daß nicht einmal eine Funktion des Aufnehmens des Wertes (z. B. des Fühlens, Vorziehens) dabei phänomenologisch gegeben ist, am wenigsten aber eine Wert-beurteilung. Und insbesondere ist hier nicht, wie bei der *Achtung*, der betreffende Wert in einer besonderen Intention vorher gegeben. Nichts bezeugt diesen Tatbestand so sehr wie die ungemeine Hilflosigkeit, in die wir Menschen geraten sehen, wenn man die Forderung an sie stellt, ihre Liebe und ihren Haß zu »begründen«. Gerade da zeigt sich, wie diese »Gründe« immer erst nachträglich gesucht werden und wie sie in ihrer Gesamtheit nie Art und Maß dessen genau decken, was da »begründet« werden soll. Auch zeigt sich, daß an Gegenständen, die jeweilig genau denselben als Gründe für Liebe und Haß angegebenen Wertqualitäten entsprechen würden, die Akte selbst doch keineswegs eintreten. Liebe und Haß gehen eben notwendig auf einen individuellen Kern der Dinge, einen *Wertkern* – wenn ich so sagen darf –, der sich nie in beurteilbare Werte, ja nicht einmal in gesondert fühlbare vollständig auflösen läßt. Das Maß der Schätzung von Wertattributen richtet sich umgekehrt danach, ob die Werte von geliebten oder gehaßten Dingen getragen werden, nicht aber richtet sich die Liebe und der Haß nach dieser Schätzung. Ja es ist eine eigentümliche Erscheinung, daß es uns selbst schon wie eine Art »Vergehen« und »Schuld«, als eine »Verletzung« der Liebe (*und* des Hasses) erscheint, wenn wir Werte der geliebten (und gehaßten) Gegenstände unter begriffliche Wertkategorien entweder selbst rücken oder von anderen gerückt auch nur sehen. Man kann den Brief einer geliebten Person unmöglich nach »Normen«, sei es der Grammatik, sei es der Ästhetik oder des Stiles lesen; es erscheint schon wie ein »Abfall«, wenn man es tut. Alle Eigenschaften, Tätigkeiten und Werke des geliebten Gegenstandes erhalten ihren vollen Wert erst durch den Gegenstand, der sie trägt, oder das Subjekt, das sie vollbringt.

Rationalistischer Einstellung erscheint nur aus diesem Grunde Liebe und Haß »blind«. Doch besagt dies sehr wenig. Denn, daß man *anderes* (an Werten) und je höhere resp. niedrigere Werte durch die inneren »Geistesaugen« von Liebe und Haß sieht, als man durch das »Auge« der Vernunft sehen kann, beweist nicht, daß man hier nur *dasselbe* »schlechter« sieht, was man durch das Auge der Vernunft »besser« sähe. In Liebe und Haß liegt eine *eigene Evidenz*, die nicht an der Evidenz der »Vernunft« zu messen ist. Nur der, dem diese Evidenz mangelt und der durch seine Konstitution hier zu schwanken verurteilt ist, mag dies auf Kosten einer generellen »Blindheit« von Funktionen und Akten setzen, die nur sein mangelhafter individueller *Vollzug* zu tragen hätte.

Daß Liebe und Haß keine Akte des »Strebens« darstellen, wurde schon hervorgehoben. Gerade die »Unruhe« des Strebens ist in Liebe und Haß um so mehr ausgelöscht, je bestimmter, reiner und klarer sie sind. Auch ist hier nie etwas als »zu realisierend« gegeben. Doch davon später mehr.

Vor allem aber ist zu beachten, daß Liebe und Haß schon *als* Akte von allen anderen Akten und unter sich verschieden sind; d. h. daß sie nicht erst *werden*, was sie sind, in Relation sei es auf ihre Träger, sei es auf ihre Objekte, sei es auf ihre möglichen Wirkungen und Leistungen. Gegen nichts vergehen sich herrschende Denkgewohnheiten so sehr wie gegen diesen Satz. In dem Gesagten liegt erstens, daß Liebe und Haß *nicht etwa relativ* sind auf die Beziehungspunkte *»Ich«* und der *»andere«*. D. h. Liebe und Haß sind *keine wesentlichen sozialen* Verhaltungsweisen, wie es z. B. die Funktionen des Mit-fühlens sind. Man kann z. B. »sich selbst lieben und hassen«; nicht aber kann man mit sich mit-fühlen. Denn wenn man sagt, ein »Mensch bemitleide sich selbst« oder er habe z. B. »Freude daran, daß er sich heute so freuen kann« (Aussagen, in denen man zweifellos sehr bestimmte Phänomene im Auge hat), so zeigt eine genauere Analyse doch immer, daß hier ein Phantasieinhalt vorliegt, in dem der betreffende Mensch *»als sei er ein anderer«* sich selbst gleichsam zuschaut und »als dieser (fiktive) andere« seine eigenen Gefühle mitfühlt. So kann ich mich phantasiemäßig in die Lage versetzen, als ginge ich selber in meinem eigenen Leichenzug usw. Phänomenologisch bleibt aber auch dann das Mitgefühl ein sozialer Akt. Diese Art Illusion ist bei der Selbstliebe und dem Selbsthasse nicht notwendig.

Für das Stattfinden von Liebe und Haß ist also die Richtung des Aktes auf einen »anderen« sowie irgendeine bewußte Verknüpftheit der Menschen durchaus nicht notwendige Voraussetzung. Nennen wir Akte, die auf andere als andere gerichtet sind, »altruistische Akte«, so sind Liebe und Haß durchaus nicht wesenhaft altruistische Akte. Denn Liebe ist primär auf Werte und auf Gegenstände (durch die Werte, die sie tragen, transparent hindurch) orientiert, wobei es prinzipiell gleichgültig ist, ob »ich« oder ein »anderer« die betreffenden Werte hat. Der Fremdliebe steht also die Selbstliebe, dem Fremdhaß der Selbsthaß gleich ursprünglich gegenüber. Andererseits sind Akte, die auf andere als andere gerichtet sind, durchaus nicht notwendig »Liebe«. Auch Neid, Bosheit, Schadenfreude sind auf andere als andere gerichtet. Nennt man »Altruismus« eine Einstellung eines Menschen auf andere Menschen, eine stärkere Neigung, sich von sich und seinem Erleben abzuwenden, so hat diese »soziale« Einstellung mit einer »liebevollen« oder »gütigen« Einstellung an sich doch gar nichts zu tun. Ist aber Liebe zu anderen auf solchem abwendenden Akt fundiert, so ist sie gleichzeitig auf einen ursprünglicheren Haß fundiert, nämlich auf *Selbsthaß*. Abwendung von sich, nicht bei »sich« bleiben *können* (ein Typus ist z. B. der »Vereinsmeier«), hat mit Liebe nichts zu tun.

Aber genau so wenig wie die Richtung auf den anderen für die Liebe wesenscharakteristisch ist, so wenig auch die Richtung auf die *Gemeinschaft*. Es gibt Gemeinschaftsliebe, und zwar in dem doppelten Sinne einer Liebe zum Ganzen der »Gemeinschaft« und zu jedem einzelnen »als Glied der Gemeinschaft« – aber gleichzeitig gibt es eine davon völlig unabhängige Fremdliebe zum Individuum selbst, das hierbei ohne jeden Bezug auf eine mögliche Gemeinschaft gemeint ist oder im Gegensatz zu einer solchen gemeint sein kann (Liebe zum intimen Individuum).

Gemeinschaft – in jeder Hinsicht – ist also nur *ein* Objekt der Liebe – unter anderen Objekten. Versteht man unter »sozialer Gesinnung« eine besondere Neigung, in »Gemeinschaftsangelegenheiten« aufzugehen, so hat diese »soziale Gesinnung« also mit *Liebe* auch nicht das Mindeste zu tun. Wohl mag sich durch »soziale Gesinnung« hindurch auch eine Art von Liebe realisieren. So kann ich das Ganze eines Volkes, eines Berufes, eines Standes oder einer Rasse »aus Liebe zu ihnen« fördern wollen (niemals zu einer »Klasse«, da diese ein wertfreies Interessengebiet ist); aber ich muß mir dabei bewußt sein, daß ich hierbei die Liebe zu den *Individuen* und einen Förderungswillen für sie völlig ausschließe. Auch hier ist es eine tägliche Erscheinung, daß man eine Gemeinschaft haßt, deren Glied – nicht als Glied dieser Gemeinschaft, sondern als Individuum – man liebt. So kann sich »Antisemitismus« oder »Deutschenhaß«, Franzosenhaß etc., mit Liebe zum Individuum wohl vertragen.

Es gibt also ebenso ursprünglich eine »Selbstliebe« und einen

»Selbsthaß«, wie es eine »Fremdliebe« und einen »Fremdhaß« gibt. »*Egoismus*« ist nicht »Selbstliebe«. Denn im »Egoismus« ist mir nicht mein individuelles Selbst als Gegenstand der Liebe gegeben, herausgelöst aus allen sozialen Beziehungen und nur als Träger jener höchsten Wertarten gefaßt, die z. B. im Begriff des »Heiles« ihren Ausdruck finden, sondern ich bin mir im Streben gegeben als nur »einer unter anderen«, der dann nur die Werte anderer einfach »nicht berücksichtigt«. Gerade der Egoismus bedarf also des *Hinsehens auf den anderen* und auch eines Hinsehens auf seine Werte und Güter und besteht eben dann in der »*Nichtberücksichtigung*« der Forderungen dieser Werte (die bereits ein positiver Akt ist und nicht etwa das Fehlen eines solchen). »Egoismus« ist nicht ein Verhalten »als wäre man allein auf der Welt«, im Gegenteil, er setzt die Gegebenheit des einzelnen als Glied der Gesellschaft voraus. Gerade der Egoist ist ganz von seinem »sozialen Ich« eingenommen, das ihm sein individuelles intimes Selbst verdeckt! Und er hat auch dieses soziale Ich nicht zum Gegenstand eines Liebesaktes, sondern ist nur »eingenommen« davon, d. h. *lebt* in ihm. Er ist auch nicht auf seine Werte gerichtet als Werte (sie nur eben an sich zufällig vorfindend), sondern auf *alle* Werte, auch alle Werte der Dinge und alle Werte anderer nur, *sofern* sie *seine* sind oder werden und sein können, auf *ihn* Beziehung haben! Das alles ist das genaue *Gegenteil* der Selbstliebe!

Epiktet
Zufriedenheit

Von den Göttern behaupten einige, es gebe sie gar nicht, andere dagegen, es gebe zwar eine Gottheit, aber sie sei untätig und sorglos und kümmere sich um nichts; wieder andere sagen, die Götter existierten und kümmerten sich auch um etwas, jedoch nur um die großen und himmlischen Dinge, aber auf keinen Fall um die Dinge auf der Erde. Eine vierte Gruppe meint, sie kümmerten sich um die irdischen und menschlichen Dinge, aber nur im allgemeinen und nicht um jeden einzelnen Menschen besonders. Eine fünfte Gruppe schließlich, zu der Odysseus und Sokrates gehörten, behauptet: »Dir bin ich nicht verborgen, wenn ich mich rege.«

Es ist daher vor allem erforderlich, jede einzelne dieser Behauptungen dahingehend zu überprüfen, ob sie aus gutem Grund getroffen wird oder nicht. Wenn es nämlich keine Götter gäbe, wie könnte es dann ein Lebenszweck sein, den Göttern zu folgen? Wenn es sie aber gäbe, ohne daß sie sich um etwas kümmerten, hätte jenes Ziel ebenso wenig Sinn. Aber auch wenn sie existierten und sich um etwas kümmerten, es aber keine Verbindung zwischen ihnen und den Menschen und, mein Gott, zwischen ihnen und mir persönlich gäbe, wie könnte unser Lebensziel in diesem Fall sinnvoll sein?

Alle diese Fragen hat sich der Gewissenhafte und Tüchtige gestellt und dann erst dem, der über das Universum waltet, seinen Willen untergeordnet, wie sich die anständigen Bürger dem Gesetz des Staates unterwerfen. Wer an seiner Bildung arbeitet, muß sich unter Berücksichtigung folgender Fragen um seine Bildung bemühen: »Wie kann ich in allem den Göttern folgen? Wie kann ich dem göttlichen Walten entsprechen? Wie kann ich frei werden?« Denn frei ist der, dem alles nach seiner moralischen Entscheidung geht und den niemand hindern kann. Was bedeutet das? Ist Freiheit Wahnsinn? Auf keinen Fall. Denn

Torheit und Freiheit passen nicht zusammen. »Aber ich will, daß alles geschieht, was mir in den Sinn kommt, möge es sein, was es will.« Du bist wahnsinnig, du hast den Verstand verloren. Weißt du nicht, daß Freiheit etwas Schönes und Wertvolles ist? Daß ich aber rein nach Laune und Zufall will, daß das, was mir nach Laune und Zufall eingefallen ist, wirklich geschieht, ist nicht nur nicht schön, sondern auch höchst schädlich. Wie machen wir es denn beim Schreiben? Will ich denn den Namen »Dion« schreiben, wie es mir gefällt? Nein. Mir wird vielmehr beigebracht, so schreiben zu wollen, wie es richtig ist. Wie ist es beim Musizieren? Genauso. Wie ist es sonst, wo es um eine Kunst oder Wissenschaft geht? Wäre es anders, so hätte es keinen Sinn, etwas zu beherrschen, wenn seine Ausübung von der Willkür jedes einzelnen abhinge. Sollte es mir da ausgerechnet beim Größten und Wichtigsten, der Freiheit, erlaubt sein, mein Wollen dem Zufall zu überlassen? Auf keinen Fall, sondern die wahre Bildung besteht darin, alles so zu wollen, wie es geschieht. Aber wie geschieht es? Wie es der angeordnet hat, der alles anordnet. Er hat angeordnet, daß es Sommer und Winter, Ernte und Mißernte, Tugend und Laster und alle anderen Gegensätze dieser Art um der Harmonie des Ganzen willen gibt, und er hat jedem einzelnen von uns einen Körper und Körperteile, Eigentum und Mitmenschen geschenkt.

Im Bewußtsein dieser Weltordnung müssen wir uns um Bildung bemühen, nicht um die Grundlagen des Daseins zu ändern – denn das ist uns nicht vergönnt, und es wäre auch nicht besser, wenn es so wäre –, sondern damit wir, da die Welt, in der wir leben, so ist, wie sie ist, unseren Willen in Einklang bringen mit allem, was geschieht. Wieso? Können wir denn den Menschen entfliehen? Wie sollte das möglich sein? Aber können wir unsere Mitmenschen ändern? Wer gäbe uns die Macht dazu? Was bleibt uns daher noch oder welche Möglichkeit haben wir, um mit ihnen zusammenzuleben? Doch nur die, daß sie tun, was ihnen richtig erscheint, wir aber trotzdem im Einklang mit der Vernunftnatur leben. Du aber bist ein Schwächling und ein Nörgler, und wenn du einmal allein bist, nennst du diesen Zustand »Einsamkeit«, wenn du aber mit Menschen zusammen bist, bezeichnest du sie als hinterhältige Kerle und Räuber. Du schimpfst sogar auf deine Eltern, Kinder, Geschwister und Nachbarn. Statt dessen solltest du den Zustand des Alleinseins als Ruhe und Freiheit verstehen und dich selbst für gottähnlich halten. Wenn du aber mit vielen Menschen zusammen bist, dann solltest du nicht von Pöbel, Lärm und Widerwärtigkeit sprechen, sondern ein Fest und eine Volksbelustigung darin sehen und alles auf diese Weise mit Zufriedenheit und Wohlwollen über dich ergehen lassen. Was ist die Strafe für diejenigen, die das nicht tun? Daß sie so sind, wie sie sind. Ist jemand unzufrieden darüber, daß er allein ist? Dann soll er einsam sein. Ist jemand unzufrieden mit seinen Eltern? Dann soll er ein schlechter Sohn sein und jammern. Ist jemand mit seinen Kindern unzufrieden? Dann soll er ein schlechter Vater sein. »Wirf ihn ins Gefängnis.« In welches Gefängnis? Wo er jetzt schon ist. Er ist nämlich gegen seinen Willen da. Wo aber jemand gegen seinen Willen ist, das ist für ihn ein Gefängnis. Daher war auch Sokrates nicht im Gefängnis; denn er war freiwillig da. »Daß ich ein verkrüppeltes Bein haben muß.« Du Sklavenseele, du schimpfst wegen eines lächerlichen Beines über das Universum? Willst du es nicht dem Ganzen opfern? Willst du nicht darauf verzichten? Willst du es nicht mit Freuden dem überlassen, der es dir gegeben hat? Willst du dich lieber beschweren und mit den Anordnungen des Zeus unzufrieden sein, die er zusammen mit den Schicksalsgöttinnen getroffen hat, die dir deinen Lebensfaden spinnen? Weißt du nicht, wie winzig du im Verhältnis zum Weltganzen bist? Das gilt jedenfalls für deinen sterblichen Körper. Was jedoch deinen Geist angeht, so bist du den Göttern nicht unterlegen und nicht kleiner als sie. Denn die Größe des Geistes wird nicht nach Länge und Höhe gemessen, sondern nach seinen sittlichen Prinzipien.

Willst du also das Gute nicht dort suchen, wo du den Göttern gleich bist? »Ich bin so unglücklich – bei so einem Vater und so einer Mutter.« Wieso? Stand es dir denn frei, ins Leben zu treten, auszuwählen und dann zu sagen: »Der Mann dort soll sich mit der Frau da zu dieser Stunde vereinigen, damit ich gezeugt werden kann.« Das stand dir nicht frei, sondern deine Eltern mußten vor dir da sein; darauf erst konntest du so erzeugt werden, wie du bist. Von was für Eltern? Von solchen, wie sie es eben waren. Wie? Nun sind sie schon einmal so, wie sie sind. Gibt es denn keinen Ausweg für dich? Angenommen, du wüßtest nicht, wozu du deine Sehkraft hast, dann wärst du ganz furchtbar unglücklich, wenn du die Augen zumachtest, sobald dir Farben begegneten. Aber bist du nicht noch viel unglücklicher, weil du nicht weißt, daß du Seelengröße und edle Gesinnung besitzt, um mit allem, was dir passiert, fertig zu werden? Die Dinge, die deinen Kräften entsprechen, treten an dich heran. Du aber verzichtest ausgerechnet dann auf den Einsatz deiner Kräfte, wenn du sie geschärft und einsatzbereit halten solltest. Schuldest du nicht vielmehr den Göttern Dank dafür, daß sie dich über alle Dinge gestellt haben, die deinem Einfluß entzogen sind, und daß sie dich nur für das verantwortlich machen, was deinem Einfluß ausgesetzt ist? Für deine Eltern haben sie dir keine Verantwortung übertragen und auch nicht für deine Geschwister, deinen Körper, dein Vermögen, Leben und Tod. Wofür machen sie dich verantwortlich? Nur für das, was in deiner Macht steht, für den rechten Gebrauch deiner Vorstellungen und Eindrücke. Warum also ziehst du auch noch das an dich heran, wofür du nicht verantwortlich bist? Damit machst du dir selbst nur Schwierigkeiten.

Emilie du Châtelet
Über das Glück

Man glaubt gemeinhin, daß es schwierig ist, glücklich zu sein, und es gibt nur allzu viele Gründe für diesen Glauben. Aber es fiele leichter, glücklich zu werden, wenn die Menschen ihrem Tun Überlegungen und einen Plan für die Vorgehensweise vorausgehen ließen. Man wird getrieben von den Umständen und gibt sich den Hoffnungen hin, die sie wecken und doch immer nur zur Hälfte erfüllen. Schließlich erkennt man die Mittel glücklich zu sein erst, wenn das Alter und die Fesseln, die man sich angelegt hat, ihnen hinderlich entgegenwirken.

Kommen wir solchen verspäteten Einsichten zuvor. Die das Folgende lesen, werden darin finden, was ihnen das Alter und die Betrachtung ihres Lebens zu langsam preisgeben würden. Bewahren wir sie davor, einen Teil der kostbaren und kurzen Zeitspanne, die wir zum Fühlen und Denken haben, zu verlieren. Sie sollen die Zeit dazu nutzen, sich alle Freuden zu bereiten, die sich während ihrer Lebensreise bieten, anstatt sie mit dem Kalfatern ihres Schiffes zuzubringen.

Um glücklich zu sein, muß man sich *von Vorurteilen befreit haben, tugendhaft sein und bei guter Gesundheit, Neigungen und Leidenschaften haben und für Illusionen empfänglich sein.* Denn wir verdanken die meisten unserer Freuden der Illusion, und unglücklich ist, wer sie verliert. Weit entfernt davon, sie durch die Fackel der Vernunft vertreiben zu wollen, solltet Ihr daher versuchen, die Glasur stärker aufzutragen, mit der sie die meisten Dinge überzieht: für sie ist dieser Glanz noch notwendiger als Pflege und Schmuck für unsere Körper.

Man muß damit beginnen, sich wirklich selbst zu sagen und es sich zur Überzeugung zu machen, daß wir nur auf dieser Welt sind, um uns angenehme Empfindungen und Gefühle zu bereiten. Die Moralisten, die den Menschen sagen, *zügelt eure Leidenschaften und beherrscht eure Begierden, wenn ihr glücklich werden wollt*, kennen den Weg zum Glück nicht. Man wird nur glücklich durch befriedigte Neigungen oder Leidenschaften, und da man nicht immer das Glück hat, letztere zu verspüren, muß man sich mangels Leidenschaften eben mit den Neigungen begnügen. Leidenschaften sind es also, die man von Gott erbitten sollte, falls man ihn um etwas zu bitten wagte; und Le Nôtre hatte sehr recht, vom Papst Versuchungen statt Ablässe zu fordern.

Doch, wird man mir entgegenhalten, machen die Leidenschaften nicht mehr Menschen unglücklich als glücklich? Ich habe nicht die erforderliche Waage, um das Gute und das Schlechte, das sie den Menschen bescheren, allgemein abzuwägen. Doch ist zu bedenken, daß man von den Unglücklichen weiß, weil sie die anderen brauchen, gern ihre Leidensgeschichte erzählen und darin Heilmittel und Erleichterung suchen. Die glücklichen Menschen dagegen suchen nichts und werden den anderen ihr Glück nicht kundgeben. Die Unglücklichen sind interessant, die Glücklichen unbekannt.

Daher sind zwei Liebende, wenn sie sich versöhnt haben, wenn ihre Eifersucht verflogen ist, wenn die trennenden Hindernisse überwunden sind, nicht mehr für das Theater geeignet; das Stück ist für die Zuschauer zu Ende. Und die Szene von Renaud und Armide wäre nicht so fesselnd, wenn der Zuschauer nicht wüßte, daß Renauds Liebe durch einen Zauber bewirkt wurde, der seine Kraft verlieren muß, und daß die Leidenschaft, die Armide in dieser Szene offenbart, ihr Unglück interessanter machen wird. Es sind die gleichen Kräfte, die bei Theateraufführungen und bei tatsächlichen Erlebnissen unsere Seele erschüttern. Man kennt also die Liebe weit besser durch die Leiden, die sie verursacht, als durch das oft verborgene Glück, das sie im Leben der Menschen verbreitet.

Aber für einen Augenblick angenommen, die Leidenschaften machten mehr Menschen unglücklich als glücklich, so sage ich, daß sie immer noch wünschenswert wären, weil sie Vorbedingung sind, ohne die es keine großen Freuden geben kann. Nun ist es aber nur der Mühe wert zu leben, um angenehme Gefühle und Empfindungen zu haben, und je lebhafter die angenehmen Gefühle sind, um so glücklicher ist man. Daher sollte man sich Empfänglichkeit für Leidenschaften wünschen, und – ich wiederhole es noch einmal – es hat sie nicht jeder, der will. Es ist an uns, sie für unser Glück nutzbar zu machen, es hängt oft nur von uns ab. *Wer mit seinem Stand und den Verhältnissen, in die das Schicksal ihn hineingestellt hat, so gut umzugehen wußte, daß es ihm gelungen ist, seinen Geist und sein Herz in ein ruhiges Gleichgewicht zu bringen, und wer für alle Gefühle, für alle angenehmen Empfindungen empfänglich ist, die dieser Stand mit sich bringen kann,* ist gewiß ein vortrefflicher Philosoph und muß der Natur sehr dankbar sein. Ich sage, *sein Stand und die Verhältnisse, in die das Schicksal ihn hineingestellt hat,* denn ich glaube, eines der Dinge, die am meisten zum Glück beitragen, ist, mit seinem Stand zufrieden zu sein und lieber zu versuchen, ihn glücklich auszugestalten, anstatt ihn gegen einen anderen zu tauschen.

Ich habe nicht die Absicht, über alle möglichen Arten von Bedingungen und alle Arten von Leuten zu schreiben. Nicht alle Stände sind für die gleiche Sorte Glück empfänglich. Ich schreibe nur für die sogenannten Leute von Welt mit einem sicheren, mehr oder weniger üppigen Vermögen, das ihnen ihren Stand zu halten erlaubt, ohne zu erröten. Und diese Leute glücklich zu machen ist vielleicht nicht die leichteste Aufgabe.

Um Leidenschaften zu fühlen und sie befriedigen zu können, muß man ohne Zweifel bei guter Gesundheit sein; das ist das erste Gut. Nun haben wir aber auf dieses Gut nicht so wenig Einfluß, wie wir denken. Da wir im allgemeinen alle gesund geboren werden und für eine gewisse Zeitspanne geschaffen sind, würden wir mit Sicherheit alle ungefähr ein, wie man so sagt, Menschenalter lang leben, wenn wir nicht unsere Konstitution durch Schlemmerei, durchwachte Nächte, kurzum, durch Ausschweifungen zerstören würden. Die gewaltsamen Tode nehme ich davon aus, sie sind nicht vorauszusehen, und folglich ist es zwecklos, sich mit ihnen zu befassen.

Aber, wird man mir entgegnen, wenn Eure Leidenschaft die Schlemmerei ist, werdet Ihr folglich sehr unglücklich sein; denn wenn Ihr gesund bleiben wollt, werdet Ihr Euch ständig Zwang auferlegen müssen. Darauf antworte ich, wenn Euer Ziel das Glück durch Befriedigung Eurer Leidenschaften ist, darf Euch nichts von diesem Ziel abbringen. Und wenn die Magenschmerzen und die Gicht, die Ihr durch Eure Ausschweifungen bei Tisch bekommt, Euch Leiden verursachen, die heftiger sind als die Freuden, die Ihr aus der Befriedigung der Eßlust zieht, dann rechnet Ihr schlecht. Ihr zieht den Genuß des einen den Entbehrungen des anderen vor. Ihr entfernt Euch von Eurem Ziel und seid unglücklich durch eigene Schuld. Beklagt Euch also nicht, Schlemmer zu sein, denn das ist eine Quelle steter Freuden; doch wißt sie für Euer Glück zunutze zu machen. Dies wird Euch leicht fallen, indem Ihr zu Hause bleibt und Euch nur das servieren laßt, was Ihr essen wollt. Legt Fastenzeiten ein. Wenn

Ihr wartet, bis Euer Magen echten Hunger verspürt, wird Euch alles Angebotene ebensoviel Genuß bereiten wie ausgesuchtere Gerichte, an die Ihr auch gar nicht denken werdet, solange Ihr sie nicht vor Augen habt. Diese selbst auferlegte Zurückhaltung wird den Genuß nur steigern. Ich empfehle sie Euch nicht, um Euch die Freude am Schlemmen zu verderben, sondern um Euch einen noch köstlicheren Genuß daraus zu ermöglichen.

Was aber die Kranken, die Gebrechlichen betrifft, denen alles beschwerlich ist, so haben sie andere Formen des Glücks: es angenehm warm zu haben, ihr Hühnchen gut zu vertragen, zum Nachtstuhl zu gehen ist für sie eine Freude. Doch für sie schreibe ich nicht: Ein solches Glück ist, wenn es denn eins ist, zu fade, um sich mit den Mitteln, es zu erreichen, zu befassen. Es scheint, daß diese Art von Menschen einer Sphäre angehören, wo das, was man Glück, Freude, angenehme Gefühle nennt, nicht hingelangen kann. Sie sind zu bedauern, aber man kann nichts für sie tun.

Wenn man einmal klar erkannt hat, daß man ohne Gesundheit keine Freude und nichts Gutes genießen kann, entschließt man sich ohne Mühe zu einigen Opfern, um sie zu bewahren. Ich bin, das kann ich wohl sagen, ein Beispiel dafür. Ich habe eine sehr gute Konstitution, aber ich bin nicht robust. Es gibt Dinge, die mit Sicherheit meine Gesundheit zerstören würden, so der Wein zum Beispiel und alle starken Getränke. Ich versage sie mir seit meiner frühen Jugend. Ich habe ein feuriges Temperament und ertränke mich vormittags in Flüssigkeiten. Kurzum, ich gebe mich oft der Lust am Schlemmen hin, die Gott mir mitgegeben hat, aber ich gleiche diese Ausschweifungen mit strengem Fasten wieder aus, das ich mir auferlege, sobald ich die erste Unpäßlichkeit spüre, und das hat mir Krankheiten immer erspart. Dieses Fasten kostet mich nichts, weil ich währenddessen zur Essenszeit zu Hause bleibe. Da aber die Natur weise genug ist, bei uns kein Hungergefühl zu wecken, wenn wir mit Nahrung überlastet sind, und meine Eßlust nicht durch den Anblick von Speisen erregt wird, versage ich mir nichts, wenn ich nicht esse, und stelle meine Gesundheit wieder her, ohne daß es mich Entbehrungen kostet.

Eine andere Quelle des Glücks ist die Freiheit von Vorurteilen, und es liegt nur an uns, sie abzuschütteln. Wir haben alle die notwendige Portion Verstand, um zu überprüfen, was man uns zwingen will zu glauben, um beispielsweise zu wissen, ob zwei und zwei vier macht oder fünf. Im übrigen fehlt es in unserem Zeitalter nicht an Möglichkeiten, sich zu unterrichten. Ich weiß, daß es andere Vorurteile gibt als die des Aberglaubens, und glaube, daß sie sehr leicht zu erschüttern sind, obwohl keine soviel Einfluß auf unser Glück oder Unglück haben wie die des Aberglaubens. Wer von Vorurteil spricht, meint eine Anschauung, die man ohne Prüfung übernommen hat, weil sie dieser nicht standhalten würde. Der Irrtum kann niemals etwas Gutes sein und ist sicherlich ein großes Übel bei Fragen, von denen die Lebensführung abhängt.

Man darf die Vorurteile nicht mit den guten Sitten verwechseln. Die Vorurteile haben keinen Wahrheitsgehalt und können nur schlechten Seelen nützlich sein; denn es gibt verderbte Seelen, wie es mißgestaltete Körper gibt. Diese fallen aus dem Rahmen, und ich habe ihnen nichts zu sagen. Die guten Sitten haben Wahrheitsgehalt durch Übereinkunft, und das genügt, damit sich eine Person von edler Geburt niemals eine Abweichung von ihnen gestatten würde. Es gibt kein Buch, das die guten Sitten lehrt, und doch mißachtet sie niemand, zumindest absichtlich. Sie sind verschieden je nach Stand, Alter, Umständen. Wer auch immer nach dem Glück strebt, darf sie niemals verletzen. Die genaue Beachtung der guten Sitten aber ist eine Tugend, und ich habe gesagt, daß man tugendhaft sein muß, um glücklich zu sein.

Ich weiß, daß die Prediger und sogar Juvenal sagen, man müsse die Tugend um ihrer selbst willen lieben, um der ihr eigenen Schönheit willen. Aber man muß den Sinn dieser Worte zu verstehen suchen und wird dann sehen, daß sie sich so zusammenfassen lassen: Man muß tugendhaft sein, weil man nicht lasterhaft und zugleich glücklich sein kann. Unter Tugend verstehe ich alles, was zum Glück der Gesellschaft beitragen kann und folglich zu unserem, da wir Mitglieder der Gesellschaft sind.

Ich sage, daß man nicht glücklich und zugleich lasterhaft sein kann, und der Beweis für diesen Grundsatz liegt im Herzen aller Menschen. Ich behaupte, daß sogar unter den größten Schurken keiner ist, bei dem nicht die eigenen Gewissensbisse, das heißt sein inneres Empfinden, und die Verachtung der anderen, die er verdient zu haben weiß und auch zu spüren bekommt, sobald er erkannt ist, wie eine Folter wirken. Unter Schurken verstehe ich nicht die Diebe, Mörder, Giftmischer; sie sind in der Klasse von Leuten, für die ich schreibe, nicht zu finden. Aber ich gebe diesen Namen den falschen und hinterhältigen Leuten, den Verleumdern, Spitzeln, Undankbaren, kurz, all jenen, die Lastern frönen, gegen die es keine geschriebenen Gesetze gibt, über die aber die Sittengesetze und die der Gesellschaft um so schrecklichere Urteile fällen, weil sie immer vollstreckt werden.

Ich bin also der Meinung, daß es auf Erden niemanden gibt, der Verachtung zu spüren bekommen könnte, ohne in Verzweiflung zu geraten. Die allgemeine Geringschätzung, die tiefe Ablehnung durch die achtbaren Leute ist eine grausamere Folter als alle, die ein Kerkermeister je zufügen könnte, weil sie länger dauert und keinerlei Hoffnung läßt.

Man darf also nicht lasterhaft sein, wenn man nicht unglücklich sein will. Aber es ist uns nicht genug, nicht unglücklich zu sein; das Leben wäre nicht der Mühe wert ertragen zu werden, wenn die Abwesenheit von Schmerz unser einziges Ziel wäre. Das Nichts wäre besser, denn das ist gewiß der Zustand, wo man am wenigsten leidet. Man muß also versuchen, glücklich zu sein; man muß gut sein zu sich selbst, aus dem gleichen Grund, warum man in seinem Hause bequem eingerichtet sein sollte. Und man würde vergebens hoffen, diese Zufriedenheit zu genießen oder die Tugend.

»Leicht ist es, der Sterblichen Augen zu blenden, / Doch kann man nicht täuschen der Götter wachsamen Blick« hat einer unserer besten Dichter gesagt [Voltaire, Semiramis], – aber es ist der wachsame Blick des eigenen Gewissens, den man niemals täuscht. Je genauer man sich selbst Rechenschaft ablegt und sich bezeugen kann, daß man seine Pflichten erfüllt und alles Gute getan hat, das man tun konnte – nun, daß man eben tugendhaft ist -, um so mehr genießt man diese innere Befriedigung, die Gesundheit der Seele genannt werden kann. Ich zweifle, daß es ein köstlicheres Gefühl gibt, als soeben eine tugendhafte Tat vollbracht zu haben, die die Anerkennung der achtbaren Menschen verdient. Zu der inneren Befriedigung über eine gute Tat kommt noch die hinzu, allgemeine Achtung zu genießen; selbst die Spitzbuben können der Rechtschaffenheit nicht ihren Respekt versagen, aber nur auf die Wertschätzung der ehrenhaften Leute kommt es an.

Schließlich sage ich, daß man *für Illusionen empfänglich* sein muß, wenn man glücklich sein will, und dies bedarf keines Beweises. Aber, werdet Ihr mir entgegnen, Ihr habt gesagt, daß der Irrtum immer schädlich sei; ist die Illusion denn kein Irrtum? Nein. Zwar zeigt uns die Illusion die Dinge nicht so, wie sie sind, aber sie zeigt sie uns, wie sie sein sollen. Um in uns angenehme Gefühle zu wecken, paßt sie sie unserer Natur an. Solcher Art sind die optischen Täuschungen. Die Optik betrügt uns aber nicht, obwohl sie uns nicht in der Weise sehen läßt, wie wir zu unserem Nutzen sehen müßten. Aus welchem Grund lache ich mehr als alle anderen beim Marionettenspiel, wenn nicht, weil ich mich mehr als jeder andere der Illusion hingebe und nach einer Viertelstunde glaube, daß da der Hanswurst spricht? Hätte man nur einen Augenblick des Vergnügens im Theater, wenn man sich nicht dem Gaukelspiel überließe, das uns lang verstorbene Personen zeigt und sie in Alexandrinern sprechen läßt? Und welchen Genuß hätte man bei einem anderen Schauspiel, wo alles Trugbild ist, wenn man sich ihm nicht hingeben könnte? Das wäre gewiß ein Verlust. Und diejenigen, die in der Oper nur Freude an der Musik und den Tänzen haben, spüren ein recht dürres Vergnügen, jenem weit unterlegen, das dieses bezaubernde Schauspiel als Ganzes schenkt.

Ich habe das Schauspiel angeführt, weil die Illusion dort leichter zu spüren ist; sie mischt sich in alle Freuden unseres Lebens und ist dessen Glasur. Das ist nur zu wahr, bis zu einem bestimmten Punkt: Man kann sich keine Illusionen zulegen, ebensowenig wie man sich Vorlieben und Leidenschaften schenken kann. Aber man kann die Illusionen, die man hat, behalten und versuchen, sie nicht zu zerstören. Man sollte gerade nicht hinter die Kulissen gehen, um das Räderwerk für Flüge und die übrige Bühnenmaschinerie zu sehen. Darin besteht die ganze Kunst, die man dareinsetzen kann, und die ist weder unnütz noch vergeblich.

EPIKUR
Katechismus

Was glückselig und unvergänglich ist, hat weder selber Sorgen, noch bereitet es anderen solche. Es hat also weder mit Zorn noch mit Gunst etwas zu schaffen; denn alles Derartige gehört zur Schwäche.

Der Tod geht uns nichts an. Denn was sich aufgelöst hat, hat keine Empfindung. Was aber keine Empfindung hat, geht uns nichts an.

Grenze der Größe der Lustempfindungen ist die Beseitigung alles Schmerzenden. Wo immer das Lusterzeugende vorhanden ist, da findet sich, solange es gegenwärtig ist, nichts Schmerzendes oder Betrübendes oder beides zusammen.

Das Schmerzende verweilt nicht lange Zeit gleichmäßig im Fleische, sondern, sofern es aufs äußerste schmerzt, ist es nur ganz kurze Zeit gegenwärtig, sofern es aber das Lusterzeugende im Fleische bloß überwiegt, dauert es nicht viele Tage. Langandauernde Schwächezustände schließlich zeigen ein Überwiegen des Lusterregenden im Fleische über das Schmerzende.

Es ist nicht möglich, lustvoll zu leben, ohne daß man vernunftgemäß, schön und gerecht lebt, noch vernunftgemäß, schön und gerecht ohne lustvoll zu leben. Wer dies nicht besitzt, der kann nicht lustvoll leben.

Um vor den Menschen sicher zu sein, steht als ein naturgemäßes Gut Herrschaft und Königtum zur Verfügung, mit deren Hilfe man sich zuweilen jene Sicherheit verschaffen kann.

Manche wollten berühmt und angesehen werden und meinen, sich auf diese Weise die Sicherheit vor den Menschen verschaffen zu können. Ist nun das Leben solcher Menschen tatsächlich sicher geworden, so haben sie das naturgemäße Gut erlangt. Ist es aber nicht sicher geworden, so besitzen sie nicht, wonach sie ursprünglich der Natur entsprechend strebten.

Keine Lust ist an sich ein Übel. Aber das, was bestimmte Lustempfindungen erzeugt, bringt Beschwerden mit sich, die die Lustempfindungen um ein Vielfaches übersteigen.

Wenn die gesamte Lust sich verdichtete nach Raum und Zeit und in der gesamten Zusammensetzung vorhanden wäre oder doch in den hauptsächlichsten Teilen der Natur, dann würden die Lustempfindungen niemals voneinander verschieden sein. [...]

Mag auch die Sicherheit vor den Menschen bis zu einem gewissen Grade zu erlangen sein durch eine fest gegründete Macht und durch Wohlhabenheit, so entsteht doch die reinste Sicherheit durch ein ruhiges und von der Menge abgesondertes Dasein.

Der naturgemäße Reichtum ist begrenzt und leicht zu beschaffen, der durch eitles Meinen erstrebte läuft dagegen ins Grenzenlose aus.

Nur in wenigem gerät dem Weisen der Zufall herein, das Größte und Wichtigste aber hat die Überlegung geordnet und tut es während der ganzen Zeit des Lebens und wird es tun.

Das gerechte Leben ist von Unruhe am freiesten, das ungerechte aber ist voll von jeglicher Unruhe. [...]

Wer die Grenzen des Lebens begriffen hat, weiß, daß jenes leicht zu beschaffen ist, was das Schmerzende des Mangels beseitigt und das gesamte Leben zu einem vollkommenen macht. Darum bedarf er keiner Veranstaltungen, die Kämpfe mit sich bringen.

Das bestehende Lebensziel muß man bedenken und jene ganze Evidenz, auf die wir die Meinungen zurückführen. Tun wir das nicht, so wird jedes Urteil unmöglich und alles voll von Unruhe sein.

Erich Fromm
Die Existenzweise des Seins

Die meisten von uns wissen mehr über die Existenzweise des Habens als über die Existenzweise des Seins, weil Haben die weit häufiger erlebte Existenzweise in unserer Gesellschaft ist. Aber es gibt einen anderen und noch wichtigeren Grund, warum es so schwierig ist, die Existenzweise des Seins zu definieren; das ist die Natur des Unterschieds zwischen den beiden Existenzweisen.

Haben bezieht sich auf *Dinge*, und Dinge sind konkret und *beschreibbar. Sein bezieht sich auf Erlebnisse*, und diese sind im Prinzip nicht beschreibbar. Durchaus beschreibbar ist die *Persona*, die Maske, die wir alle tragen, das Ich, das wir vorgeben, denn diese Persona ist selbst ein Ding. Aber im Gegensatz dazu ist der lebendige Mensch kein totes Bildwerk und kann nicht wie ein Ding beschrieben werden. Eigentlich kann man ihn überhaupt nicht beschreiben. Freilich kann viel über mich ausgesagt werden, über meinen Charakter, meine ganze Lebenseinstellung. Diese Einsichten können viel zum Verständnis meiner eigenen psychischen Struktur und der anderer beitragen. Aber mein gesamtes Ich, meine Individualität in allen ihren Ausformungen, mein So-sein, das so einmalig ist wie meine Fingerabdrücke, ist niemals vollkommen erfaßbar, nicht einmal auf dem Wege der Einfühlung, denn es gibt keine zwei Menschen, die vollkommen identisch sind. Nur durch den Prozeß lebendigen Aufeinander-Bezogenseins überwinden der andere und ich die Schranken unseres Getrenntseins, solange wir beide am Tanz des Lebens teilnehmen. Volle gegenseitige Identifikation kann jedoch nie erreicht werden.

Selbst eine einzelne Verhaltensweise ist nicht erschöpfend beschreibbar. Man könnte seitenlang über das Lächeln der Mona Lisa schreiben, ohne das abgebildete Lächeln in Worte eingefangen zu haben, aber nicht, weil es so »geheimnisvoll« ist. Das Lächeln eines jeden Menschen ist geheimnisvoll (sofern es sich nicht um das angelernte, synthetische, vermarktete Lächeln handelt). Niemand kann den Ausdruck des Interesses, der Begeisterung, der Liebe zum Leben, des Hasses oder des Narzißmus beschreiben, der sich in den Augen spiegelt, oder in der Vielfalt des Mienenspiels, des Ganges, der Körperhaltung und des Tonfalls eines Menschen.

Tätigsein

Die Voraussetzungen für die Existenzweise des Seins sind Unabhängigkeit, Freiheit und das Vorhandensein kritischer Vernunft. Ihr wesentlichstes Merkmal ist die Aktivität, nicht im Sinne von Geschäftigkeit, sondern im Sinne eines inneren Tätigseins, dem produktiven Gebrauch der menschlichen Kräfte. Tätigsein heißt, seinen Anlagen, seinen Talenten, dem Reichtum menschlicher

Gaben Ausdruck zu verleihen, mit denen jeder – wenn auch in verschiedenem Maß – ausgestattet ist. Es bedeutet, sich selbst zu erneuern, zu wachsen, sich zu verströmen, zu lieben, das Gefängnis des eigenen isolierten Ichs zu transzendieren, sich zu interessieren, zu lauschen, zu geben. Keine dieser Erfahrungen ist jedoch vollständig in Worten wiederzugeben. Worte sind Gefäße, die wir mit Erlebnissen füllen, doch diese quellen über das Gefäß hinaus. Worte weisen auf Erleben hin, sie sind nicht mit diesem identisch.

In dem Augenblick, in dem ich ein Erleben vollständig in Gedanken und Worte umsetze, verflüchtigt es sich; es verdorrt, ist tot, wird zum bloßen Gedanken. Daher ist Sein nicht mit Worten beschreibbar und nur durch gemeinsames Erleben kommunikabel. In der Existenzweise des Habens herrscht das tote Wort, in der des Seins die lebendige Erfahrung, für die es keinen Ausdruck gibt. (Natürlich zählt auch das lebendige und produktive Denken zum Sein.)

Vielleicht kann die Existenzweise des Seins am besten durch ein Symbol verdeutlicht werden, das ich Max Hunziger verdanke: Ein blaues Glas erscheint blau, weil es alle andern Farben absorbiert und sie so nicht passieren läßt. Das heißt, wir nennen ein Glas blau, weil es das Blau gerade nicht in sich behält. Es ist nicht nach dem benannt, was es besitzt, sondern nach dem, was es hergibt.

Nur in dem Maße, in dem wir die Existenzweise des Habens bzw. des Nichtseins abbauen (das heißt aufhören, Sicherheit und Identität zu suchen, indem wir uns an das anklammern, was wir haben, indem wir es »be-sitzen«, indem wir an unserem Ich und unserem Besitz festhalten), kann die Existenzweise des Seins durchbrechen. Um zu »sein«, müssen wir unsere Egozentrik und Selbstsucht aufgeben bzw. uns »arm« und »leer« machen, wie es die Mystiker oft ausdrücken.

Aber den meisten Menschen fällt es zu schwer, ihre Habenorientierung aufzugeben; jeder derartige Versuch erfüllt sie mit tiefer Angst; sie haben das Gefühl, auf jegliche Sicherheit zu verzichten, als würden sie ins Meer geworfen, ohne schwimmen zu können. Sie wissen nicht, daß sie erst dann beginnen können, ihre eigenen Fähigkeiten zu gebrauchen und aus eigener Kraft zu gehen, wenn sie die Krücken des Besitzes weggeworfen haben. Was sie zurückhält, ist die Illusion, daß sie nicht allein gehen könnten und zusammenbrechen würden, wenn ihr Besitz sie nicht stützt.

Aktivität und Passivität

Sein im oben beschriebenen Sinn impliziert die Fähigkeit zur Aktivität (Tätigsein); Passivität schließt Sein aus. Die Worte »aktiv« und »passiv« sind jedoch sehr mißverständliche Worte, da sich ihre heutige Bedeutung grundlegend von jener unterscheidet, die sie von der klassischen Antike und dem Mittelalter bis zu der Zeit, die nach der Renaissance begann, hatten. Wir müssen zunächst die Begriffe Aktivität und Passivität klären, um den Begriff des Seins verstehen zu können.

Im modernen Sprachgebrauch wird Aktivität gewöhnlich als ein Verhalten definiert, bei dem durch Aufwendung von Energie eine sichtbare Wirkung erzielt wird. So werden beispielsweise der Bauer, der sein Land bestellt, der Arbeiter am Fließband, der Vertreter, der den Kunden zum Kauf überredet, der Anleger, der sein eigenes Geld oder das anderer Leute investiert, der Arzt, der seinen Patienten behandelt, der Postbeamte, der Briefmarken verkauft, und der Bürokrat, der Akten ablegt, als »aktiv« bezeichnet. Einige dieser Tätigkeiten mögen mehr Interesse und Konzentration als andere erfordern; aber das ändert nichts in bezug auf die »Aktivität«; Aktivität ist allgemein gesprochen *gesellschaftlich anerkanntes, zweckhaftes Verhalten, das entsprechende gesellschaftlich nützliche Veränderungen bewirkt.*

Aktivität im modernen Sinn bezieht sich nur auf Verhalten, nicht auf die Person, die sich in einer bestimmten Weise verhält. Es wird nicht differenziert, ob ein Mensch aktiv ist, weil er wie ein Sklave durch äußere Mächte dazu gezwungen wird oder weil er wie ein von Angst getriebener Mensch unter innerem Zwang steht. Es ist gleichgültig, ob er an seiner Arbeit interessiert ist wie ein Zimmermann oder ein kreativer Schriftsteller, ein Wissenschaftler oder ein Gärtner oder ob er keine innere Beziehung zu seiner Tätigkeit hat und keine Befriedigung durch sie erfährt wie der Arbeiter am Fließband und der Postangestellte.

Aktivität im modernen Sinn unterscheidet nicht zwischen *Tätigsein* und bloßer *Geschäftigkeit*. Es gibt aber einen grundlegenden Unterschied zwischen diesen beiden Arten von Aktivität, der dem ähnelt, den man zwischen »entfremdeter« und »nicht entfremdeter« Tätigkeit machen würde. In der entfremdeten Aktivität erlebe ich mich nicht als das tätige Subjekt meines Handelns, sondern erfahre das *Resultat* meiner Tätigkeit, und zwar als etwas »da drüben«, das von mir getrennt ist und über mir bzw. gegen mich steht. Im Grunde handle nicht *ich*; innere oder äußere Kräfte handeln *durch mich*. Ich bin vom Ergebnis meines Tätigseins getrennt worden. Der deutlichste Fall entfremdeter Aktivität ist im psychopathologischen Bereich die zwangsneurotische Persönlichkeit. Sie steht unter dem inneren Drang, etwas gegen den eigenen Willen zu tun – Stufen zu zählen, bestimmte Redewendungen zu wiederholen, gewisse private Rituale zu vollziehen. Sie kann bei der Verfolgung eines Zieles äußerst »aktiv« sein, aber sie wird dabei, wie psychoanalytische Untersuchungen überzeugend gezeigt haben, von einer inneren Macht angetrieben, deren sie sich nicht bewußt ist. Ein ebenso eindeutiges Beispiel entfremdeter Aktivität ist das posthypnotische Verhalten. Ein Mensch, dem in der hypnotischen Trance ein bestimmter Befehl erteilt wurde, führt diesen nach dem Erwachen aus, ohne sich bewußt zu sein, daß er nicht aus *eigenem* Entschluß handelt, sondern den Anweisungen des Hypnotiseurs gehorcht.

Bei nicht entfremdeter Aktivität erlebe ich *mich* als handelndes *Subjekt* meines Tätigseins. Nicht entfremdete Aktivität ist ein Prozeß des Gebärens und Hervorbringens, wobei die Beziehung zu meinem Produkt aufrechterhalten bleibt. Dies bedeutet auch, daß meine Aktivität eine Manifestation meiner Kräfte und Fähigkeiten ist, daß ich und mein Tätigsein und das Ergebnis meines Tätigseins eins sind. Diese nicht entfremdete Aktivität bezeichne ich als *produktives Tätigsein*. [...]

»Produktiv« im hier gebrauchten Sinn bezieht sich nicht auf

die Fähigkeit, etwas Neues oder Originales zu schaffen, es ist nicht gleichbedeutend mit der Kreativität eines Künstlers oder Wissenschaftlers. Es geht hier weniger um das Produkt meiner Aktivität als vielmehr um deren *Qualität*. Ein Gemälde oder eine wissenschaftliche Abhandlung können sehr unproduktiv, das heißt steril sein; andererseits kann der Prozeß, der in einem Menschen vor sich geht, der sich seiner selbst zutiefst bewußt ist oder der einen Baum wirklich »sieht«, statt ihn bloß anzuschauen, oder der ein Gedicht liest und die Gefühle nachempfindet, die der Dichter in Worten ausgedrückt hat, produktiv sein, obwohl nichts »geschaffen« wird. Produktives Tätigsein bezeichnet den Zustand innerer Aktivität, sie muß nicht notwendigerweise mit der Hervorbringung eines künstlerischen oder wissenschaftlichen Werkes bzw. von etwas »Nützlichem« verbunden sein. Produktivität ist eine Charakter-Orientierung, zu der jeder Mensch fähig ist, der nicht emotional verkrüppelt ist. Der produktive Mensch erweckt alles zum Leben, was er berührt. Er gibt seinen eigenen Fähigkeiten Leben und schenkt anderen Menschen und Dingen Leben.

Sowohl »Aktivität« als auch »Passivität« können zwei völlig verschiedene Bedeutungen haben. Entfremdete Aktivität im Sinne bloßer Geschäftigkeit ist in Wirklichkeit »Passivität«, das heißt Unproduktivität. Hingegen kann Passivität im Sinne von Nichtgeschäftigkeit nicht entfremdete Aktivität sein. Dies ist heute so schwer zu verstehen, weil die meisten Arten von Aktivität entfremdete »Passivität« sind, während produktive Passivität selten erlebt wird.

Albert Camus
Die Eroberung

»Nein«, sagt der Eroberer, »glaubt nicht, ich hätte der Tat zuliebe das Denken verlernen müssen! Im Gegenteil: Ich kann, was ich glaube, durchaus definieren. Denn ich glaube es mit aller Kraft, und ich übersehe es mit einem klaren, sicheren Blick.« Mißtraut denen, die sagen: »Das weiß ich zu gut, um es ausdrücken zu können.« Denn sie können es nicht, weil sie es nicht wissen oder weil sie aus Trägheit an der Oberfläche geblieben sind.

Ich habe nicht viele Ansichten. Am Ende eines Lebens wird der Mensch gewahr, daß er Jahre damit verbracht hat, sich einer einzigen Wahrheit zu versichern. Aber eine einzige Wahrheit – wenn sie evident ist – genügt für die Dauer einer Existenz. Ich jedenfalls habe ganz entschieden etwas über das Individuum auszusagen. Mit Härte muß man von ihm sprechen und, wenn nötig, mit der angemessenen Verachtung.

Ein Mensch ist mehr Mensch durch das, was er verschweigt, als durch das, was er sagt. Ich werde viel verschweigen. Aber ich glaube fest, daß alle, die über das Individuum geurteilt haben, ihr Urteil mit viel weniger Erfahrung als ich begründet haben. Der Verstand, der rührige Verstand, hat vielleicht geahnt, was festzustellen wäre. Aber das Zeitalter, seine Trümmer und sein Blut überhäufen uns mit evidenten Tatsachen. Alten Völkern und selbst den jüngsten bis in unser Maschinenzeitalter hinein war es möglich, die Tugenden der Gesellschaft und die des Individuums im Gleichgewicht zu halten, zu erkunden, wer wem zu dienen hat. Das war möglich zunächst dank einer hartnäckigen Verwirrung des menschlichen Herzens, wonach die Lebewesen in die Welt gesetzt worden sind, um zu dienen oder um bedient zu werden. Es war ferner möglich, weil weder die Gesellschaft noch das Individuum ihr ganzes Können bewiesen hatten.

Ich habe es erlebt, daß kluge Menschen verzaubert waren von den Meisterwerken der holländischen Maler, die während der blutigen flandrischen Kriege geschaffen worden waren, und daß sie bewegt waren von den Predigten der schlesischen Mystiker, die mitten im fürchterlichen Dreißigjährigen Kriege entstanden. Die ewigen Werte schweben in ihren erstaunten Augen über den weltlichen Wirren. Aber inzwischen ist die Zeit weitergegangen. Die heutigen Maler haben nicht mehr diese heitere Ruhe. Selbst wenn sie im Grunde das Herz haben, das der schöpferische Mensch braucht, ich meine ein nüchternes Herz, nützt das nichts, denn jedermann, selbst der Heilige, ist heute mobilisiert. Gerade das habe ich vielleicht am tiefsten empfunden. Mit jeder Form, die in den Schützengräben umkommt, mit jedem Strich, jeder Metapher und jedem Gebet, das vom Stahl zermalmt wird, verliert das Ewige eine Partie. Da ich mir bewußt bin, mich nicht von meiner Zeit trennen zu können, habe ich beschlossen, eins mit ihr zu sein. Nur deshalb mache ich vom Individuum so viel Aufhebens, weil es mir lächerlich und erniedrigt erscheint. Da ich weiß, daß keine Sache siegen wird, liebe ich die verlorenen: sie erfordern eine ganze Seele, die sich gleich bleibt in ihrer Niederlage wie bei ihren vorübergehenden Siegen. Wer sich dem Schicksal dieser Welt verbunden fühlt, für den hat die Erschütterung der Kulturen etwas Beängstigendes. Ich habe diese Angst in demselben Augenblick zu der meinen gemacht, da ich mich mit der Welt eingelassen habe. Zwischen der Geschichte und dem Ewigen habe ich die Geschichte gewählt, weil ich Gewißheiten liebe. Ihrer wenigstens bin ich sicher, und wie sollte ich diese Kraft, die mich zerdrückt, leugnen?

Es kommt immer eine Zeit, in der man zwischen Kontemplation und Aktion zu wählen hat. Das heißt ein Mensch werden. Diese Zerreißproben sind fürchterlich. Aber für ein stolzes Herz gibt es keinen Mittelweg. Es gibt Gott oder die Zeit, Kreuz oder Schwert. Entweder hat diese Welt einen höheren Sinn, der ihre Geschäftigkeit überdauert, oder allein diese Geschäftigkeit ist wahr. Man muß mit der Zeit leben und mit ihr sterben oder sich ihr um eines höheren Lebens willen entziehen. Ich weiß, daß man Kompromisse machen und sowohl in der Zeit leben wie an die Ewigkeit glauben kann. Das nennt man akzeptieren. Ich aber sträube mich gegen diesen Begriff, ich will alles oder nichts. Wenn ich die Aktion wähle, so glaubt nicht, die Kontemplation wäre mir fremd. Doch sie kann mir nicht alles geben, und da ich der Ewigkeit beraubt bin, will ich mich mit der Zeit verbünden. Ich will weder Sehnsucht noch Bitternis auf meine Rechnung setzen lassen, ich will nur klarsehen. Ich sage es euch, morgen werdet ihr mobilisiert werden. Für euch wie für mich ist das eine Befreiung. Das Individuum kann nichts und vermag dennoch alles. Angesichts dieser wunderbaren Verfügbarkeit begreift ihr, warum ich das Individuum gleichzeitig besinge und verabscheue. Die Welt zermalmt es, und ich befreie es. Ich setze es in alle seine Rechte ein.

Die Eroberer wissen, daß die Tat an sich nutzlos ist. Es gibt nur eine nützliche Tat: die den Menschen und die Erde neu erschaffen würde. Ich werde die Menschen niemals neu erschaffen. Aber man muß so tun »als ob«. Denn auf dem Weg des Kampfes begegne ich dem Fleisch. Selbst erniedrigt, bleibt das Fleisch meine einzige Gewißheit. Nur aus ihm heraus kann ich leben. Die Kreatur ist mein Vaterland. Deshalb habe ich diese absurde und folgenlose Anstrengung gewählt. Deshalb stehe ich auf der Seite des Kampfes. Die Zeit eignet sich dazu, ich sagte es schon. Bisher war die Größe eines Eroberers geographischer Natur. Sie bemaß sich nach der Ausdehnung der besiegten Territorien. Nicht umsonst hat dieses Wort eine andere Bedeutung angenommen und bezeichnet nicht mehr den siegreichen General. Die Größe hat das Lager gewechselt. Sie liegt im Protest und im aussichtslosen Opfer. Auch da nicht etwa aus Freude an der Niederlage. Der Sieg wäre wünschenswert. Aber es gibt nur einen Sieg, und der ist ewig. Er ist der, den ich nie erreichen werde. Darüber stolpere ich, und daran klammere ich mich. Eine Revolution richtet sich immer gegen die Götter – angefangen bei der Revolution des Prometheus, des ersten modernen Eroberers. Sie ist eine Forderung des Menschen gegenüber seinem Schicksal: die Forderung des Armen ist nur ein Vorwand. Ich kann diesen Geist jedoch nur in seiner geschichtlichen Tat erfassen, dort treffe ich mit ihm zusammen. Glaubt indessen nicht, daß ich mir darin gefalle: dem wesentlichen Widerspruch gegenüberstehend, halte ich an meinem menschlichen Widerspruch fest. Ich stelle meine Klarheit mitten hinein in das, was sie verneint. Ich erhebe den Menschen angesichts dessen, was ihn niederdrückt, und meine Freiheit, meine Auflehnung und meine Leidenschaft vereinen sich dann in dieser Spannung, in dieser Hellsichtigkeit, in dieser maßlosen Wiederholung.

Ja, der Mensch ist sein eigener Zweck. Und er ist sein einziger Zweck. Wenn er etwas sein will, dann nur in diesem Leben. Jetzt weiß ich es nur zu gut. Die Eroberer sprechen manchmal vom Siegen und vom Überwinden. Aber sie verstehen darunter immer nur: »sich überwinden«. Ihr wißt genau, was das bedeutet. Jeder Mensch hat sich in gewissen Augenblicken einem Gott gleich gefühlt. So heißt es wenigstens. Das kommt jedoch daher, daß er blitzartig die erstaunliche Größe des menschlichen Geistes verspürt hat. Eroberer sind unter den Menschen nur jene, die ihre Kraft stark genug fühlen, um sicher zu sein, daß sie beständig auf diesen Höhen leben können, und im vollen Bewußtsein dieser Größe. Es ist eine Frage der Arithmetik, eine Frage von mehr oder weniger. Die Eroberer können es am meisten. Aber sie können nicht mehr als der Mensch selbst, wenn er es will. Deshalb verlassen sie nie den menschlichen Schmelztiegel, wenn sie am heißesten Punkt in die Seele der Revolution eintauchen.

Dort finden sie die verstümmelte Kreatur, aber dort begegnen sie auch den einzigen Werten, die sie lieben und die sie bewundern, dem Menschen und seinem Schweigen. Das ist zugleich ihre Armut und ihr Reichtum. Für sie gibt es nur einen einzigen Luxus, den der menschlichen Beziehungen. Wie sollte man nicht verstehen, daß in diesem verwundbaren Universum alles, was menschlich und nichts als menschlich ist, einen leidenschaftlicheren Sinn annimmt? Gespannte Gesichter, bedrohte Brüderlichkeit, die ebenso starke wie schamhafte Freundschaft der Menschen untereinander sind die wahren Reichtümer, da sie vergänglich sind. In ihrer Mitte spürt der Geist am besten seine Stärken und seine Grenzen. Gleichsam seine Wirksamkeit. Einige haben von Genie gesprochen. Genie ist schnell gesagt – ich ziehe die Intelligenz vor. Man muß sagen, daß sie großartig sein kann. Sie erhellt diese Wüste und überragt sie. Sie kennt ihre Abhängigkeiten und macht sie sichtbar. Sie wird mit dem Körper sterben. Doch das zu wissen, das ist ihre Freiheit.

Wir wissen sehr gut: alle Kirchen sind gegen uns. Ein so angespanntes Herz entzieht sich dem Ewigen, und alle Kirchen, die göttlichen wie die politischen, beanspruchen das Ewige für sich. Glück und Mut, Lohn und Gerechtigkeit sind für sie Ziele zweiter Ordnung. Sie liefern eine Doktrin, und man hat sie zu unterschreiben. Aber ich habe mit Ideen oder mit der Ewigkeit nichts zu schaffen. Die Wahrheiten, die mir entsprechen, kann ich mit Händen greifen. Ich kann mich nicht von ihnen trennen. Deshalb könnt ihr euch auch nicht auf mich verlassen: beim Eroberer ist nichts von Dauer, nicht einmal seine Doktrinen.

Am Ende von alledem steht, trotz allem, der Tod. Wir wissen es. Wir wissen auch, daß er alles beendet. Deshalb sind diese Friedhöfe, die Europa bedecken und die manche von uns bedrängen, scheußlich. Man verschönt nur, was man liebt, und der Tod ist uns zuwider und ermüdet uns. Aber er muß erobert werden. Der letzte Carrara, Gefangener in einem Padua, das von der Pest entvölkert und von den Venezianern belagert wurde, lief brüllend durch die Säle seines verödeten Palastes: er rief nach dem Teufel und forderte von ihm den Tod. Das war eine Art, ihn zu überwinden. Und es ist ein weiteres Zeichen des dem Abendland eigenen Mutes, daß man die Plätze, an denen der Tod geehrt zu werden glaubt, so abscheulich eingerichtet hat. In der Welt des Aufrührers ist der Tod die Feier der Ungerechtigkeit. Er ist der schlimmste Mißbrauch.

Andere, die sich auch nicht auf Kompromisse einlassen, haben die Ewigkeit gewählt und der Illusion dieser Welt aufgekündigt. Ihre Friedhöfe lächeln unter lauter Blumen und Vögeln. Das kommt dem Eroberer entgegen und gibt ihm die klare Vorstellung von dem, was er ausgeschlagen hat. Er hat im Gegensatz dazu die Einzäunung mit schwarzem Eisengitter oder die namenlose Grube gewählt. Die besten unter den Anhängern der Ewigkeit empfinden zuweilen ein mit Hochachtung und Mitleid gemischtes Entsetzen vor Geistern, die mit einem solchen Bild ihres Todes leben können. Dabei schöpfen diese Geister daraus ihre Kraft und ihre Rechtfertigung. Unser Schicksal steht uns vor Augen, und wir fordern es heraus. Weniger aus Hochmut als im Bewußtsein unserer bedeutungslosen conditio. Auch wir haben manchmal Mitleid mit uns selbst. Das ist das einzige Mitgefühl, das uns annehmbar erscheint: ein Gefühl, das ihr vielleicht nicht verstehen könnt und das euch wenig männlich erscheint. Dabei empfinden es gerade die Kühnsten unter uns. Männlich nennen wir allerdings die klaren Köpfe, und wir wollen keine Kraft ohne klaren Blick.

Hannah Arendt
Vita activa. Arbeiten und Handeln

Sprechend und handelnd unterscheiden Menschen sich aktiv voneinander, anstatt lediglich verschieden zu sein; sie sind die Modi, in denen sich das Menschsein selbst offenbart. Dies aktive In-Erscheinung-treten eines grundsätzlich einzigartigen Wesens beruht, im Unterschied von dem Erscheinen des Menschen in der Welt durch Geburt, auf einer Initiative, die er selbst ergreift, aber nicht in dem Sinne, daß es dafür eines besonderen Entschlusses bedürfte; kein Mensch kann des Sprechens und des Handelns ganz und gar entraten, und dies wiederum trifft auf keine andere Tätigkeit der Vita activa zu. Die Arbeit mag noch so charakteristisch für den menschlichen Stoffwechsel mit der Natur sein, das besagt nicht, daß jeder Mensch auch arbeiten müßte; er kann sehr gut andere zwingen, für ihn zu arbeiten, ohne daß seinem Menschsein darum Abbruch geschähe. Und genau das Gleiche gilt für das Herstellen, sofern man sehr wohl die Welt der Dinge benutzen und genießen kann, ohne je selbst auch nur ein einziges nützliches Ding hergestellt und ihrem vielfältigen Reichtum hinzugefügt zu haben. Das Leben eines Sklavenhalters, eines Ausbeuters oder eines Parasiten mag moralisch anfechtbar sein, es ist immer noch eine spezifisch menschliche Weise zu existieren. Ein Leben ohne alles Sprechen und Handeln andererseits – und dies wäre im Ernst die einzige Lebensweise, die auf den Schein und die Eitelkeit der Welt im biblischen Sinne des Wortes verzichtet hätte – wäre buchstäblich kein Leben mehr, sondern ein in die Länge eines Menschenlebens gezogenes Sterben; es würde nicht mehr in der Welt unter Menschen erscheinen, sondern nur als ein Dahinschwindendes sich überhaupt bemerkbar machen; wir wüßten von ihm nicht mehr als wir, die Lebenden, von denen wissen, die in den Tod schwinden, den wir nicht kennen.

Sprechend und handelnd schalten wir uns in die Welt der Menschen ein, die existierte, bevor wir in sie geboren wurden, und diese Einschaltung ist wie eine zweite Geburt, in der wir die nackte Tatsache des Geborenseins bestätigen, gleichsam die Verantwortung dafür auf uns nehmen. Aber wiewohl niemand sich diesem Minimum an Initiative ganz und gar entziehen kann, so wird sie doch nicht von irgendeiner Notwendigkeit erzwungen wie das Arbeiten, und sie wird auch nicht aus uns gleichsam hervorgelockt durch den Antrieb der Leistung und die Aussicht auf Nutzen. Die Anwesenheit von Anderen, denen wir uns zugesellen wollen, mag in jedem Einzelfall als ein Stimulans wirken, aber die Initiative selbst ist davon nicht bedingt; der Antrieb scheint vielmehr in dem Anfang selbst zu liegen, der mit unserer Geburt in die Welt kam und dem wir dadurch entsprechen, daß wir selbst aus eigener Initiative etwas Neues anfangen. In diesem ursprünglichsten und allgemeinsten Sinne ist Handeln und etwas Neues anfangen dasselbe; jede Aktion setzt vorerst etwas in Bewegung [...]

Handeln und Sprechen sind so nahe miteinander verwandt, weil das Handeln der spezifisch menschlichen Lage, sich in einer Vielheit einzigartiger Wesen als unter seinesgleichen zu bewegen, nur entsprechen kann, wenn es eine Antwort auf die Frage bereit hält, die unwillkürlich jedem Neuankömmling vorgelegt wird, auf die Frage: Wer bist Du? Aufschluß darüber, wer jemand ist, geben implizit sowohl Worte wie Taten; aber so wie der Zusammenhang zwischen Handeln und Beginnen enger ist als der zwischen Sprechen und Beginnen, so sind Worte offenbar besser geeignet, Aufschluß über das Wer-einer-ist zu verschaffen, als Taten. Taten, die nicht von Reden begleitet sind, verlieren einen großen Teil ihres Offenbarungscharakters, sie werden »unverständlich«, und ihr Zweck ist gemeinhin, durch Unverständlichkeit zu schockieren oder, wie wir sagen können, durch die Schaffung vollendeter Tatsachen alle Möglichkeiten einer Verständigung zu sabotieren. Als solche sind sie natürlich verständlich, sie lehnen das Reden und Sprechen ab, und ihre Verständlichkeit ist der Ablehnung geschuldet; was wir verstehen, ist gerade die zur Schau getragene Stummheit. Gäbe es darüber hinaus wirklich ein prinzipiell wortloses Handeln, so wäre es, als hätten die aus ihm resultierenden Taten auch das Subjekt des Handelns, den Handelnden selbst, verloren; nicht handelnde Menschen, sondern Roboter würden vollziehen, was für Menschen prinzipiell unverständlich bleiben müßte. Wortloses Handeln gibt es streng genommen überhaupt nicht, weil es ein Handeln ohne Handelnden wäre; »beides, beredt in Worten zu sein und rüstig in Taten«, gehört zusammen, weil es keinen eigentlichen Täter der Taten gäbe, würde ihn nicht gleichzeitig der Sprecher der Worte offenbar machen (Ilias IX, 445). Erst durch das gesprochene Wort fügt sich die Tat in einen Bedeutungszusammenhang, wobei aber die Funktion des Sprechens nicht etwa die ist, zu erklären, was getan wurde, sondern das Wort vielmehr den Täter identifiziert und verkündet, daß er es ist, der handelt, nämlich jemand, der sich auf andere Taten und Entschlüsse berufen kann und sagen, was er weiterhin zu tun beabsichtigt.

Es gibt keine menschliche Verrichtung, welche des Wortes in dem gleichen Maße bedarf wie das Handeln. Für alle anderen Tätigkeiten spielen Worte eine untergeordnete Rolle; sie dienen lediglich der Information oder begleiten einen Leistungsvorgang, der auch schweigend vonstatten gehen könnte. Zwar ist die Sprache durchschnittlich ein durchaus adäquates Mittel für

Informationszwecke, aber sie könnte als solche auch durch eine Zeichensprache ersetzt werden, die zweckentsprechender wäre; in der Mathematik und anderen Wissenschaften, aber auch bei bestimmten Kollektivarbeiten, werden solche Zeichensprachen dauernd verwandt, und zwar einfach, weil die natürliche Sprache sich als zu umständlich für ihre Zwecke erweist. Der Umstand, der sie so umständlich macht, ist die Person, die in ihr mitspricht. Im gleichen Sinne könnte man sagen, daß die Fähigkeit des Handelns durchaus für Zwecke der Selbstverteidigung oder zum Verfolg bestimmter Interessen adäquat ist; stände aber nicht mehr auf dem Spiel, als durch Handeln bestimmte Zwecke zu erreichen, so könnten solche Zwecke offenbar noch erheblich besser und schneller mit Hilfe stummer Gewaltmittel erreicht werden. Vom Standpunkt des bloßen Nutzens ist Handeln nur Ersatz für die Anwendung von Gewalt, die sich immer als wirksamer erweist, so wie das Sprechen vom Standpunkt der bloßen Information eine Art von Notbehelf ist, mit dem man sich nur solange abfindet, als eine Zeichensprache nicht erfunden ist.

Handelnd und sprechend offenbaren die Menschen jeweils, wer sie sind, zeigen aktiv die personale Einzigartigkeit ihres Wesens, treten gleichsam auf die Bühne der Welt, auf der sie vorher so nicht sichtbar waren, solange nämlich als ohne ihr eigenes Zutun nur die einmalige Gestalt ihres Körpers und der nicht weniger einmalige Klang der Stimme in Erscheinung traten. Im Unterschied zu dem, was einer ist, im Unterschied zu den Eigenschaften, Gaben, Talenten, Defekten, die wir besitzen und daher so weit zum mindesten in der Hand und unter Kontrolle haben, daß es uns freisteht, sie zu zeigen oder zu verbergen, ist das eigentlich personale Wer jemand jeweilig ist, unserer Kontrolle darum entzogen, weil es sich unwillkürlich in allem mitoffenbart, das wir sagen oder tun. Nur vollkommenes Schweigen und vollständige Passivität können dieses Wer vielleicht zudecken, den Ohren und Augen der Mitwelt entziehen, aber keine Absicht der Welt kann über es frei verfügen, ist es erst einmal in Erscheinung getreten. Es ist im Gegenteil sehr viel wahrscheinlicher, daß dies Wer, das für die Mitwelt so unmißverständlich und eindeutig sich zeigt, dem Zeigenden selbst gerade und immer verborgen bleibt, als sei es jener Daimon der Griechen, der den Menschen zwar sein Leben lang begleitet, ihm aber immer nur von hinten über die Schulter blickt und daher nur denen sichtbar wird, denen der Betreffende begegnet, niemals ihm selbst.

Peter Singer
Die Rolltreppe der Vernunft

In früheren Kapiteln sahen wir, daß es eine Erklärung gibt, die nicht mit unserer Natur als durch Evolution entstandene Wesen in Widerspruch steht, warum wir um unsere Verwandten, um jene, mit denen wir in gegenseitige Beziehungen treten können, und in gewissem Maße für die Mitglieder unserer eigenen Gruppe Sorge tragen. Nun haben wir gesehen, daß manche Menschen Unbekannten helfen, sowohl auf heroische Weise wie unter alltäglicheren Bedingungen. Durchbricht das nicht die Grenzen unserer entwicklungsbedingten Natur? Wie kann die Evolutionstheorie ein Gefühl der Verantwortung dafür erklären, die Welt zu einem besseren Ort zu machen? Wie könnten die Menschen mit einem solchen Verantwortungsgefühl verhindern, daß sie weniger Nachkommen hinterlassen und so im Laufe der Zeit durch die normale Evolution ausgemerzt werden?

Eine mögliche Antwort: Die Menschen haben nicht die Stärke des Gorillas, die scharfen Zähne des Löwen, die Schnelligkeit des Geparden. Unsere Spezialität sind die Fähigkeiten unseres Gehirns. Das Gehirn ist ein Denkwerkzeug, und die Denkfähigkeit hilft uns, zu überleben, uns zu ernähren und unsere Kinder zu beschützen. Mit ihr haben wir Maschinen entwickelt, die mehr heben können als viele Gorillas, Messer, die schärfer sind als die Zähne irgendeines Löwen, und Transportmittel, gegen die der Gepard langsam wie eine Schnecke ist. Doch die Denkfähigkeit ist eine eigenartige Fähigkeit. Im Unterschied zu starken Armen, scharfen Zähnen oder schnellen Beinen kann sie uns zu Ergebnissen führen, die wir gar nicht erzielen wollten. Denn die Vernunft ist wie eine Rolltreppe, die nach oben führt und weiter reicht, als wir sehen können. Betreten wir sie erst einmal, wissen wir nicht, wo wir schließlich hingelangen werden.

Eine Geschichte darüber, wie Thomas Hobbes sich für die Philosophie zu interessieren begann, zeigt, welche überwältigenden Möglichkeiten die Fähigkeit zum rationalen Denken besitzt, um uns zu lenken. Hobbes stöberte in einer Bibliothek und stieß zufällig auf Euklids ›Elemente der Geometrie‹. Das Buch war beim 47. Lehrsatz aufgeschlagen. Hobbes las die Konklusion und hielt sie für absolut unmöglich. Also las er den Beweis, doch der machte von einem vorher bewiesenen Satz Gebrauch; dieser auch wieder, und so führte ihn die Begründungskette schließlich zu Euklids Axiomen, von denen er zugeben mußte, daß sie so einleuchtend seien, daß er sie nicht bestreiten könne. So führte reines Schließen Hobbes zu einem Ergebnis, das er auf den ersten Blick für falsch gehalten hatte. (Die Episode beeindruckte ihn so, daß er in seinem größten Werk, dem ›Leviathan‹, die nämliche deduktive Methode in den Dienst der Verteidigung des Rechts des Souveräns auf absoluten Gehorsam zu stellen versuchte.)

Die Fähigkeit des Denkens, uns irgendwohin zu führen, wohin wir nicht zu gelangen erwarteten, könnte auch zu einer merkwürdigen Abweichung von dem führen, was wir als die gerade Linie der Evolution erwarten würden. Unsere Denkfähigkeit hat sich entwickelt, weil sie uns hilft, zu überleben und uns fortzupflanzen. Wenn aber die Vernunft eine Rolltreppe ist, dann kann es durchaus passieren, daß wir, obwohl das erste Stück des Wegs uns beim Überleben und der Fortpflanzung hilft, unter Umständen weiter gehen als für diesen Zweck allein nötig wäre. Wir könnten schließlich sogar an einen Punkt kommen, der zu Spannungen mit anderen Seiten unserer Natur führt. In dieser Hinsicht könnte also doch an der Kantischen Vorstellung etwas Richtiges sein, die eine Spannung zwischen unserer Fähigkeit zum vernünftigen Denken und seinen Ergebnissen hinsichtlich des Rechten einerseits und unseren tiefer liegenden Bedürfnissen andererseits annimmt. Wir können nur bis zu einem gewissen Grad mit Widersprüchen leben. Als die aufständischen amerikanischen Kolonisten erklärten, alle Menschen hätten das Recht auf Leben, Freiheit und das Streben nach Glück, hatten sie möglicherweise gar nicht die Absicht, die Abschaffung der Sklaverei herbeizuführen, aber sie schufen damit die Grundlage zu einer Entwicklung, die nach fast einem Jahrhundert genau dieses Ergebnis hervorbrachte. Es ist denkbar, daß die Sklaverei auch ohne die Unabhängigkeitserklärung abgeschafft worden wäre, oder daß sie sich auch trotz der Unabhängigkeitserklärung noch ein oder zwei Jahrzehnte länger hätte halten können; doch die Spannung zwischen der Erklärung so universaler Rechte und der Institution der Sklaverei war nicht schwer zu erkennen.

Ein anderes Beispiel stammt aus Gunnar Myrdals klassischer Untersuchung des amerikanischen Rassenproblems, ›An American Dilemma‹. Sie erschien 1944, lange vor den Siegen der Bürgerrechtsbewegung in den sechziger Jahren, doch Myrdal beschrieb schon den Verlauf des ethischen Denkens, das es schwierig machte, rassistische Praktiken aufrechtzuerhalten:

»Der einzelne ... handelt nicht in moralischer Isolation. Er kann seine Rationalisierungen nicht ohne Störung von außen nach Belieben gestalten. Vielmehr werden seine Wertungen diskutiert und in Frage gestellt ... Das Bedürfnis nach logischer Vereinbarkeit mit der Hierarchie der moralischen Bewertungen – und das verlegene und manchmal verzweifelte Gefühl, daß die moralische Ordnung brüchig sei – ist in dieser Intensität eine ziemlich neue Erscheinung.«

Myrdal sagt weiter, daß dieses intensive moderne Bedürfnis nach Vereinbarkeit mit erhöhter Mobilität, Kommunikation und der weiteren Verbreitung von Bildung zusammenhingen. Traditionelle und lokal verankerte Vorstellungen würden durch die breitere Gesellschaft in Frage gestellt und könnten den mehr universalen Werten nicht widerstehen. Myrdal sagte voraus, daß dies zu einer breiteren Anerkennung universaler Werte führen würde. Er dachte an die universale Anwendung moralischer Grundsätze auf alle Mitglieder der menschlichen Spezies; schriebe er heute, dann würde er vielleicht als ein weiteres Beispiel für die von ihm beschriebene Tendenz die Sichtweise erwägen, daß auch die Interessen nichtmenschlicher Tiere gleiche Berücksichtigung finden sollten.

Merkwürdigerweise verwies Marx im Zusammenhang mit der Geschichte der Klassenrevolutionen auf eine ganz entsprechende Tendenz:

»Jede neue Klasse nämlich, die sich an die Stelle einer von ihr herrschenden setzt, ist genötigt, schon um ihren Zweck durchzuführen, ihr Interesse als das gemeinschaftliche Interesse aller Mitglieder der Gesellschaft darzustellen, d. h. ideell ausgedrückt: ihren Gedanken die Form der Allgemeinheit zu geben, sie als die einzig vernünftigen, allgemein gültigen darzustellen ... Jede neue Klasse bringt daher nur auf einer breiteren Basis als die der bisher herrschenden ihre Herrschaft zustande.«

Marx meinte, die Vernunft liefere hier lediglich einen Deckmantel für die Klasseninteressen der Revolutionäre. Bei seinem materialistischen Geschichtsbild konnte er auch kaum etwas anderes sagen. Doch er wies auch darauf hin, daß der Kapitalismus dazu beitrug, das Bewußtsein der Arbeiter über ihre eigene Lage zu heben, indem er sie in den Industriezentren konzentrieren und ihnen wenigstens ein Mindestmaß an Bildung angedeihen lassen mußte. Dieselben Vorgänge können auch anders aufgefaßt werden: als die Herausbildung der ihrer Natur nach universalisierenden Beschaffenheit des Denkens in Gesellschaften, die zunehmend aus gebildeten und ihrer selbst bewußten Menschen bestehen, die sich allmählich von den Zwängen engbegrenzter und religiöser Vorstellungen freimachen. Da allgemeine Bildung und Kommunikationserleichterungen in der Welt immer noch zunehmen, haben wir einigen Grund zu der Hoffnung, daß sich dieser Prozeß fortsetzt und schließlich zu einer grundlegenden Wandlung unserer ethischen Einstellungen führen wird.

Unsere Denkfähigkeit kann also dazu beitragen, uns von einem willkürlichen Subjektivismus ebenso abzubringen wie von der unkritischen Anerkennung der Werte unserer Gemeinschaft. Der Gedanke, daß alles subjektiv sei oder, spezieller, nur für unsere Gemeinschaft gelte, scheint mit jeder Generation erneut in Mode und auch wieder aus der Mode zu kommen. Die heutige postmoderne Form des Relativismus kann ebensowenig wie ihre Vorgänger erklären, wie es kommt, daß wir in verstehbarer Form über die Werte diskutieren können, die in unserer Gemeinschaft gelten sollten, oder behaupten können, daß unsere Werte besser seien als die von Gesellschaften, die die Sklaverei, die genitale Verstümmelung von Frauen oder Todesurteile für Schriftsteller anerkennen, denen mangelnde Achtung vor der herrschenden Religion vorgeworfen wird. Demgegenüber erklärt die von mir vertretene Auffassung die Möglichkeit dieser Art von Diskussion mit Hilfe von zwei einfachen Voraussetzungen. Die eine ist die Existenz unserer Fähigkeit zum rationalen Denken. Die andere ist unsere Fähigkeit, uns beim Nachdenken über praktische Fragen von unserer eigenen Sichtweise zu lösen und eine breitere Perspektive einzunehmen, letzten Endes sogar die des Universums.

Die Vernunft macht es uns möglich, uns so zu sehen, weil wir beim Nachdenken über unsere Stellung in der Welt erkennen können, daß jeder und jede von uns nur ein Wesen unter anderen ist, mit Interessen und Bedürfnissen wie andere auch. Ich habe eine persönliche Sicht der Welt, in der meine Interessen ganz im Vordergrund stehen, diejenigen meiner Familie und der Menschen in meinem Freundeskreis gleich danach kommen, und die Interessen fremder Menschen sich ganz im Hintergrund befinden. Doch die Vernunft ermöglicht es mir zu erkennen, daß andere ähnlich subjektive Sichtweisen haben, und daß »vom Standpunkt des Universums« aus meine Perspektive gegenüber den Sichtweisen anderer keinen Vorrang besitzt. Die Vernunft zeigt mir also, daß ich mich über meine eigene Sichtweise erheben kann, und sie zeigt mir, wie das Universum aussehen könnte, wenn ich keine persönliche Sichtweise hätte.

Als Grundlage eines ethischen Standpunktes den Standpunkt des Universums einzunehmen bedeutet nicht, daß wir jederzeit unparteiisch handeln müßten. Für einige Formen der Parteilichkeit gibt es eine unparteiische Rechtfertigung. So ist es wahrscheinlich für die Kinder im allgemeinen das Beste, wenn Eltern eine wesentlich strengere Pflicht auferlegt wird, für ihre eigenen Kinder zu sorgen als für die Kinder fremder Menschen. So macht sich die Gesellschaft die natürliche Liebesbindung zwischen Eltern und Kindern nutzbar, die im Normalfall stets dem Wohlwollen eines mit der Kinderfürsorge betrauten öffentlichen Dienstes vorzuziehen ist, wie gutwillig die Bürokraten und die in einer solchen Abteilung in der Sozialarbeit Tätigen auch sein mögen. Die Liebe zu den eigenen Kindern ist eine Kraft, die zum Wohle aller wirken kann, doch manchmal führt sie Menschen dazu, sich für etwas zu entscheiden, das aus unparteiischer Sicht das geringere Gut ist. Wenn Eltern vor der Situation stünden, daß die Schule ihres Kindes brennt und sie sich entscheiden müßten, ob sie die Tür aufbrechen sollten, hinter der nur ihr Kind eingeschlossen ist, oder eine andere, hinter der zwanzig Kinder gefangen sind – und sie hätten nicht die Zeit, beide aufzubrechen -, dann würden wohl die meisten Eltern ihr eigenes Kind retten. Die Eltern der anderen Kinder könnten sie dafür tadeln, doch wenn sie gerecht wären, würden sie wohl erkennen, daß sie in einer entsprechenden Lage ebenso gehandelt hätten. Betrachten wir die Rettung des eigenen Kindes unmittelbar von einem unparteiischen Standpunkt aus, so werden wir sie für falsch erklären; bedenken wir aber zuerst, daß Elternliebe wünschenswert ist und dann, daß die Handlung von dieser bestimmt war, dann werden wir eher bereit sein, sie zu akzeptieren.

Im Einklang mit der Vorstellung, den Standpunkt des Universums einzunehmen, akzeptieren die großen religiösen Traditionen alle in der einen oder anderen Form eine Goldene Regel, die die gleiche Berücksichtigung von Interessen fordert. »Liebe deinen Nächsten wie dich selbst«, sagte Jesus. »Was dir verhaßt ist, das tu nicht deinem Nächsten an«, sagte Rabbi Hillel. Konfuzius faßte seine Lehre ganz ähnlich zusammen: »Was du nicht angetan haben möchtest, das tue auch keinem anderen an!« Das große indische Epos ›Mahabharata‹ sagt: »Keiner soll einem anderen antun, was ihm selbst widerwärtig wäre.« Die Parallelen sind erstaunlich. Jesus und Hillel schöpften aus derselben jüdischen Tradition, doch Konfuzius und ›Mahabharata‹ scheinen unabhängig voneinander und von der jüdisch-christlichen Tradition zu dem Standpunkt gekommen zu sein. Und schließlich werden diese Worte in allen Fällen als eine Zusammenfassung des ganzen moralischen Gesetzes präsentiert. Die Art und Weise, wie Jesus und Hillel die Regel formulierten, könnte zwar an eine Beschränkung auf die Mitglieder der eigenen Gruppe denken lassen, doch das Gleichnis vom barmherzigen Samariter schließt diese Lesart, wen Jesus mit dem Nächsten gemeint habe, eindeutig aus. Auch Hillel, Konfuzius und ›Mahabharata‹ muß, zumindest in diesen Passagen, nichts weniger als eine universale Ethik unterstellt werden.

Die Möglichkeit, sich auf den Standpunkt des Universums zu stellen, überwindet das Problem, im Leben einen Sinn zu finden, trotz der Nichtigkeit der menschlichen Existenz vor den Äonen der Ewigkeit. Angenommen, wir beteiligen uns an einem Projekt, das einer kleinen Gemeinde in einem Entwicklungsland helfen soll, ihre Schulden abzubauen und ihre Nahrungsmittel selbst zu erzeugen. Das Projekt ist ein großer Erfolg, die Dorfbewohnerinnen und -bewohner sind gesünder, glücklicher, besser ausgebildet, wirtschaftlich gesichert und haben weniger Kinder. Jetzt könnte jemand sagen: »Was hast du schon Gutes getan? In tausend Jahren sind diese Leute längst tot und ihre Kinder und Enkel auch, und was du getan hast, macht überhaupt keinen Unterschied.« Das kann richtig sein, aber es kann auch falsch sein. Die Veränderungen, die wir heute herbeiführen, könnten auch einen Schneeballeffekt haben und auf längere Sicht zu viel weitreichenderen Veränderungen führen. Sie können natürlich auch zu nichts führen. Wir können es einfach nicht wissen. Wir sollten aber nicht meinen, unsere Bemühungen wären vergeudet, wenn sie nicht ewig oder doch ganz lange nachwirken. Wenn wir die Zeit als die vierte Dimension ansehen, dann können wir uns das Universum für alle Zeiten, in denen es empfindendes Leben enthält, als eine vierdimensionale Entität denken. Diese vierdimensionale Welt können wir zu einem besseren Ort machen, indem wir unnötiges Leiden an einem bestimmten Ort zu einer bestimmten Zeit vermindern. Solange wir dadurch nicht anderes Leiden an einem anderen Ort oder zu einer anderen Zeit vermehren oder einen vergleichbaren Verlust an Wertvollem bewirken, haben wir das Universum positiv beeinflußt. Im vorigen Kapitel sagte ich, daß Sisyphus vielleicht einen Sinn in seinem Leben finden könnte, wenn er, statt immer denselben, viele Steine den Berg hinaufrollen könnte, um mit diesen einen schönen Tempel zu bauen. Nehmen wir den Tempel, den Sisyphus bauen könnte, als Metapher für alle möglichen Ziele, dann haben wir, indem wir die Welt zu einem besseren Ort machen, einen kleinen Beitrag zur Schönheit des größten aller Tempel geleistet.

Ich habe mich gegen die Auffassung gewandt, daß die Frage des Wertes ausschließlich von den eigenen subjektiven Wünschen abhängig sei. Ich verteidige aber nicht die Objektivität der Ethik im herkömmlichen Sinne. Ethische Wahrheiten sind nicht ins Gefüge der Welt eingemeißelt; hierin ist die subjektivistische Auffassung zutreffend. Gäbe es keine Wesen mit Bedürfnissen oder Wünschen irgendwelcher Art, dann wäre nichts von Wert und die Ethik ohne jeden Inhalt. Gibt es aber Wesen mit Bedürfnissen, dann gibt es Werte, die nicht nur die subjektiven Werte des jeweiligen Einzelwesens sind. In der Möglichkeit, durch Nachdenken auf den Standpunkt des Universums geführt zu werden, liegt so viel »Objektivität«, wie es nur geben kann. Wenn meine Fähigkeit zu denken mir zeigt, daß das Leiden eines anderen Wesens dem meinen sehr ähnlich ist und (gegebenenfalls) für dieses genausoviel bedeutet wie mein Leiden für mich, dann zeigt mir mein Denken etwas unbezweifelbar *Wahres*. Ich kann mich natürlich immer noch dafür entscheiden, das unberücksichtigt zu lassen, aber dann kann ich nicht mehr leugnen, daß meine Perspektive enger und beschränkter ist, als sie sein könnte. Das genügt vielleicht nicht, um eine objektiv wahre ethische Position hervorzubringen. (Man kann immer fragen, was denn an einer größeren, umfassenderen Perspektive so Gutes sei.) Aber es kommt einer objektiven Grundlage für die Ethik so nahe wie nur möglich.

Die Perspektive auf uns selbst, die wir vom Standpunkt des Universums aus gewinnen, erbringt auch soviel Objektivität, wie wir brauchen, um ein Ziel zu finden, das unabhängig von unseren eigenen Bedürfnissen wertvoll ist. Das offensichtlichste solche Ziel ist das von Henry Spira zu Beginn dieses Kapitels genannte: die Verringerung von Schmerzen und Leiden, wo immer sie sich finden. Das ist vielleicht nicht der einzige rational begründete Wert, aber der unmittelbarste, dringendste und allgemein anerkannte. Wir wissen aus unserer eigenen Erfahrung, daß alle anderen Werte in den Hintergrund treten, wenn Schmerzen und Leiden akut sind. Vom Standpunkt des Universums aus können wir erkennen, wie dringlich es ist, etwas gegen Schmerzen und Leiden anderer zu tun, bevor wir auch nur daran denken können, andere mögliche Werte wie Schönheit, Erkenntnis, Autonomie oder Glück (um ihrer selbst willen und nicht als Mittel zur Verringerung von Schmerzen und Leiden) zu fördern.

Bedeutet die Möglichkeit, sich auf den Standpunkt des Universums zu stellen, daß ein Mensch, der lediglich aus einer engen Perspektive handelt – für sich selbst, die Familie, Freunde oder den Staat, und zwar auf eine Weise, die nicht einmal indirekt von einem unparteiischen Standpunkt aus gerechtfertigt werden kann -, notwendig irrational handelt? Nicht im vollen Sinne, meine ich. In dieser Beziehung unterscheidet sich das praktische Denken – das Nachdenken über unser Handeln – vom theoretischen. Hätte Hobbes die Euklidischen Axiome akzeptiert und keinen Fehler in der Ableitungskette bis zum 47 . Satz gefunden, diesen aber immer noch für falsch gehalten, dann hätten wir zu Recht sagen können, er habe Euklids Schlußweise nicht verstanden. Er hätte sich einfach im Irrtum befunden – und hätte er seine Meinung beispielsweise bei einem praktischen Meß- oder Konstruktionsproblem angewandt, so hätte er eine falsche Lösung erhalten, und das hätte ihn bei der Erreichung des wie auch immer beschaffenen Zieles behindert, das er durch die Messung oder Konstruktion angestrebt hatte. Wenn ich andererseits so handle, daß ich mich weniger um das Leiden fremder Menschen kümmere als um das meiner Familie oder meiner Freunde, dann zeige ich damit nicht, daß ich unfähig war, den Standpunkt des Universums zu begreifen, sondern nur, daß diese Perspektive mich nicht so stark motiviert wie die persönlichere Perspektive. Wenn unvernünftig zu sein bedeutet, sich im Irrtum zu befinden, dann liegt hier kein Irrtum vor; die Verfolgung meiner engeren Perspektive führt mich nicht zu einer falschen Antwort, die mich daran hindert, meine beschränkten Ziele zu erreichen.

Zum Beispiel behauptete ich, wir hätten uns zu Wesen mit dem besonders starken Bedürfnis entwickelt, die Interessen unserer Familienmitglieder zu schützen und zu fördern. Diese Seite unserer Natur völlig unbeachtet zu lassen ist kaum möglich. Die Rolltreppe der Vernunft kann lediglich fordern, daß wir sie unter Kontrolle halten und uns bewußt bleiben, daß es die weitere Perspektive gibt. Wer von einer engeren Perspektive ausgeht, kann also nur in einem weiteren Sinne als weniger vernünftig bezeichnet werden als andere, die vom Standpunkt des Universums aus handeln.

Es wäre schön, wenn wir hinsichtlich der Grundlage der Ethik zu einem stärkeren Ergebnis kommen könnten. Wie die Dinge stehen, ist Sidgwicks »alte unmoralische Paradoxie«, der Gegensatz zwischen eigenem Interesse und universaler Güte, gemildert worden, aber aufgelöst ist er nicht.

Friedrich Nietzsche
Vorwärts

Und damit vorwärts auf der Bahn der Weisheit, guten Schrittes, guten Vertrauens! Wie du auch bist, so diene dir selber als Quell der Erfahrung! Wirf das Missvergnügen über dein Wesen ab, verzeihe dir dein eignes Ich, denn in jedem Falle hast du an dir eine Leiter mit hundert Sprossen, auf welchen du zur Erkenntnis steigen kannst. Das Zeitalter, in welches du dich mit Leidwesen geworfen fühlst, preist dich selig dieses Glückes wegen; es ruft dir zu, dass dir jetzt noch an Erfahrungen zu Theil werde, was Menschen späterer Zeit vielleicht entbehren müssen. Missachte es nicht, noch religiös gewesen zu sein; ergründe es völlig, wie du noch einen ächten Zugang zur Kunst gehabt hast. Kannst du nicht gerade mit Hülfe dieser Erfahrungen ungeheuren Wegstrecken der früheren Menschheit verständnisvoller nachgehen? Sind nicht gerade auf *dem* Boden, welcher dir mitunter so missfällt, auf dem Boden des unreinen Denkens, viele der herrlichsten Früchte älterer Cultur aufgewachsen? Man muss Religion und Kunst wie Mutter und Amme geliebt haben, – sonst kann man nicht weise werden. Aber man muss über sie hinaus sehen, ihnen entwachsen können; bleibt man in ihrem Banne, so versteht man sie nicht. Ebenso muss dir die Historie vertraut sein und das vorsichtige Spiel mit den Wagschalen: »einerseits – andererseits«. Wandle zurück, in die Fussstapfen tretend, in welchen die Menschheit ihren leidvollen grossen Gang durch die Wüste der Vergangenheit machte: so bist du am gewissesten belehrt, wohin alle spätere Menschheit nicht wieder gehen kann oder darf. Und indem du mit aller Kraft vorauserspähen willst, wie der Knoten der Zukunft noch geknüpft wird, bekommt dein eigenes Leben den Werth eines Werkzeuges und Mittels zur Erkenntniss. Du hast es in der Hand zu erreichen, dass all dein Erlebtes: die Versuche, Irrwege, Fehler, Täuschungen, Leidenschaften, deine Liebe und deine Hoffnung, in deinem Ziele ohne Rest aufgehn. Dieses Ziel ist, selber eine nothwendige Kette von Cultur-Ringen zu werden und von dieser Nothwendigkeit aus auf die Nothwendigkeit im Gange der allgemeinen Cultur zu schliessen. Wenn dein Blick stark genug geworden ist, den Grund in dem dunklen Brunnen deines Wesens und deiner Erkenntnisse zu sehen, so werden dir vielleicht auch in seinem Spiegel die fernen Sternbilder zukünftiger Culturen sichtbar werden. Glaubst du, ein solches Leben mit einem solchen Ziele sei zu mühevoll, zu ledig aller Annehmlichkeiten? So hast du noch nicht gelernt, dass kein Honig süsser als der der Erkenntniss ist und dass die hängenden Wolken der Trübsal dir noch zum Euter dienen müssen, aus dem du die Milch zu deiner Labung melken wirst. Kommt das Alter, so merkst du erst recht, wie du der Stimme der Natur Gehör gegeben, jener Natur, welche die ganze Welt durch Lust beherrscht: das selbe Leben, welches seine Spitze im Alter hat, hat auch seine Spitze in der Weisheit, in jenem milden Sonnenglanz einer beständigen geistigen Freudigkeit; beiden, dem Alter und der Weisheit, begegnest du auf Einem Bergrücken des Lebens, so wollte es die Natur. Dann ist es Zeit und kein Anlass zum Zürnen, dass der Nebel des Todes naht. Dem Lichte zu – deine letzte Bewegung; ein Jauchzen der Erkenntnis – dein letzter Laut.

Henry Miller
Die Tür zur Wirklichkeit

Es war in der Düsenmaschine auf dem Flug von New York nach San Francisco, in dreißig- bis vierzigtausend Fuß Höhe und ohne das leiseste Beben, als ich mich unwissentlich ein paar Zentimeter in die Zukunft hineinbewegte. Wir schafften die Strecke in fünfeinhalb Stunden. Es war ein Flug bei Tage, und trotz der Höhe war die Erde unter uns (und ihre Veränderung durch den Menschen) deutlich zu erkennen. Was für ein Geometer, der Mensch! Ganze Distrikte als Quadrate und Rechtecke: Distrikte, überquert buchstäblich im Flug. Alles sehr an Walt Disneys graphische pythagoreische Demonstrationen in ›Mathematic Land‹ erinnernd.

Zweifellos war es die Behaglichkeit, die bewegungslose Bewegung, die ungewohnte Perspektive, was mich umwarf. Zusammen mit den Exemplaren von ›Life‹ und ›Time‹ jetzt mehr denn je veraltet, die von Hand zu Hand gingen gleich den Trümmern eines explodierten Planeten. Sie gehörten, wie es schien, einer so fernen Vergangenheit an. Einer Vergangenheit weit entrückter als die von Altamira oder Lascaux. Sie gehörten zur Welt der Dinge, und wir hatten die Welt der Dinge weit hinter uns gelassen. Wir waren jetzt den Lüften anheimgegeben, und sie waren erfüllt von geheimen Vibrationen, von unsichtbaren Strahlen und unvorstellbarer Kraft. Ja, obschon nur wenige Zoll über dem Boden, gewissermaßen, näherten wir uns bereits den *carrefours* von unvermessenen Bahnen einer geheimnisvollen magischen Kraft, dazu bestimmt, nicht nur unsere Vorstellungen vom Leben, sondern unser Leben selbst zu verändern. Noch eine kleine Anstrengung, noch ein Schub weiter und wer weiß, vielleicht schaffen wir es. Schaffen wir es zur Vega, zur Beteigeuse, noch weiter gar. Hinaus aus unserem grenzenlosen Universum und hinein ins Blaue - ins Blaue des Poeten und Träumers, ins Blaue der Mystiker. Vielleicht in die »Obertöne« irgendeines göttlichen musikalischen Raumes.

Wie einen Refrain wiederholte ich in Gedanken: »Heute fünfeinhalb Stunden, morgen zwei; übermorgen nur noch ein paar Minuten vielleicht.« Und dann – was sollte uns hindern? – eine Geschwindigkeit, die Geschwindigkeit bedeutungslos machte.

Wir reden so leichtfertig von der Lichtgeschwindigkeit daher. Welche Realität besitzt sie für uns, diese Lichtgeschwindigkeit? Seit der Mensch aufgehört hat, wie der Wurm zu kriechen, strebte er danach, der Phantasie durch die Tat gleichzukommen. Dafür wurden die Poeten und die Heilande gekreuzigt. Ihre Ketzerei bestand darin, daß sie es wagten, auszugreifen, zu versuchen, mit ihren Fingerspitzen nach denen des Schöpfers zu tasten, den Zirkel zu vollenden.

Nichts allzu Überraschendes wird je durch die Technik erreicht werden. Das Universum hat kein Armaturenbrett, kein Gewicht, keine Substanz. Nicht einmal einen Zweck. Auch ist es weder Traum noch Illusion. *Es ist.* Selbst der erhabenste Gedanke kann ihm nichts hinzufügen und nichts abnehmen. Es wächst, verändert sich, entspricht jedem Bedürfnis, jedem Verlangen. Es kann mit oder ohne Gott existieren. Es ist wie ein Denken, das seine eigenen Fragen stellt und beantwortet.

Unsere Bedürfnisse ... Wessen bedürfen wir? Ganz gewiß braucht man um so weniger, je befreiter man ist. Der Weise demonstriert es täglich, und der Dumme auch. Nur zu atmen, zu wissen, daß man lebt, ist das nicht herrlich? Wenn man aus vierzigausend Fuß Höhe auf die Aktivität dieses Geometers von einer Ameise – genannt Mensch – hinunter schaut, beeindruckt einen die völlige Sinnlosigkeit von Schweiß und Mühe, Wallen und Schwallen. Bei allem, was er vollbracht hat – lediglich, um sein Leben zu fristen, wohlgemerkt –, hat er doch die Oberfläche des Planeten kaum angekratzt. Stellt all diese Anstrengung einen Fortschritt dar? Die Vögel schwingen sich über das Lärmen und Treiben hinweg, zufrieden damit, auf dem Wind zu gleiten. Sie hinterlassen keine Denkmäler im Raum, keine Schriften am Himmel. Jedes Wesen der freien Wildnis ist eine Demonstration voll Glauben und Freude. Der Mensch allein, der Herr der Schöpfung, leidet. Leidet nicht unter Mangel, sondern unter einem unnennbaren Verlust.

Die Welt der Dinge eilt ihrem Ende zu. Es ist unvermeidlich. Denn die Mühen des Menschen, seine Geschicklichkeit, sein Erfindergeist sind vergebens gewesen. Der Geist des Menschen beginnt nicht nur in den Weltraum und die in ihm verborgenen Geheimnisse zu schauen, sondern zu einer höheren Seinsebene hin. Seine Gedanken bewegen sich schon in neuen Dimensionen. Mehr und mehr sucht er imaginativ zu leben, in Übereinstimmung mit seiner eigenen göttlichen Natur. Er hat die Maschinen gründlich satt, die Therapien, die keine Linderung bieten, die Religionen und Philosophien, die keinen Bezug haben zu der magnetischen Existenz, die zu führen er im Begriff ist. Er hat erkannt, daß das Leben überall ist, in allen Dingen, an den Rändern des Universums wie im Zentrum, und daß es nirgends abwesend ist, nicht einmal im Tod. Weshalb sich dann so stur an es klammern? Was kann gewonnen werden, das nicht schon verloren ist? Ergib dich! flüstern die stillen, leisen Stimmen. Über Bord mit dem Gepäck!

Es scheint unmöglich, daß wir in unserem gegenwärtigen Zustand hoffen können, da draußen etwas zu finden, das wesentlich anders ist als das, was wir bereits kennen, bereits hier haben. Wir suchen nur, was zu finden wir gerüstet sind. Es könnte aber geschehen, daß wir, die Wege und Mittel zum Angriff auf das Unbekannte noch weiter vervollkommnend, auf erschütternde Wahrheiten stoßen, die die ganze Zeit vor unserer Nase gelegen haben. Wir entdecken vielleicht, daß in unserem eigenen geheimnisvollen Bewußtsein und Herzen alles vorhanden ist, dessen es bedarf, um unsere Sehnsüchte, unsere verrücktesten Träume zu befriedigen. Es mag sich nicht nur als gefährlich und absurd herausstellen, weiter das Widerstand leistende Nichts aufzubrechen, wie das Atom, sondern auch als nichtig. Sind wir nicht in unserem bloßen Sein wunderbar? Warum nicht wunderbar denken, wunderbar handeln, wunderbar leben? Während wir noch am Schloß herumfummeln - der ewige Zeitvertreib des Menschen! -, geht die Tür vielleicht von selbst auf. Die Tür zur Wirklichkeit, meine ich. War sie überhaupt je verschlossen?

Das größte Wunder ist die Entdeckung, daß alles wunderbar ist. Und das Wesen des Wunderbaren ist – schiere Einfachheit. Nichts wird gewonnen durch Schweiß und Mühe, durch Überlegungen, Hingabe, Gebet, Beharrlichkeit, Geduld, Standhaftigkeit – oder Trägheit, um das auch noch hinzuzufügen. Man stelle sich vor, die Planeten hielten inne, um sich über ihre Umläufe klarzuwerden! Man stelle sich vor, sie bemühten sich, ihre feurigen Bahnen zu verändern! *Denken* – was für ein Laster! *Sich mühen* – welche Absurdität! Zu *wissen* ist so leicht, so schmerzlos. Der Grund für jede Art von Wachstum und Kultivierung wird vorbereitet durch das Brachliegen.

Autoren- und Quellenverzeichnis

Hannah Arendt (1906–1975) – Vita Activa. Arbeiten und Handeln. Aus: Klassische philosophische Texte von Frauen. Hrsg. von Ruth Hagengruber. München 1998 (dtv 30652), S. 204–208. © Piper Verlag, München 1981.

Aristoteles (ca. 384 v. Chr.–ca. 322 v. Chr.) – Über die Seele. Die Vorstellung. Textauszug aus: Aristoteles. Ausgewählt und vorgestellt von Annemarie Pieper. München 1997 (30682), S. 95–99. © Eugen Diederichs Verlag, Jena 1924. – Der Mensch als politisches Wesen. Aus: ebd., S. 165–169.

Bertolt Brecht (1898–1956) – Der Zweifler. Aus: Brecht für Anfäger und Fortgeschrittene. Ein Lesebuch. Ausgewählt von Siegfried Unseld, Frankfurt a. M. 1993, S. 41–42. © Suhrkamp Verlag, Frankfurt a. M. 1993.

Boethius (ca. 475/480–524) – Mannigfaltig über die Erde hin. Aus: Trost der Philosophie. Übersetzt von Ernst Gegenschatz und Olof Gigon. München 1991 (dtv 2273), S. 197–198. © Artemis Verlag, Zürich und München 1990.

Die Bushoong (afrikanisches Volk) – Bumba. Aus: Der Sinn des Lebens. Hrsg. von Christoph Fehige, Georg Meggle und Ulla Wessels. München 2000 (dtv 30744), S. 154. Übersetzt von Thomas Fehige. © Deutscher Taschenbuch Verlag, München 1999.

Albert Camus (1913–1960) –. Die Eroberung, Aus: Der Mythos des Sisyphos. Übersetzt von Vincent von Wroblewsky. Reinbek 1999, S. 111–118. © Rowohlt Verlag, Reinbek 1999.

Emilie du Châtelet (1706–1749) – Über das Glück. Textauszug aus: Klassische philosophische Texte von Frauen. Hrsg. von Ruth Hagengruber. München 1998 (dtv 30652), S. 120–127. Übersetzt von Eva Maria Rüther. © Deutscher Taschenbuch Verlag, München 1998.

Umberto Eco (* 1932) – Wenn der andere ins Spiel kommt. Aus: Carlo Maria Martini/Umberto Eco, Woran glaubt, wer nicht glaubt? Übersetzt von Burkhart Kroeber und Karl Pichler. München 1999 (dtv 36160), S. 82–93. © Paul Zsolnay Verlag, Wien 1998.

EPIKTET (ca. 50–120) – Zufriedenheit. Aus: Epiktet/Teles/Musonius, Wege zum Glück. Auf der Grundlage der Übertragung von Wilhelm Capelle neu übersetzt und mit Einführungen und Erläuterungen versehen von Rainer Nickel. München 1991 (dtv 2269), S. 84–88. © Artemis Verlag, Zürich und München 1987.

EPIKUR (ca. 371–240 v. Chr.) – Katechismus. Textauszüge aus: Epikur, Von der Überwindung der Furcht. Übersetzt und mit einer Einführung und Erläuterungen versehen von Olof Gigon. München 1991 (dtv 2268), S. 58–65. © Artemis Verlag, Zürich und München 1983.

ERICH FROMM (1900–1980) -Die Existenzweise des Seins. Aus: Haben oder Sein. Die seelischen Grundlagen einer neuen Gesellschaft. Übersetzt von Brigitte Funk. Überarbeitet von Rainer Funk. München 1999 (dtv 36103), S. 88–92. © Deutsche Verlags-Anstalt, Stuttgart 1976.

HELMUT HORNUNG (* 1959) – An den Grenzen von Raum und Zeit. Aus: Schwarze Löcher und Kometen. Einführung in die Astronomie. München 1999 (dtv 33043), S. 135–145. © Deutscher Taschenbuch Verlag, München 1999.

MARIE DE JARS DE GOURNAY (1565–1645) – Gleichheit von Männern und Frauen. Aus: Klassische philosophische Texte von Frauen. Hrsg. von Ruth Hagengruber. München 1998 (dtv 30652), S.61–67. Übersetzt von Eva Maria Rüther. © Deutscher Taschenbuch Verlag, München 1998.

KARL JASPERS (1883–1959) – Die Philosophie in der Welt. Aus: Karl Jaspers, Was ist Philosophie? Ein Lesebuch.Textauswahl und Zusammenstellung von Hans Saner, München 1980. © Piper Verlag, München 1976.

MAURICE JOLY (1829–1878) – Gespräch in der Unterwelt zwischen Machiavelli und Montesquieu. Aus: Macht contra Vernunft. Gespräche in der Unterwelt zwischen Machiavelli und Montesquieu. Übersetzt von Hans Leisegang. München 1968, S. 63–71. © Felix Meiner Verlag, Hamburg 1948.

IMMANUEL KANT (1724–1804) – Der kategorische Imperativ. Textauszug aus: Klassische Texte zur Ethik. Hrsg. von Dieter Birnbacher und Norbert Hoerster. München 1993 (dtv 30096), S. 249–253.

HEINRICH VON KLEIST (1777–1811) – Über die Aufklärung des Weibes. Aus: Sämtliche Werke und Briefe. Bd. 2. Hrsg. von Helmut Sembdner. München 1987 (dtv 5925), S. 315–318.

Gotthold Ephraim Lessing (1729–1781) Die Erziehung des Menschengeschlechts §91–100. Aus: Die Erziehung des Menschengeschlechts. Hrsg. von Joseph Kiermeier-Debre. München 1997 (dtv 2630), S. 64–68.

Carlo Maria Martini (* 1927) – Woher leuchtet das Licht des Guten? Aus: Carlo Maria Martini/Umberto Eco, Woran glaubt, wer nicht glaubt? Übersetzt von Burkhart Kroeber und Karl Pichler. München 1999 (dtv 36160), S. 74–81. © Paul Zsolnay Verlag, Wien 1998.

Karl Marx (1818–1883) – Manifest der kommunistischen Partei. Textauszug aus: Marx. Ausgewählt und vorgestellt von Oskar Negt. München 1998 (dtv 30684), S. 124–138.

Henry Miller (1891–1980) – Die Tür zur Wirklichkeit. Aus: Von der Unmoral der Moral und andere Texte. Übersetzt von Hermann Stiehl. Reinbek 1979, S. 171–173. © Agence Hoffmann, München

Christian Morgenstern (1871–1914) – Vice versa. Aus: Palmström. Palma Kunkel. München 1961, S.100.

Friedrich Nietzsche (1844–1900) – Also sprach Zarathustra: Zarathustras Vorrede. Textauszug aus: Nietzsche. Ausgewählt und vorgestellt von Rüdiger Safranski. München 1999 (dtv 30689), S. 293–298. – Vorwärts. Aus: Menschliches, Allzumenschliches I und II. Kritische Studienausgabe. Hrsg. von Giorgio Colli und Mazzino Montinari. Bd. 4, München 1988 (dtv 2222), S.235–237.

John O'donohue – Unsere Sehnsucht nach Erkenntnis. Aus: Echo der Seele. Von der Sehnsucht nach Geborgenheit. Übersetzt von Giovanni und Ditte Bandini. München 1999 (dtv 24180), S. 40–41. – Unterwegs zu einer neuen Gemeinschaft. Ebd., S. 329–334. © Deutscher Taschenbuch Verlag, München 1999.

Ovid (43 v. Chr.–17/18 n.Chr.) – Vom Chaos zum Kosmos. Aus: Metamorphoses. Verwandlungen. Übersetzung und Einführung von Hermann Breitenbach. München 1982 (dtv 9180), S. 22–27. © Artemis Verlag, Zürich 1958.

Platon (ca. 427 v. Chr.–347 v. Chr.) – Phaidros. Textauszug aus: Platon, Die großen Dialoge. Übersetzt von Rudolf Rufener, München 1991 (dtv 2265), S. 596–605. © Artemis Verlag, Zürich und München 1991. – Das Höhlengleichnis. Aus: Platon. Ausgewählt und vorgestellt von Rafael Ferber. München 1997 (dtv 30680). © Felix Meiner Verlag, Hamburg 1993.

Josef H. Reichholf (* 1945) – Die verschlungenen Pfade der Menschwerdung. Aus: Das Rätsel der Menschwerdung. München 1997 (dtv 33006), S. 258–264. © Deutscher Taschenbuch Verlag, München 1990.

Rainer maria Rilke (1875–1926) – Die achte Elegie. Aus: Duineser Elegien. Hrsg. von Joseph Kiermeier-Debre. München 1997 (dtv 2634), S. 39–42.

Drupka Rinpoche († 1989) – Lerne mit den Augen des Geistes zu sehen. Aus: Tibetische Weisheiten. Hrsg. von Jean-Paul Bourre. Übersetzt von Stephan Schumacher. München 1999 (dtv 36143), S. 102,103. © Deutscher Taschenbuch Verlag, München 1999.

Herbert Rosendorfer (* 1934) – Stichwort Frieden (Organisation des ...). Aus: Die Erfindung des SommerWinters. München 1994 (dtv 11782), S. 215. © Deutscher Taschenbuch Verlag, München 1993.

Bertrand Russell (1872–1970) – Abriß der Weltgeschichte (für den Gebrauch in Kindergärten auf dem Mars). Aus: Der Sinn des Lebens. Hrsg. von Christoph Fehige, Georg Meggle und Ulla Wessels. München 2000 (dtv 30744), S. 163–164. Übersetzt von Cornelius Wertmüller. © Jasia Reichardt, London.

Max Scheler (1874–1928) – Die Phänomenologie von Liebe und Haß. Textauszug aus: Grammatik der Gefühle. Das Emotionale als Grundlage der Ethik. Hrsg. von Paul Good. München 2000 (dtv 30770), S. 47 – 55.

Arthur Schopenhauer (1788–1860) – Das Nichts. Textauszug aus: Die Welt als Wille und Vorstellung. Aus: Schopenhauer. Ausgewählt und vorgestellt von Rüdiger Safranski. München 1998 (dtv 30686), S. 281–285.

Peter Singer (* 1946) – Die Rolltreppe der Vernunft. Aus: Wie sollen wir leben? Ethik in einer egoistischen Zeit. Übersetzt von Hermann Vetter. München 1999 (dtv 36156), S. 254–262. © Harald Fischer Verlag, Erlangen 1996.

Tanikawa Shuntarō (* 1931) – Die Einsamkeit von zwei Milliarden Lichtjahren. Aus: Picknick auf der Erdkugel. Gedichte. Ausgewählt, übersetzt und mit einem Nachwort von Eduard Klopfenstein. Frankfurt a. M. 1990, S. 12. © Insel Verlag, Frankfurt a. M. 1990.

Richard Tarnas – Die Heimkehr. Aus: Idee und Leidenschaft. Die Wege des westlichen Denkens. Übersetzt von Eckhard E. Sohns. München 1999, S. 554–559. © Deutscher Taschenbuch Verlag, München 1997.

Kurt Tucholsky (1890–1935) – Der Mensch. Aus: Ausgewählte Werke. Ausgewählt und zusammengestellt von Fritz J. Raddatz. Reinbek 1965, S. 137–138. © Rowohlt Verlag, Reinbek 1965.

Voltaire (1694–1778) – Mensch. Aus: Kritische und satirische Schriften. Zürich und München 1970, S. 168–173. © Artemis Verlag, Düsseldorf und Zürich 1970/1997.

Simone Weil (1909–1943) – Reflexionen über die Ursachen der Freiheit und sozialen Unterdrückung. Aus: Klassische philosophische Texte von Frauen. Hrsg. von Ruth Hagengruber. München 1998 (dtv 30652), S. 179–188. © Gallimard, Paris 1955.

Texte zur Philosophie

Der Sinn des Lebens
Herausgegeben von
Christoph Fehige, Georg
Meggle und Ulla Wessels
dtv 30744

Klassische philosophische Texte von Frauen
Herausgegeben von
Ruth Hagengruber
dtv 30652

Klassische Texte der Staatsphilosophie
Herausgegeben von
Norbert Hoerster
dtv 30147

Texte zur Ethik
Herausgegeben von
Dieter Birnbacher
und Norbert Hoerster
dtv 30096

Was ist Natur?
Klassische Texte zur
Naturphilosophie
Herausgegeben von
Gregor Schiemann
dtv 4697

Was das Schöne sei
Klassische Texte von
Platon bis Adorno
Herausgegeben von
Michael Hauskeller
dtv 30150

Zeichen über Zeichen
Texte zur Semiotik
von Charles Sanders Peirce
bis zu Umberto Eco
und Jaques Derrida
Herausgegeben von
Dieter Mersch
dtv 30653